그들도 바다를 그리워했을까

미국 남서부 인디언 유적을 찾아서

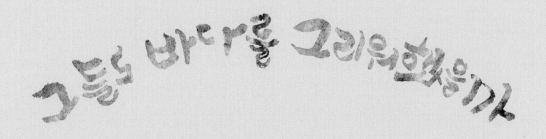

그들도 바다를 그리워했을까

미국 남서부 인디언 유적을 찾아서

강영길 지음

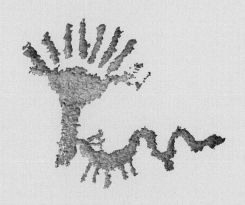

일조각

서쪽 가까운 어딘가에서 바다가 노래하고 있어.

구름을 데리고 온 바다 물결이 내게 밀려오고 있지.

여기서도 나는 바다의 소리를 들을 수 있네.

대지가 내 발 아래서 떨고 있어.

내 귀에는 큰 바다의 울음이 들려오지.

—파파고족의 노래

차례

일러두기

1. 원래 지명을 되도록 살리고자 하는 지은이의 의도에 따라, 본문에 등장한 지명 중 '국립공원 National Park'을 제외한 나머지는 외래어로 표기했다.
2. 본문 사진 중 프롤로그의 '시팅불', 제5장의 '빨간 윗도리'와 '붉은 구름'(출처는 https://www. wikipedia.org/)을 제외한 나머지는 전부 지은이가 직접 찍은 것이다.
3. 잡지, 단행본은 겹낫표(『 』)로 표기하고, 영화와 음악 등을 포함한 그 외의 것은 홑낫표(「 」) 로 표기하였다.

북미 대륙을 여행 삼아 찾아간 게 몇 번인지 이제는 기억조차 분명하지가 않다. 어떤 여행자건 로키산맥을 중심으로 한 북미 대륙 서부의 풍광에 한번 빠지면 그 매력에서 헤어 나오기란 쉽지가 않을 것이라고 생각하는 건 나만의 착각일 수도 있다. 그것이 설령 나의 착각일지라도 북미 대륙 서부는 눈부시게 아름답다. 이 글에 소개된 장소는 전 세계의 여행객이 모이는 그랜드 캐니언에서부터 여행객의 발길이 거의 닿지 않는 장소까지 포함되어있다. 그러나 여행객이 모이건 모이지 않건 인디언의 역사적 흔적이 숨어 있는 곳의 자연 풍광은 방문객을 매혹시키기에는 부족함이 없다.

이 글은 인디언 유적지 중에서 인디언이 남긴 암각화를 찾아가면서 그들의 역사와 현실을 들여다본 글이다. 그러나 고백하자면 필자가 처음부터 인디언 유적지에 관심을 가진 것은 아니다. 그랜드 캐니언이라는 세계에서 가장 유명한 장소에 수십 년 전 발을 디딘 후 한 걸음 한 걸음 더 깊이 들어가다 보니 아름다운 인디언 암각화에 매료되어 그들이 남긴 이야기를 주섬주섬 글바구니에 담아내다가 이 작은 결과물을 만들어냈다.

나는 역사책을 쓸 만한 능력이 되지도 않거니와 인류 문화에 대해서도 문외한이다. 따라서 이 글을 역사서나 문화서로 접근하기보다는 여행서로 접근했다. 하지만 북미 인디언의 역사에 관한 개략적인 소개를 하는 것이 독자들을 위한 작은 배려가 되고 본문으로 들어가는 쪽문 역할을 할 것 같아서 문외한 수준의 간략한 역사적 사실과 인디언의 현실에 대해 살펴보기로 했다.

우리는 흔히 북아메리카 원주민을 아메리카 인디언이라고 통칭해 부른다. 이러한 통칭은 아메리카 인디언이 오직 하나의 민족으로 이뤄졌다는 오해를 낳기도 하고 그들의 문화를 하나로 결합하여 이해하려는 경향도 낳았다. 게다가 백인들의 관점에서 아메리카 인디언 전체를 하나로 묶어 미개한 족속이거나 야만인으로 이해하려는 불순한 의도가 있기도 하다.

하지만 남북 아메리카는 하나의 큰 대륙이고 그곳에 사는 원주민은 그들의 긴 역사만큼이나 다양하게 존재한다. 인디언 부족을 세분한다면 현재 2,000개가 넘는 부족이 남북 아메리카 전역에 퍼져 살고 있다. 이 원주민들이 언제부터 이 대륙에 뿌리를 내렸는지에 대해선 아직도 정확한 답을 내리지 못하고 있다. 하지만 빙하기가 오기 전에 베링 해협을 거쳐 북미 대륙으로 갔다는 것을 통설로 받아들이고 있다.

최근의 연구 결과에 의하면 대략 기원전 25000년경부터 기원전 18000년경까지 캐나다와 미국의 북부 지방은 아시아 대륙에 연결된 넓은 평원이었다. 따라서 그 당시의 사람들은 쉽게 알래스카로 넘어갈 수 있었을 것이다. 그러나 기원전 18000년경부터 기원전 8000년까지 빙하기의 얼음으로 인해 길이 막혀 버렸다. 그 후 기온이 따뜻해진 기원전 8000~5000년 사이에 다시 이들이 이주했을 것이라고 추측한다.

이후에는 따뜻한 날씨가 계속되어 바다가 형성됨에 따라 육로가 아닌 배를 타고 건너게 되었을 것이다. 베링 해협은 지금도 얼음 위로 걸어서 건널 수 있는데 언제부터 배를 사용해서 베링 해협을 횡단했는지는 알 수 없는 일이다. 그러나 기원전 7000년경에 이미 북유럽에서 배를 사용한 것으로 보아 인디언들은 그보다 훨씬 전부터 사용했던 것으로 추정된다.

그러면 미주 대륙에 거주하고 있는 인디언의 선조들은 어디에서 건너온 어떤 종족이었을까? 이들이 건너온 연대에 대해 많은 이견이 있음에도 불구하고 아시아에서 살던 인간들이 베링 해협을 통하여 그곳으로 건너갔다는 사실은 공히 인정한다. 그렇다면 북미 대륙의 원주민들이 순수한 아시아 사람들이었는가 아니면 동북아시아에서 잠시 머물렀다가 건너온 유럽 사람들인가에 대한 의문도 있다. 또 그 이주는 한꺼번에 이루어졌을까 아니면 간헐적으로 이루어졌을까에 대한 궁금증도 남아 있다.

이런 질문에 대해 스탠포드 대학의 조세 H. 그린버그 교수와, 애리조나 대학의 스티븐 제구라 교수, 그리고 애리조나 주립대학의 크리스티

G. 터너 교수팀이 신세계의 선사역사에 대한 믿을 만한 연구 결과를 내놓았다.

이들은 언어, 혈액형, 현존하는 고대 인디언들의 치아齒牙 형태 등을 연구한 결과, 아시아에서 신세계로 이주해 들어온 종족이 크게 세 부류라는 사실을 발견했다. 첫 번째는 1만 5천 년 전에 현재의 시베리아 레나강Lena River 계곡의 '아메린드Amerind' 혹은 '알곤퀸Algonquian'이 이주하였고, 둘째는 6천 년 전에 현재의 시베리아 알단강Aldan River 유역의 '아타바스칸Athabaskan' 혹은 '나―데네Na-Dene'가 이주하였으며, 셋째는 4천 년 전에 러시아와 중국 사이 아무르강Amur River 분지의 '에스키모 알룻Eskimo-Aleut'이 이주하였다. 이 세 무리들은 차례대로 이주했기 때문에 먼저 건너간 사람들은 남미南美까지 내려갔고 늦게 온 무리들은 북쪽에서 정착했다.

따라서 인디언의 언어 또한 크게 세 개의 언어로 분류된다. 연구자에 따르면 200개가 넘는 인디언 언어가 있다고 하지만 그것을 크게 분류하면 세 개의 어족으로 나눠진다는 것이다. 위의 세 학자의 연구에 의하면 세 개의 언어군 중 가장 넓게 사용하는 언어가 알곤퀸이고, 그 다음이 아타바스칸과 나―데네이며, 세 번째가 에스키모―알룻이다.

제구라 교수는 인디언의 혈액형을 A, O, B, Rh형으로 나누어서 분류하여 발표하면서 인디언을 크게 세 부족으로 나누었다. 또 터너 교수는 치아 형태를 분석하여 인디언의 유래를 추적했다. 예를 들면 유럽인들은 어금니의 뿌리가 두 개이고 아시아인과 인디언은 어금니의 뿌리가 세 개이다. 따라서 인디언은 유럽인이 아닌 아시아인의 친척으로 밝혀진 것이다.

인디언들의 문화적 유사성 또한 이들이 아시아인에 뿌리를 두고 있음을 뒷받침한다. 특히 인디언들은 아시아 인종 중에서도 우리나라와 매우 유사한 문화적 특성을 보여준다. 인디언족들이 일상생활에서 가장 많이 하는 놀이 가운데 '실뜨기, 고누, 윷놀이' 등이 있는데 이 놀이의 형태나 방법이 우리와 매우 흡사하다. 인디언 전체를 하나의 민족으로 보는 오류를 범하는 사람이 있는 것처럼 동양 문화 전체를 중국 문화로 인식하는 편협한 학자들도 있는데, 이들은 인디언의 문화적 특징이 모두 중국에서 유래한 것이라는 오류를 범한다. 그러나 윷놀이, 실뜨기, 고누 같은 놀이는 우리나라 어느 지방에 가도 흔히 있는 놀이이며 한국 인이라면 누구나 이런 놀이를 한다는 점에서 인디언 문화가 한국 문화에 뿌리를 두고 있을 가능성도 배제할 수 없다. 더 강하게 말하면 인디언이 우리 민족과 뿌리를 같이할 가능성이 매우 높다는 말이다.

하지만 인디언에 대한 관점들은 총체적으로 백인 우월주의 사고에서 벗어나지 못한다는 비판도 있다. 아프리카와 유럽에서 파생된 현생인류가 아시아를 거쳐 아메리카까지 흘러갔으리라는 당위적인 설정하에 인디언을 이해하고 있다는 비판이다.

따라서 이런 비판론자들은 인디언은 아메리카 대륙에서 자생적으로 기원했다고 주장한다. 그 근거로 혈액형을 검사하면 인디언이 가장 순수한 혈액을 가졌다는 것을 내세운다. 또한 이들의 신화와 전래되는 이야기 그 어떤 곳에도 조상들이 북쪽에서 건너왔다는 이야기가 없다는 사실을 근거로 든다. 과학적으로 보더라도 학자들이 주장하는 것보다 적어도 수만 년 앞선 인류의 화석이 북아메리카에서 발견되고 있다는 사실도 이를 뒷받침한다고 한다. 따라서 아시아에서 흘러와서 아시아인과 공통점을 갖는 게 아니라 아메리카 원주민이 아시아로 건너갔기 때문에 아시아인과 아메리카 원주민이 공통점을 갖는다고 주장한다. 이 주장이 사실이라면 아메리카 인디언의 고대사는 완전히 다시 써야 한다.

이런 역사적 사실 여부는 앞으로 인류와 학자들이 풀어야 할 과제이다. 인디언의 역사를 아메리카 발생설이라는 인디언 중심으로 해석한다고 해도 현생 인류의 삶에 어떤 영향을 주진 않는다. 그럼에도 불구하고 서구 학자들이 아메리카 대륙에서 원주민이 자생했다는 사실을 인정하지 않으려는 편견은 아직 사라지지 않았다.

이러한 편견은 미국인이나 캐나다인 등 아메리카 대륙을 점령한 서구인들의 정복적 시각이나 욕망과 무관할 수 없다. 캐나다에서 시민권 분쟁에 휘말려 추방을 당한 한 원주민은 침략자들을 향해 이렇게 말했다.

"그들은 우리가 캐나다인이고 미국인이라고 말하면서 우리의 옛 인디언 국가들은 존재하지 않는다고 말했다."

그렇다. 이들은 오늘 그들의 나라를 빼앗겼다. 하지만 이 세상 누구도 그들에게 나라가 있었다는 것을 인정하지 않는다. 역사적으로 그들의 나라를 인정한다면 그들이 독립된 국가를 세우도록 누군가는 주장해야 한다. 그러나 세상의 그 누구도 인디언의 독립 국가를 인정하지 않는다. 그것은 사람들이 인디언의 국가를 인정하지 않는 거나 다름없다.

인디언은 대체로 부족 집단 형태로 살아왔다는 점에서 그들에게 국가라는 개념이 존재하지 않았던 것은 사실이다. 바로 이 점이, 거대한 땅에 엄청난 인구가 살면서도 서구 열강에 힘 한 번 제대로 써 보지 못한 채 대륙을 고스란히 넘겨준 원인이기도 하다.

1492년 콜럼버스가 바하마 제도의 산살바도르섬에 입항하며 신대륙을 발견했다. 물론 신대륙이라고 평가하는 건 어디까지나 서구의 관점이다. 기존에 이 대륙에 살던 사람들의 입장에서 본다면 서구인들이 신인류였을 테니까.

어떻든 서구인들은 콜럼버스가 아메리카 대륙을 발견한 1492년을 중세와 근대의 분기점으로 삼는 것으로 보아, 콜럼버스의 항해가 서구인들에게 얼마나 큰 의미였나를 익히 알 수 있다. 이 사건은 서구가 전 지구적인 지배권을 장악한 결정적인 계기가 되었던 것이다.

콜럼버스의 뒤를 따라 들어온 서구 세력은 아메리카 대륙에서 치열하게 영역 싸움을 한다. 도둑떼가 들어와서 마치 자신들이 주인인 양 모든 것을 약탈하는 것으로도 부족해서 도둑들끼리 전쟁을 벌이는 양상으로 사건은 진행된다.

다양한 주장이 있긴 하지만, 콜럼버스가 아메리카 대륙에 발을 디뎠을 때 이 대륙의 인구는 약 1억 명으로 추산하기도 한다. 그런데 약 10만 명의 스페인 군대가 이들을 점령했다. 그 이유가 스페인 군대의 신무기와 뛰어난 병력 때문이라고 말할 수는 없다. 그들은 머나먼 길을 항해해서 지칠 대로 지쳐 있었으며 무기가 제대로 작동하지도 않았으며 보급품을 계속 공급받을 수 있는 처지도 아니었다.

그럼에도 불구하고 소수의 스페인 군대가 이 땅을 점령할 수 있었던 몇 가지 이유가 있다. 인디언들이 결속하지 않았고 하나의 지휘 체계가 없었기 때문이다. 인디언들 종족 간의 분쟁도 패망의 아주 중요한 요인으로 작용했다. 뿐만 아니라 스페인 군대가 가져온 질병은 이 땅을 고통의 도가니로 몰아넣었다. 술, 마약, 성병, 천연두, 스페인 독감 등 온갖 질병을 이 땅에 퍼뜨렸다. 일설에 의하면 스페인 독감으로 인해 인구의 절반이 죽었다는 주장이 있을 정도다.

신대륙 발견 초기부터 콜럼버스의 무리들은 금맥을 찾아 아메리카 대륙을 이 잡듯이 뒤진다. 에스파냐인들은 정관사 '엘el'에 황금빛이라는 뜻의 '도라도dorado'를 붙여서 황금의 땅 '엘 도라도'라 부르며 금빛 환상을 좇았다. 이 과정에서 수많은 학살이 일어났다. 결국 금을 찾는 꿈은 허상으로 끝났지만 지구의 한 대륙이 서구 열강의 지배하에 들어가는 계기가 되었다.

스페인이 문을 열자 프랑스, 영국, 포르투갈 등이 열린 문으로 밀려왔다. 중남미는 스페인과 포르투갈이, 북미는 영국과 프랑스가 점령했다. 이 책에서 필자가 찾아다닌 곳은 과거 스페인의 지배지역이다.

역사의 페이지를 2세기쯤 훌쩍 뛰어넘는 동안 북미에서는 프랑스와 영국의 치열한 전쟁이 이어진다. 윌리엄 왕 전쟁1689~1697, 앤 여왕 전쟁1702~1714, 조지 왕 전쟁1744~1748, 프렌치-인디언 전쟁1755~1763 등 제2차 백 년 전쟁이라 일컬을 만한 식민지 쟁탈전을 벌였다. 특히 오하이오강을 중심으로 벌어진 프렌치-인디언 전쟁에서 영국은 프랑스를 물리치고 1763년 파리 조약을 체결함으로써 북미에서 영국의 지배권을 확보한다.

그러나 미국 독립 전쟁American War of Independence, 1775~1783이 벌어지면서 프랑스는 다시 북미 대륙에서 영향력을 얻는다. 북아메리카 영국 식민지 중에서 동부 해안 13개주가 영국의 조세정책 등에 반발하여 식민지 독립을 위한 전쟁을 일으킨다. 벤저민 프랭클린이 프랑스의 참전을 요청하여 1781년 '요크타운 전투'에서 프랑스와 독립군 연합부대가 영국

군의 주력부대를 격파한다. 1783년 9월 3일, 파리 조약에서 영국 정부는 미국의 독립을 공식적으로 인정한다. 미국 독립 기념일은 1776년 7월 4일이지만 실제로 독립을 보장받은 날은 미국 독립 전쟁이 끝난 1783년이다.

이제 미국은 식민지에서 완전히 벗어난 독립국가가 되었다. 그러나 영국의 승리와 미국의 지배권 확대가 인디언에게는 부정적인 영향을 미쳤다. 북미의 인디언은 영국보다는 프랑스 군대와 연합해서 영국을 공격하곤 했다. 따라서 프랑스의 패전과 미국 독립은 인디언들이 탄압당하는 빌미가 되었을 수 있고, 인디언의 영향력을 약화시키는 데 직간접적인 영향을 주었을 것이다.

열강 간의 전쟁을 끝낸 북미에서는 정부의 지배력을 확대하기 위해 원주민을 공식적으로 탄압하기 시작했다. 동북쪽에서는 미국 군대가, 남서부에서는 스페인 군대가 인디언을 탄압했다. 스페인 군대를 따라 1513년에 신대륙에 왔던 바르톨로메 데 라스 까사스 신부는 스페인군이 쿠바를 점령하는 과정을 본 후 이렇게 증언했다.

"스페인인들은 사람을 두 동강 낼 수 있느냐, 목을 자를 수 있느냐, 창자를 끄집어 낼 수 있느냐를 두고 내기를 걸기도 했다. 엄마의 젖을 먹고 있는 아기를 발로 차고 찢어발기고 머리를 바위에 처박았다. 부녀자를 능욕하고 죽이기도 했다. 심지어 장작불 속에 던져 넣어서 살아 있는 인디언을 태워 죽였다."

스페인군은 쿠바에서만이 아니라 그들이 가는 곳곳에서 잔혹성을 드

러냈다. 이 책에 기록된 남서부 지역에서도 까사스 신부가 증언한 것과 동일한 행위를 저질렀다. 스페인과 멕시코로부터 탈취한 남서부 지역만이 아니라 미국 전역에서 인디언들은 탄압과 추방을 당했으며 급기야 인디언 탄압은 법의 비호 아래 자행되기에 이른다.

1830년 5월 28일 미국 의회가 인디언 추방법Indian Removal Act을 통과시킨다. 이 법이 통과되기 5년 전인 1825년부터 인디언을 추방하는 정책이 시작되었다가 1930년 이 땅의 주인이던 자들이 손님들이 정한 법에 의해 고향을 버리고, 살기 좋은 곳을 버리고, 인간이 거주하기에 가장 열악한 곳으로 추방을 당하기 시작한다.

인디언 추방령이 내리기 전, 이 땅에 이방인들이 들어오기 시작하면서부터 인디언과 이방인들 사이에 끝이 없는 전투가 일어났다. 이 전투들이 이른바 인디언 전쟁이다. 인디언 전쟁은 1622년부터 19세기 말까지 미국 땅에서 일어난 인디언과 백인들 사이의 전쟁이다. 역사적 사실로 보자면 1918년의 전쟁이 마지막 전쟁이라는 주장도 있고 1898년 10월 5일 미네소타에서 벌어진 슈거포인트 전투가 가장 마지막 전쟁이라는 주장도 있으나 공식적인 종전은 1890년으로 간주한다.

피쿼트 전쟁[1634~1638]을 시발로 하여 필립왕 전쟁[1675], 폰티악 전쟁[1763~1766] 등이 이어졌다. 미시시피강 동부에서는 치카마우가 전쟁[1776~1794], 크리크 전쟁[1813~1814], 제1차 세미놀 전쟁[1816~1819], 제2차 세미놀 전쟁[1835~1842] 등이 일어났다. 미시시피강 서부에서는 콜로라도 전쟁

1863~1865, 코만치 작전1867~1875, 리틀 빅혼 전투1876, 운디드니 학살사건 1890.12.29 등이 일어났다. 이 책에는 캐니언 드 셰이에서 일어난 전쟁을 상세히 기술하였는데 이 사건도 콜로라도 전쟁의 와중에 일어난 사건이다. 인디언 전쟁은 거의 300년 동안 이어진 전쟁인 만큼 영불 간의 100년 전쟁과는 비교도 되지 않는 기나긴 싸움이었다.

특히 운디드니 학살 사건Wounded Knee Massacre은 인디언 최후의 인디언 전쟁이라는 이정표로 인식되기도 하거니와 비인도적인 학살로 세상에 알려지기도 했다. 이 사건을 다룬 『나를 운디드니에 묻어주오Bury My Heart at Wounded Knee』디 브라운 저라는 책은 미국 내에서도 주목받았고 한국에서도 번역출판되었다.

북아메리카 개척 초기의 매우 짧은 기간에 개척자와 원주민 사이에 협력과 평화가 유지된 적이 있다. 맨몸으로 이 땅에 온 백인들이 인디언의 도움을 받아 살아야 할 때였다. 그러나 인디언의 도움 없이 자립이 가능해지자 백인들은 인디언의 땅을 빼앗고 인디언을 탄압하기 시작했다. 더 많은 것을 차지하려는 백인들의 욕망이 전쟁의 도화선이 되어 기나긴 전쟁이 시작되었다. 백인이 서부로 서부로 진격하면서 갈등은 더욱 커졌고 더 잦은 충돌이 일어났다. 그렇게 200년 가량 전쟁이 지지부진하게 이어졌으나 인디언 추방 정책 이후 극렬한 충돌이 시작되었다. 이 전쟁은 미국 입장에선 욕망을 위한 전쟁이고 인디언 입장에선 생존과 인권을 위한 전쟁이었다. 그러나 이 전쟁의 결과는 싸우기도 전에 나온 것과 같았다. 이미 스페인과 영국을 비롯한 서구 열강을 물리친 세계 최강의 전투력을 가진 미국 군대와 재래식 무기로 맞선 인디언의 전쟁은 마치 어린 아이와 장정의 싸움에도 비교할 수 없을 정도로 기울어진 운동장이었다.

체로키인디언이 걸었던 '눈물의 행로the Trail of Tears'

인디언 추방령이 발효된 지 8년이 지난 1838년부터 그 이듬해까지, 한 겨울 영하의 날씨에 미국 동부 노스캐롤라이나·조지아·테네시·앨라배마에 흩어져 살던 체로키 인디언들을 비롯한 인디언 부족을 서부의 황무지로 추방했다. 이들은 날씨 좋고 풍요로운 동부에서 무려 1,200마일이나 떨어진 허허벌판의 오클라호마로 추방되었다.

이들을 오클라호마까지 끌고 간 군부대는 4,000명의 정규군과 3,000명의 자원병으로 구성된 윈홀드 스콧 장군의 부대였다. 645대의 마차에 짐을 싣고 기마병들의 감시 속에 살을 에는 추위와 불어닥치는 눈 폭풍 속에서, 인디언들은 마치 가축들처럼 그 먼 길을 끌려가야 했다. 길을 가면서 수많은 사람들은 추위에 굶주림과 질병으로 고향땅만을 떠난 게 아니라 그들이 살던 푸른 별과 영원한 작별을 해야만 했다.

이들은 추위를 막을 마땅한 의복도, 동상을 막을 수 있는 신발도, 배를 불릴 수 있는 적당한 식량도 없고 잠을 청할 공간도 담요 한 장도 제대로 갖추지 못한 채 피와 눈물로 이 길을 걸어야 했다. 이 길을 이름하여 '눈물의 행로the Trail of Tears'라고 했다.

체로키족이 추방당할 때 인디언들을 호송했던 기마병 존 버넷이 쓴 수기가 오늘까지 전해지고 있다.

"인간이라면 누구나 슬프고 장엄했던 그 아침의 일을 잊을 수가 없을 것이다. 추장 '존 로스John Ross'가 기도하고 나팔소리가 울려 퍼지자 마차들은 출발하였다. 그때 정든 고향산천과 영원히 헤어지게 되었다는 것을 안 아이들은 소리 지르고 발을 구르며 작은 손을 흔들고 눈물을 흘렸다. 그들의 대부분은 담요도 없는 상태에서 맨발로 강제로 끌려나왔다. 얼어붙은 차가운 빗물과 무섭게 눈보라 치는 11월 17일 아침부터 목적지에 도착한 1839년 3월 26일까지 체로키족의 고난은 실로 끔찍하고 지독하였다. 그 추방의 길은 죽음의 길이었다. 그들은 밤에 마차에서 혹은 맨땅 위에서 불도 없이 자야 했다. 나는 하룻밤 사이에 22명이 치료도 받지 못하고 폐렴으로, 감기로, 혹은 담요도 없이 얼어 죽는 것을 보았다. 〈중략〉 서부를 향해 계속되었던 그 길고 고통스럽던 여정은 스모키 산맥 언덕에서부터 오클라호마에 설치한 서부의 인디언 지역에 이르기까지 4,000개의 말 없는 무덤을 남기고 1839년 3월 26일에 끝났다."

인디언 추방을 계기로 인디언의 저항은 치열해졌다. 곳곳에서 미국군과 인디언 사이의 전투가 벌어졌으나 전투가 거듭될수록 인디언의 피해는 점점 커졌다. 그러나 전쟁에서 패배한다 해서 모든 전투에서 지는 것은 아니다. 인디언이 승전고를 울린 전투가 리틀 빅혼 전투Battle of the Little Bighorn이다.

리틀 빅혼 전투는 블랙힐 전쟁의 일부분으로 1876년 6월 25일에 미국 몬태나주 리틀 빅혼 카운티에서 라코타-샤이엔 원주민 연합과 미국 육군 7기병연대 간에 벌어진 전투이다. 시팅불Sitting Bull과 크레이지 호스Crazy Horse가 이끈 원주민 연합군은 제7기병대를 전멸시켰다. 이 전투

시팅불

는 미국-아메리카 원주민 전쟁사에서 가장 유명한 전투이며, 부족단위로 분열되어 있던 아메리카 원주민이 연합하여 미국에 대항하여 승리를 거둔 기념비적인 전투이다. 그러나 이 전투로 인해 인디언들도 전력을 탕진하였고 급격히 세력이 약화되었다. 이 전쟁 이후 미국의 군사적 탄압은 더더욱 거세졌으며 인디언 군대의 종말이 열리는 문이 되기도 했다.

시팅불은 캐나다로 가서 항전을 했으나 크레이지 호스는 미군에 의해 살해되었다. 지도자를 잃은 라코타 수족^{Lakota Sioux}은 세력이 약해졌음에도 불구하고 항전을 계속했다. 그 마지막 전투가 운디드니 전투, 아니 전투라기보다는 학살이다.

1890년 12월 29일, 미 육군 제7기병연대 500여 명이 운디드니강과 그 근처 언덕에서 북아메리카 원주민을 대량 학살했다. 이 사건으로 추장 큰발^{Big Foot}을 비롯한 전사, 노인, 여자와 어린아이들이 포함된 350명의 수족 중 300명 가량이 목숨을 잃었다.

부족의 죽음과 영토의 강탈 등 고통으로 얼룩진 현재의 삶을 애도하고 지금의 현실이 천국의 삶으로 바뀔 것이라는 믿음을 표현하기 위해 원주민들은 큰발 추장 등을 중심으로 '영혼의 춤^{Ghost Dance}'이라는 영적인 운동을 전개했다. 그러자 미국 정부는 이 영혼의 춤을 국가에 대한 불복종이라는 이유로 금지하였다. 원주민들은 명령에 따라 영혼의 춤을 포기했다.

그러나 미군은 이 사실을 모른 채 제7기병대를 이곳에 파견했다. 인디언들의 항복을 받아낸 미군은 운디드니 강가에 천막을 치고 350명 정도의 수족을 수용했다. 날이 밝으면 이들을 인디언 보호구역^{추방구역}으로 보내려던 것이었다.

인디언의 무기를 수거하는 과정에서 전사들의 저항이 있었고, 검은 코요테Black Coyote라는 귀머거리 원주민이 자신의 총을 쏘아 미군 병사에게 부상을 입혔다. 이로 인해 미 육군은 원주민들이 공격한다며 천막 안에 있던 원주민들에게 무차별적인 사격을 가했고 대포와 기관포까지 쏘아대었다. 마침내 미 육군은 350명 중 300명을 참혹하게 학살했는데 이들은 대부분 여자와 어린아이들이었다. 그들의 참혹한 죽음과 함께 인디언 전쟁도 종말을 고했다.

이와 같은 학살이 이곳에서만 일어난 것은 아니다. 세월을 거슬러 보면 콜로라도 전쟁의 시발점이 된 샌드크리크Sand Creek 학살도 있다. 1864 11월 29일 콜로라도 동남부에 위치한 샌드크리크에는 아라파호족과 샤이엔족이 미국 정부가 허락한 땅에서 천막 생활을 하고 있었다. 이들은 미국 정부군과 평화협상을 진행하는 중이었으나 치빙턴 대령이 이끄는 약 700명의 의용기병대원이 캠프를 급습하였다. 남자들은 대부분 사냥을 떠났고 여성들과 아이들만 남아있었다. 150명이 넘는 여성과 어린이를 학살한 치빙턴은 "알을 그대로 두면 이가 되는 법"이라며 대학살을 자행했다. 백인 병사들이 인디언의 머리 가죽을 벗기고 사지를 절단하는 참혹한 짓을 저질렀다는 사실이 알려지기도 했다.

이 사건으로 인해 평원 인디언과 미군 사이의 전쟁은 다시 격화되었다. 이 책의 캐니언 드 셰이 편에서 소개하는 칼턴 장군과 인디언 이야기는 평원 전쟁의 연장선 위에 있는 전쟁이다.

샌드크리크에서 자행된 만행은 인디언에게는 뼈에 사무치는 한으로 남았다. 오죽하면 한 세기를 훌쩍 넘은 오늘날에도 샤이엔족과 아라파호족 인디언은 어릴 때 어머니의 무릎에서 이 이야기를 듣고 자란다고 한다. 백인들이 인디언을 얼마나 참혹하게 학살했는지를.

인간이 도륙을 당했건 도륙을 했건 세월은 강물과 함께 흐르고 흘렀다. 인디언도, 백인이 주류가 된 미국 사회도 학살에 대한 책임을 묻고 따지는 일에서는 어느 정도 거리를 두게 되었다. 그러나 세월이 흘러도 인디언에 관한 차별만은 사라지지 않았고 오히려 더 공고해진 면도 있다.

운디드니 학살 80여 년 후인 1973년 2월 27일, 미국 인디언 운동AIM 소속의 라코타 부족 200여 명이 운디드니 마을을 점거하고는 보호구역 내에서의 부정부패를 조사하여 부패자들을 처벌해 달라며 71일간 시위를 했다. 아울러 원주민들의 열악한 실태에 대한 해결을 호소했다. 하지만 연방 정부는 이들의 요구를 무시한 채 연방군 육군을 투입하여 인디언 사무국BIA 측의 사병私兵들과 함께 시위대를 소탕하고 정의를 주장하는 이들을 협박, 살해하는 일까지 벌어졌다. 시간의 흐름에 따라 백인 사회의 차별을 감당하는 것 못지않게 인디언 사회 내부의 부패와 폭력 문제도 심각해진 것이다.

앞에서도 말했듯이 이 책은 역사책이 아니다. 전쟁사를 쓰자는 것도 아니다. 그러나 지구 반대편에 사는 우리가 미국이라는 나라를 여행하는 동안 만나게 되는 과거의 주인들이 어떻게 땅을 빼앗겼으며 현재의 인디언은 왜 지금 그곳에 있는가에 대해서는 잘 알지 못한다. 그들의 아픈 역사를 모르면서 여행자가 되는 것은 그들이 당한 슬픔에 대한 조롱이 될 수도 있다. 그들의 아픔을 모른 채 아름다운 자연과 남겨진 문화유산에만 열광하는 것은 그 땅의 주인들에게 죄를 짓는 것이다.

인디언들은 땅을 어머니라고도 했고 뱃속에 있는 아이의 얼굴이라고도 했다. 그들의 조상이 묻힌 곳이며 그들의 어머니이며 그들의 뱃속에 있는 아이의 얼굴을 밟는 동안 인류가 저지른 죄에 대하여 한번쯤은 묵념을 해야 하지 않을까? 그들의 고통을 한 번이라도 느껴야 하지 않을까? 그런 측면에서 어줍지 않게 전쟁과 역사 이야기를 늘어놓았다.

안타깝지만 오늘의 인디언들은 그들의 땅에 들어와 살고 있는 이방인들이 주인이 된 현실을 고스란히 인정해야 한다. 이런 현실이 있는 한 어쩌면 인디언의 조상이 어디에서 왔는지 혹은 어디로 갔는지를 따지는 것은 무의미할지도 모른다. 조상들의 영혼은 어디에서 헤매는지 살아 있는 자들의 고뇌는 어느 지점에 있는지를 알 수도 없고 안다고 해도 아무런 소용이 없을지 모른다. 설령 그 모든 것을 안다 하더라도 오늘을 사는 인디언의 삶에 어떤 변화도 줄 수 없을지 모른다.

이 책이 인디언의 암각화를 따라 여행한 이야기라고 밝혔다. 그들은 자연과 어울려 평화롭게 살 때에 많은 암각화를 그렸을 것이다. 또 그들끼리 다툰 날 저녁에도 바위에 무언가를 새겼을 것이다. 그런가 하면 비바람이 몰아친 험한 날씨나 태양이 내리쬐는 맑은 날씨에도 암각화를 그렸을 것이다. 또 학살과 만행을 당했거나 백인들로부터 쫓겨난 순간에도 누군가는 자신의 삶을 기록했을 것이다. 살아가는 건 그런 일이다. 어떤 일이 일어나건 해는 뜨고 해가 지면 또 누군가의 하루가 저무는 게 삶이다. 어떤 일이 벌어졌건 그들은 살아있는 가슴으로 하루를 살았을 것이다.

여행자는 걸으며, 그들의 과거를 통해 현재를 만나고 현재를 통해 그들의 과거를 만난다. 만나는 그 어느 곳에서든 여행자는 가슴으로 걷고 가슴으로 발자국을 남긴다. 인디언의 조상들이 묻힌 눈물처럼 붉은 황톳길 위에, 어머니인 땅 위에, 뱃속에 들어있는 아이들의 얼굴 위에.

01

 참으로 아름답구나

캐니언 드 셰이 내셔널 모뉴먼트Canyon de Chelly National Monument

캐니언 드 셰이는 단연, 미국 최고의 여행지이나 한국인에겐 낯선 땅이다. 그러나 여행자의 취향과 가치에 따라 여행지의 평가는 얼마든지 다를 수 있다. 어떤 이는 그랜드 캐니언을, 어떤 이는 옐로스톤을, 어떤 이는 나이아가라 폭포나 요세미티, 혹은 알래스카를, 또 다른 어떤 이는 칼즈배드 동굴을 최고의 여행지로 친다. 어떤 이는 뉴욕이나 라스베이거스나 샌프란시스코 같은 도시 문명을 최고로 꼽기도 한다. 모두가 제각각의 이유를 드는데 그 이유는 일면 타당하다.

하지만 화려한 도시보다는 위대한 자연에 미국 여행의 방점을 둘 수밖에 없다. 여행으로는 평생을 가도 다 가지 못할 광대한 미국 땅에서도 백미는 캐니언 드 셰이다. 내가 이렇게 뻔뻔 당당하게 캐니언 드 셰이를 최고로 평가하는 이유는 그곳에 자연과 역사와 현재가 두루 섞여서 살아있기 때문이다. 이 협곡에는 어딜 가도 사백 미터 이상, 수직으로 깎아지른 절벽이 있다. 그 절벽이 하나같이 그림처럼 아름답고 아찔하

다. 그런가 하면 사람들이 살았던 집이 그 아찔한 절벽 어딘가에 숨어 있다. 그 주거의 흔적과 함께 기나긴 역사가 남아 있다. 지나간 역사만이 아니라, 백인으로 대변되는 미국의 근현대사에 의해 버려진 오늘의 인디언들이 이곳 깊은 계곡에서 아직도 숨을 쉬며 살고 있다. 말 그대로 현대 사회에 전혀 물들지 않은 최고의 자연과, 그 자연을 벗 삼아 살아온 순정한 인간이 수천 년을 공존해 온 공간이 캐니언 드 셰이다.

태양을 걸어둔 곳, 거미 바위

캐니언 드 셰이에는 거미바위Spider Rock가 있다. 마치 거대한 통나무 하나를 수직으로 맨땅에 꽂아 놓은 것처럼 우뚝 솟은 바위다. 바위의 높이가 무려 270미터에 이르는데 그 꼭대기에는 나바호 인디언Navajo Indian* 들을 보호하는 지혜의 여신인 거미 여신이 앉아 있다 하여 거미바위라고 부른다. 해질 무렵에 건너편 언덕에서 이 바위를 내려다보고 있으면 이곳이 왜 미국에서 손꼽히는 장관이라고 하는지를 이해할 만하다. 나

---

*
미국의 인디언 부족 가운데 가장 인구가 많고 세력도 가장 확장된 인디언이다. 20세기 말을 기준으로 10만 명 가량이 뉴멕시코주 남북부와 애리조나주, 유타주 남동부에 흩어져 살고 있으며 동족인 아파치 인디언의 언어를 쓴다. 나바호족과 아파치족은 900~1200년쯤에 미국으로 건너온 듯하다. 현재의 나바호족은 푸에블로 인디언(아나사지)의 영향을 많이 받아 변화되었으나, →

캐니언 드 셰이에
우뚝 선 거미바위Spider Rock

바호 전설에 의하면 태양신이 낮엔 태양을 등에 짊어지고 다니다가 밤이 되면 자기 집 서쪽 벽에 있는 못에 걸어두었다는데 그 태양을 걸어둔 못이 이 거미 바위일 것만 같다. 구절양장 이어진 협곡이 워낙 가파르고 높아서 발아래를 내려다보기 겁이 난다. 자세히 보면 이 웅대한 거미 바위 중턱에도 인디언의 집터가 남아 있다. 어떻게 올라갔으며 어떻게 생활했는지 모르지만 인간의 능력은 위대하다는 생각이 절로 든다.

절벽에 서 있는 사람들은 마치 거대한 나무에 붙은 매미처럼 작다. 난간도 안전 장치도 없는 절벽 꼭대기에 서 있는 사람들이 바람이라도 불면 휙 쓸려 떨어질 것 같다. 롤러코스터를 타는 기분으로 아찔한 절벽 끝에 서서 "야호" 소리를 질러 본다. 가까운 절벽에서 돌아온 메아리는 굽이쳤지만 거리가 먼 절벽에선 메아리조차 돌아오지 않는다.

캐니언 드 셰이 공원에는 캐니언 델 무에르토Canyon del Muerto와 캐니언

→ 초기 나바호족은 아파치족을 더 많이 닮았을 것이다. 농사를 생활기반으로 삼는 점과 한곳에 정착하려는 경향은 푸에블로 인디언의 영향이라 할 수 있다.

나바호족은 중앙집권적인 부족 조직이나 정치조직이 없고 소규모의 친족집단으로 조직되어 있으며, 17세기부터 푸에블로 인디언과 접촉하기 시작했는데 리오그란데강 유역에 살던 푸에블로족이 나바호족에게 피난을 오면서 관계를 맺게 되었다. 이렇게 해서 접촉하게 된 푸에블로 인디언은 농업뿐만 아니라 예술부분에도 영향을 미쳤다. 나바호족 의식에서 쓰이는 모래그림 같은 것들뿐만 아니라 널리 알려진 나바호 융단, 채색도기 같은 것이 모두 이러한 접촉을 보여준다.

나바호족은 키트 카슨이 이끈 미국군에 의해 진압을 당하면서 삶의 근거지를 파괴당했다. 이후 뉴멕시코주 산타페에서 남쪽으로 290km 떨어진 곳에 있는 보스케레돈도에 지은 보호구역에 4년간 갇혀 살았다. 이때의 잔혹한 감금은 아직도 완전히 사라지지 않고 불신과 쓰라림을 유산으로 남겼다.

나바호족 보호구역으로 미국 정부가 뉴멕시코주, 애리조나주, 유타주에 할당해 준 땅은 6만 4천 km²가 넘는다. 그러나 이 지역은 대체로 땅이 메말라 보통 사람이 생계를 충당할 정도로 농사를 짓거나 가축을 기르기에는 적합하지 않다. 일부는 천혜의 자연을 이용한 관광 사업에서 상당한 소득을 올리고 있지만 적지 않은 나바호족이 살던 구역을 떠나 하층민의 삶을 영위하고 있다.

드 셰이라는 두 개의 협곡이 있다. 두 협곡 모두 빼어난 장관이다. del Muerto는 '죽음의, 고인의'라는 뜻으로 캐니언 델 무에르토는 곧 '망자^{亡者}의 협곡'이라는 뜻이다. 굽이굽이 돌아가는 캐니언 드 셰이는 원래 체기^{Tséyi, 바위 협곡}라는 나바호 말에서 유래했으므로 캐니언 드 셰이라는 말은 결국 '협곡의 협곡'이라는 중복된 말인 셈이다.

이 협곡은 무한한 시간 전부터 시작된 친리강^{Chinle Wash}의 계속된 흐름으로 생겨났다. 숨 막히게 아름다운 사암 절벽의 바닥에는 미루나무 덤불과, 고요히 흐르는 친리강과 시신으로 누워 있는 푸에블로^{pueblo, 스페인어로 마을, 촌락이라는 뜻}의 잔해들이 비극의 역사를 간직한 채 다양한 빛깔로 공존한다.

옛날 한 인디언 추장이 있었다. 그는 과실을 무르익히는 따사로운 햇살을 맞으며 한가로운 가을 오후를 맞았다. 햇살은 맑고 풍성했다. 아직 단풍이 들지 않은 푸른 잎들과 누렇게 익어 가는 옥수수의 황금물결, 나무들은 가을바람에게 하나둘 자신의 이파리를 선물로 건네주었고, 이제 더운 여름을 지낸 뒤 탄탄해진 대지는 갓난아이 얼굴처럼 붉은 빛을 띠게 되었다. 물처럼 맑은 새파란 하늘과 그 하늘을 선회하는 하나의 검은 점, 독수리. 그리고 아직 떠나기엔 아쉬운 하얀 뭉게구름. 이 모든 빛깔은 겨울이 되면 검은 빛으로 변한다. 오직 하나의 빛이거나 혹은 두 개의 빛깔만 남는 겨울.

추장은 복숭아나무 아래에서 아이들이 뛰어노는 모습을 본다. 아름다운 가을빛보다 더 아름다운 눈동자와 그 눈동자보다 더 아름다운 미소를 가진 아이들. '가기 싫다', '얼굴에 내리는 비', '느린 거북'이 함께 어울려 놀고 있다.

추장은 가을 빛깔들이 사라지는 게 너무나 아쉬웠다. 그래서 어떻게 이 빛을 잃지 않을까 고민했다. 고민 끝에 추장은 그 아름다운 빛을 아이들에게 선물로 주기로 결심했다.

추장은 그 빛들을 하나씩 자루에 담기 시작했다. 나뭇잎의 붉은빛, 잎사귀의 파란빛, 잡초의 초록빛, 하늘의 푸른빛, 저녁 하늘의 보랏빛, 새벽하늘의 비췻빛, 냇물의 연둣빛, 아이들의 피부빛, 물에 반사되는 햇살의 은빛, 바위 그림자의 서늘한 빛, 붉게 타는 바위 빛, 다람쥐의 깃털빛, 도마뱀의 눈동자 빛, 흰 구름 뒤편의 잿빛, 사슴 가죽의 황톳빛, 하얗게 웃는 아이들의 치아 빛, 아직도 지지 않은 해바라기의 노란빛, 돌 틈에 앙증맞게 핀 들꽃의 주홍빛, 연한 흙먼지가 햇살과 나뒹구는 살굿빛, 어울려 노는 아이들 웃음 빛, 따돌림 당한 아이의 시무룩한 빛 등 온갖 빛을 자루에 가득 담았다.

그 빛들을 자루에 넣어 한동안 주문을 외웠다. 추장의 주문에 따라 자루 안에 가득 찬 빛들이 무언가로 변하기 시작했다. 자루 안에서는 빛들이 사라지고 팔랑팔랑 팔랑거리는 소리가 났다. 날갯짓 소리와 함께 여직 들어보지 못한 아름다운 노랫소리도 났다. 들판에서 뛰어놀던 '가기 싫다', '얼굴에 내리는 비', '느린 거북'은 이 아름다운 노랫소리를 듣고 할아버지 추장에게 다가왔다.

할아버지는 자루를 열어 궁금해하는 아이들에게 안에 들어 있는 것을 선물로 주었다. 자루에서 나온 것은 지금까지 본 적이 없는 아름다운 생명체였다. 세상의 온갖 빛으로 만든 총천연색 나비들, 팔랑팔랑 세상으로 나왔다. 나비들은 아이들과 어울려 춤을 추고 노래를 했다.

그러자 나비들의 노랫소리에 당황한 새들이 항의를 했다. 오래전 추

장이 자신들을 만들 때 노래는 새들에게만 준다고 약속을 했는데 이제
와서 나비에게도 노래를 주는 것은 약속을 어기는 것이라고. 고민이 되
었지만 추장은 나비들에게서 노래 주머니를 빼앗았다.

나비들은 더 이상 노래를 하진 못했지만 춤추는 동작만으로도 참으
로 아름다웠다. 그리고 어떤 나비는 하나의 빛만으로 만들어졌지만 어
떤 나비는 온갖 빛을 다 받아서 만들어졌기에 무지개처럼 아름다운 나
비도 있었다.

이 인디언 민담에서 나비가 된 빛은 캐니언 드 셰이에서 가져온 빛이
아닐까. 이 계곡의 경관은 실로 경이롭다. 깎아지른 절벽과 계곡, 그리
고 강바닥의 시냇물과 초원, 바위에 부딪쳐 부서지는 햇살과 푸른 하
늘, 아침저녁으로 붉게 타오르는 세상 등 자연이 만드는 경관의 극치가
이곳에 있다. 그래서 캐니언 드 셰이는 미국 최고의 자연경관이라고 칭
송된다.

초기 바스켓메이커족^{Basketmaker}**이 풍부한 물을 따라 캐니언 드 셰이
와 캐니언 델 무에르토에 도착한 때는 서기 300년보다 조금 이른 시기
로 추정된다. 이들은 서기 300년과 서기 420년 사이에 땅을 파서 꽤 큰

**
북아메리카 남서부의 산간지대에 살던 아메리카 인디언의 선사문화를 통틀어 바스켓메이커라 한
다. 푸에블로 인디언 문화와 합하여 아나사지 문화라고도 한다. 이들의 문화는 주로 애리조나
주와 콜로라도주 경계에 분포했으며 3기로 구분된다. 1기는 자료부족으로 명확히 알 수 없으나
농경 시대 이전의 시기이다. 2기(기원전 100~400)는 반렵반농半獵半農의 시기로 동굴에 살면서 호박
이나 콩 등을 재배했다. 토기는 아직 없고 운반용구·저장용구 등으로 바구니를 많이 만든 것이
특징이다. 여기에서 바스켓메이커라는 말이 유래된 것으로 보인다. 3기(400~700년)에 들어서서 처
음으로 토기를 만들어 정착 생활에 들어가고, 취락을 형성하여 농경이 안정되었다. 700년 이후에
는 이들의 뒤를 이어 푸에블로 문화가 출현하였다.

집들을 매끈한 바위협곡 주위에 만들기 시작했다. 이때는 캐니언 드 셰이와 캐니언 델 무에르토의 사람들이 사냥놀이와 먹을 수 있는 식물의 채집에 의지해 생활했다.

550년경, 이들은 옥수수와 콩 등을 재배하며 살았다. 이후 점차 강이 잘 범람하는 곳의 기름진 땅과 협곡의 바닥을 찾기 시작했다. 후에 정착한 아나사지족^{Anasazi, 푸에블로 인디언과 바스켓메이커 인디언을 합하여 아나사지라 일컫는다}**은 협곡의 위쪽과 외곽 쪽에 살다가 계곡 아래의 평평한 땅으로 점차 이동했지만 협곡 위에도 사람은 계속 살았다.

1050년경에는 사람들이 협곡으로 대량 이주해서 인구가 급격히 늘었고, 마을들이 번영하기 시작했다. 전문가들은 인구가 급격히, 눈에 띄게 늘었던 이 시점이 캐니언 드 셰이와 캐니언 델 무에르토에서 우리가

**
**
800~1600년경에 미국 남서부의 콜로라도고원과 리오그란데강 북부에서 살았던 선사시대 농경 부족이다. '아나사지'라는 이름은 나바호어 이름을 영어화한 것으로, '옛 사람들'이란 뜻이다. 더 정확히는 '전에 이곳에 살다가 떠난 사람들'이라고도 하고 '우리 적의 조상'이라는 뜻이기도 하다.

초기 유목인이었던 아나사지인들은 애리조나의 북동쪽과 중심부, 뉴멕시코의 북서쪽과 중심부, 유타와 콜로라도 남부에 이르는 지역에 걸쳐 분포했다. 그들은 분산된 소규모 거주지에서 옥수수, 콩, 호박을 재배하고 식물을 채집했으며 야생동물을 사냥하기도 했다. 이들이 유명해진 것은 메사버디, 차코 협곡 등지에 남아 있는 웅장한 절벽 가옥, 여러 층의 석조 건축물과 암벽화 때문인데, 현재 이 유적들은 대부분 포코너Four Corners 지역인 애리조나, 뉴멕시코, 콜로라도, 유타의 국립공원과 기념물로 보존되어 있다.

아나사지는 널리 퍼져 살면서 지리, 생태 자원, 기후, 문화적·지역적 차이에 따라 다양한 전통을 형성했다. 지역별로 독특한 도기 장식, 석조 양식, 건축 형식이 발달했다. 아나사지의 부족들로는 버진, 카엔타, 메사버디, 차코, 리오그란데 등의 분파가 있다. 최대 분포를 자랑했던 11세기 후반 이 분파들은 네바다 남부, 뉴멕시코 중부, 애리조나 북부, 유타 남부에 이르는 광대한 지역을 터전으로 삼았다. 하지만 1300년경 아나사지인들은 금방이라도 다시 돌아올 것처럼, 그들이 살던 곳, 항아리, 심지어 옷까지 다 내버리고 갑자기 역사에서 사라져버렸다. 뉴멕시코 북서부의 샌환San Juan분지에 놀라운 건축물을 남긴 차코족Chaco이 12세기 중반 가장 먼저 조상의 땅을 버리고 떠났는데, 그 이유는 아직 밝혀지지 않았다. 13세기 말, 차코인들에 이어 버진, 카엔타, 메사버디의 아나사지들도 포코너 지역의 고향을 등지고 남쪽과 동쪽으로 떠났다.

지금 볼 수 있는 주거지들이 만들어진 때라고 본다. 규모가 더 큰 마을들은 급류를 피하기 위해서 사암 절벽의 빈 구석들 아니면 사암 절벽의 상부에 자리를 잡았다. 협곡 바닥의 좋은 땅에는 오늘날 보는 것 같은 집을 짓지 않았다. 이 땅들은 농사를 위한 절대농지로만 사용했다.

문화적으로 성공했음에도 불구하고 캐니언 드 셰이와 캐니언 델 무에르토의 사람들은 차츰 자신들의 마을과 밭을 버리고 떠나기 시작했다. 대부분의 아메리카 인디언들이 한곳에 정착하지 않고 정착 후 이주를 반복했다. 그런가 하면 문화적 융성기에 이유 없이 훌쩍 정착지를 떠나버린 경우도 얼마든지 볼 수 있다. 어떤 경우는 인구 증가로 인한 환경 파괴와 식량 부족이 이주의 원인이 되기도 한다. 이 중 어떤 것이 정확한 원인인지 알 수 없지만 서기 1284년에 긴 세월의 흔적을 남기고 아나사지들이 이곳을 떠난다. 학자들은 주거 중에서 미라 동굴이 가장 나중에 버려진 곳이라고 믿고 있다.

허절한 강제 이주의 비극이 서린 나바호족의 '먼 길Long Walk'
아나사지족이 떠난 후 거의 백 년 동안 이 협곡은 무주공산이었다. 백년 후에 '디네'Diné, 나바호족은 자신들을 '디네'라고 칭했는데 이는 '사람들'이라는 뜻이다가 지금의 애리조나 지역으로 오면서 이 협곡에 자신들의 집, 디네타라고 부르는 것을 만들었다. 이곳에 온 나바호인들은 지금까지도 자신들의 성지로 인식할 만큼 이 협곡을 소중하게 여겼다.

한동안 나바호인들만의 공간이었던 이 협곡은 미국의 서부 개척사에서 피비린내 나는 전장의 한 곳이 된다. 아메리카 원주민과 멕시코계의 새로운 시민들, 혹은 이주해 온 스페인 사람들, 서부로 세를 확장시키려던 미국 군대와의 투쟁은 이 협곡을 피와 총성으로 뒤섞이게 한다.

협곡을 방문한 첫 이방인 군대는 1805년의 스페인 군대였다. 신식 무기로 무장한 스페인 군대는 수많은 나바호인을 이 협곡에서 학살한다. 스페인 군인들이 격렬하게 항전하는 인디언을 추격하여 절벽의 동굴집에서 100여 명을 학살했다. 후일, 학살 동굴이라 불리는 이 동굴을 발견했을 때 이곳에는 무수한 뼈들이 누워 있었다. 하지만 나바호는 스페인군을 물리친 거나 다름없다. 스페인군은 귀신처럼 출몰하는 나바호의 저항 때문에 협곡의 더 깊은 곳까지 이르지 못했다. 그 후 스페인군은 이 거대한 협곡에 더 이상 발을 들여놓지 않았다.

두 번째는 미국인들이 1860년대에 일으킨 군대다. 스페인 군대를 방어한 지 반세기 후 나바호인들은, 뉴멕시코와 애리조나에서 서부로 진격하는 미국군 제임스 H. 칼턴^{James H. Carlton} 장군에게 이 협곡에서 최후까지 항전한다. 미국군은 이 깊고 험준한 협곡에서 한동안 실패를 거듭하지만 눈 내리는 겨울 마침내 디네의 완전한 항복을 받아 낸다.

칼턴이 승전한 결정적인 원인은 미국 서부 개척시대에 활약했던 전설적인 인물인 키트 카슨^{Kit Carson}의 부대를 고용한 것이었다. 키트 카슨은 미국의 본토 인디언들을 협곡 사이와 메사^{mesa, 꼭대기는 평탄하고 주변부는 급사면을 이루는 고원형태의 지형} 건너편으로 쫓은 후 미국 본토 인디언들의 집과 집터를 불태웠다. 나바호인들의 집, 땅, 곡식, 그리고 목장에서 키우는 동물들이 모두 타 버렸다. 특히 나바호인이 기르고 숭배하다시피 하던 복숭아 과실수를 모두 잘라 버렸는데 복숭아나무를 태운 사건으로 인해 인디언들은 자신들의 영혼이 모두 잘려 나간 듯한 충격을 받았다고 한다.

카슨은 미국군에 종사하기 전에 오랜 시간을 인디언과 친구로 지냈다. 그의 첫 번째 부인 '노래하는 풀'도 인디언 여자였다. 이 때문에 그는 인디언에 대해 누구보다 소상히 알고 있는 인물이었다. 수년간의 추격에도 불구하고 디네의 항복을 받아내지 못했다. 계곡 이곳저곳에서 신출귀몰하는 이들과 아무리 싸워도 그 싸움은 끝이 나지 않는다는 것을 카슨은 오랜 인디언과의 교류를 통해 잘 알고 있었다. 나바호인들은 게릴라전에 능했고 길들여지지 않았다. 이런 인디언과 소모적인 싸움을 하는 것은 의미가 없었다. 그래서 카슨은 이들을 사냥감처럼 한곳으로 몰아두기로 했다. 그 장소가 나바호들의 삶의 터전이자 성스러운 조상의 땅인 캐니언 드 셰이였다.

나바호인들과 총격전을 해봐야 화약만 아깝고 시간만 소모하리라는 것을 알았기에 카슨은 이 싸움의 승자가 된다. 지피지기면 백전불패, 문자 그대로 카슨이 인디언들을 잘 안다는 사실이 승전의 요인이었다. 카슨의 부대는 사실상 피 한 방울 흘리지 않았지만 나바호 인디언은 엄청난 희생을 치러야 했다. 카슨은 무기를 들고 싸우는 대신 인디언들을 캐니언 드 셰이에 몰아두고서 겨울 동안 먹을 식량을 모두 태워버렸다. 신식 무기와 훈련된 병사들 앞에서도 굴하지 않던 나바호의 용맹한 전사들은 굶주림과 추위라는 무서운 병사들에게 무릎을 꿇고 말았다. 카슨은 나바호들이 '밧줄로 잡아가는 자'라고 부를 만큼 적지 않은 인디언을 포로로 잡았다. 그는 인디언들에게 공포의 대상이자 적의의 대상이었다.

인디언 문화를 누구보다 잘 알고 있었기에 인디언들에게 땅의 의미가 무엇인지 카슨은 잘 이해하고 있었다. 그래서 그는 무기로 사람을 죽이는 게 아니라 인디언들의 생명의 근원인 땅을 짓밟아 버린 것이다. 특히 카슨이 복숭아밭을 태워 나바호인들에게 충격을 주었다는 것은 시사점이 크다. 복숭아는 엄밀히 말해 식량이 아니다. 한데 나바호인들은 식량이 아닌 이 과실수가 불탄 데서 절망을 하고 미래의 불운을 예측한다. 그들 조상의 영혼이 그 땅과 나무에 스며 있다고 믿은 나바호인은 나무가 베어지자 미래에 대한 희망은 물론 항전의 의지까지도 버린 것이다.

"성스런 어머니 대지, 나무들과 모든 자연이 그대의 생각과 행동을 지켜본다."

인디언은 이렇게 생각했다. 그들의 의식 속에서 땅은 곧 어머니였다. 땅은 그들에게 생명의 근원이며 존재의 근원이었던 것이다. 그래서 나바호인은 땅을 찬미하는 노래를 불렀다.

참으로 아름답구나
참으로 아름답구나
나는 땅속의 영혼
대지의 발은 나의 발
대지의 다리는 나의 다리
땅이 가진 힘은 나의 힘
땅의 목소리는 나의 목소리
땅에 속한 모든 것은 곧 나에 속한 것

이 나바호인들의 노래가 이 협곡에서도 불렸을 것임에 틀림없다. 따라서 땅에서 나는 생명체를 불태우고 잘라 낸 것은 나바호인의 생명에 불을 지르고 목을 벤 것과 다를 바가 없었다.

카슨이 이끄는 부대의 잔인한 추격으로 병들고, 배고프고, 약해졌지만 수많은 디네가 캐니언 드 셰이의 성스러운 벽으로 가서 자신들의 땅에서 살 수 있는 권리를 지키려고 자신들을 방어했다. 그 사암 절벽 아래는 대량 학살로 인해 붉은 핏빛으로 물이 들었고 살아남은 굶주린 디네는 마침내 강제로 항복했다.

최후까지 항전하는 나바호족에게 칼턴 장군은 최후통첩을 했다.

"보스케레돈도Bosque Redondo로 가라. 그렇지 않으면 당신들을 추격해 사살할 것이다. 우리는 어떤 경우에도 당신들과 화평을 유지하지 않을 것이다. 당신들이 이 세상에 존재하지 않거나 다른 세상으로 옮겨가기 전에는 이 전투는 몇 년이 걸려도 계속될 것이다. 여기에 더 이상의 대화는 없다."

나이 든 사람, 아이들, 그리고 다친 사람들을 포함한 9,000여 명의 디네가 300마일을 강제로 이송되어 애리조나와 뉴멕시코 피코스강Pecos River 근처, 포트 섬너Fort Sumner, 섬너 요새 옆 보스케레돈도에 수용되었다. 이 처절한 강제 이주의 여정을 나바호인은 '먼 길Long Walk'이라고 불렀다. 이후 4년 동안 사람들에게는 죽음, 전염병, 그리고 굶주림의 재앙이 내렸다. 몇천 명이 웰데Welde, 두려움의 장소에서 죽었고 수많은 사람이 병에 걸렸다.

나바호인은 원래 죽은 사람을 땅에 묻지 않는다. 그들의 삶의 터전이던 지역에 산재한 바위투성이를 무덤으로 파기도 힘들었을 것이다. 그래서 그들은 시체를 버펄로 가죽 등으로 돌돌 말아 높은 곳에 있는 굴이나 갈라진 바위틈 같은 붉은 바위로 이루어진 땅의 무수히 많은 틈새에 시체를 감춰 둔다. 그러다 보니 계곡의 틈새에서는 언제라도 유골이 나올 수 있다. 하지만 죽은 자를 자신들의 문화적 관례에 따라 장례를 치르는 것과 학살을 당해 동굴에 남아 있는 것이 같을 수는 없다. 이들은 수많은 시체를 그냥 버려둘 수밖에 없었다.

나바호인들은 이 전쟁 기간 동안 그들만의 장례를 치를 수 없었다. 장례는 인간이 존엄함을 기리는 최소의 의식이다. 생전에 가치 없이 살았던 인간도 장례 의식을 통해 인간임을 확인한다. 이것은 죽은 자를 위한 행위가 아니라 산 자에게 자신이 존엄한 존재임을 각인시키는 행위이다. 존엄한 존재이므로 살아 있는 동안 가치 있는 인생을 살아야 함을 인식하는 행위이기도 하다. 하지만 그들은 자신들의 땅에 쳐들어온 침입자들에 의해 그 최소한의 존엄성을 지킬 기회조차 약탈당했다. 조상은 이제 들판과 계곡에 버려져서 길짐승과 들짐승의 밥이 되어야 했다. 그리고 살아 있는 자들은 그 후 대대로, 오늘에 이르기까지 자본주의라는 짐승의 밥이 되어야 했다.

보스케레돈도 수용시설에서 비인간적인 삶을 살아야 했던 이들은 4년 후 구원을 받는다. 동정심 많은 뉴멕시코의 시민들이 들고 일어나 뉴멕시코 시장으로 하여금 칼턴 장군을 내쫓게 했다. 1868년에 디네는 해방되었고 그들의 정신적 고향인 캐니언 드 셰이로 가는 300마일의 길을 다시 걸었다.

하지만 그들이 돌아온 고향은 이미 성스러움을 잃어버렸고 영적인 소중함도 훼손을 당한 상태였다. 이제 이 땅은 자신들을 보호해 주는 최고의 영지가 아니라 문명 지역에서 소외되고 버려진 땅으로 존재하고 있었다.

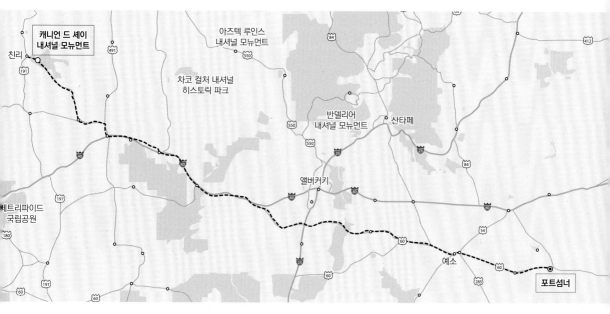

인디언들이 걸었던 롱워크 지도

나바호족 최후의 성지, 캐니언 드 셰이를 지키는 사람들

캐니언 드 셰이는 1931년 4월 1일에 국가기념물^{National monument}로 지정되
었다. 입이 벌어질 만큼 순수하고 아름다운 경치를 기리고 이 계곡에 감
춰진 소중한 역사를 기억하기 위해 내셔널 모뉴먼트로 지정한 것이다.

이 협곡의 이곳저곳을 돌면서 도저히 사람이 살아갈 수 없는 절벽 중
간에 집이 있는 것을 보면 놀라움을 금할 수가 없다. 그 집으로 내려갈
길조차 발견할 수 없는 절벽 중간에 집이 있다. 가장 유명한 장소 중 하
나인 화이트 하우스 트레일은 왕복 약 2km이다. 높이를 가늠할 수 없
는 절벽들 사이로 젖줄 같은 강물이 흐른다. 그 강물을 따라 가면 절벽

화이트 하우스 트레일의 종착점인 화이트 하우스.
근처에는 인디언들이 경작을 하며 살고 있다

을 따라 지은 아름다운 벽돌집이 나온다. 마치 집이 아니라 예술품을 전시해둔 것 같은 이 아름다운 집 주변에는 인디언이 그려 놓은 그림들이 다수 있다. 돌에 새겨진 다양한 그림들은 바스켓메이커족, 아나사지족, 그리고 나바호족이 살던 세 시대를 담고 있다. 옛 사람들의 추억, 곧 사냥 장면과 옛 생활, 그리고 스페인의 정복자들 등 수백 년의 역사를 무성영화처럼 보여주고 있다.

또 이 트레일에서 가장 중요한 것 하나는 문명과 동떨어져서 자신들의 성지를 지키며 살고 있는 나바호 인디언들을 만나는 일이다. 계곡의 바닥까지 내려가면 여행객들을 경계하는 농민들을 만나게 된다. 그들은 미국이라는 문명국이 아닌 제3세계의 사람들처럼 소외된 채 여전히 자신들의 어머니인 대지의 품에 안겨 살고 있다. 그들은 오늘날까지 자기 조상의 영지를 지키며 가난하게 사는 사람들이다. 계곡을 지키는 이들을 관찰하는 눈으로 보지 말고 그들을 존중하는 태도로 만나야 한다.

애리조나 북동부의 많은 지역이 그렇듯 오늘날 나바호족은 캐니언 드 셰이와 캐니언 델 무에르토의 지배권을 갖고 있다. 자그마치 천육백만 에이커에서 자신들의 주권을 주장하고 있다. 하지만 다행스럽게도 이곳에서는 여타 관광지에서 나바호족들이 보이는 탐욕스런 모습은 보이지 않는다. 어쩌면 이곳이 그들의 조상들이 피로 지키려 했던 성지였기 때문에 지나친 욕심을 보이지 않는 것일 수도 있다.

어쨌거나 인디언의 역사가 남아 있는 지역을 여행할 때 땅이나 바위의 틈새를 관찰하고자 하면 언제든지 일어날 수 있는 일에 대한 마음의 준비를 해야 한다. 언제 어디에서 그들 조상의 주검이 나타날지 모르니까. 여행객이 실제로 주검을 발견할 가능성은 사실상 없다. 하지만 만에 하나 돌 틈에서 질 좋은 버펄로 가죽을 발견하거든 그들의 아픈 역사에 묵념을 하자. 그런 다음, 가죽 안에 든 백골이 탐나는 사람이 아니라면 그냥 발길을 돌리는 게 좋다.

가파른 화이트 하우스 트레일에서는 꽤나 갈증이 난다. 가쁜 숨을 몰아쉬며 올라오는데 한 백인 부부가 아담한 동굴 속에서 쉰다. 딱 두 사람이 들어갈 만한 동굴이다. 내가 그들에게 말을 건넨다.

"와, 자연이 당신들을 위해 만든 동굴이군요."

"네, 여기가 세상에서 가장 좋은 집이네요."

백인 부부가 행복한 얼굴로 대답한다. 오래전 이 계곡에 살았던 인디언은 저 작은 동굴에서도 낮잠을 즐겼으리라.

캐니언 드 셰이를 떠날 무렵 거대한 구름 덩이가 땅을 집어삼킬 기세로 달려온다. 하늘을 시커멓게 뒤덮더니 마침내 울분을 토해내듯 작달비를 뿌려대기 시작한다. 차를 돌려 나오는데 비포장도로에 접어들었다. 비에 젖은 붉은 진흙은 눈길보다 무시무시했다. 약 3마일을 달리는데 한 시간이 넘게 걸렸다. 얼마나 길이 미끄러운지 핸들을 트는 것과는 늘 반대로 차가 움직인다. 지나는 사람이나 자동차 한 대 없는 길에서 차가 미끄러지기라도 하면 그런 낭패가 있을 수 없다. 길을 벗어나자 온몸에 식은땀이 흘렀다. 마치 사흘쯤 중노동을 한 것 같다. 긴장한 탓이다.

그 험한 길을 다 빠져나오자 하늘에 아름다운 무지개가 떴다. 나는 어린이 같은 상상을 한다. 나바호족은 죽은 사람의 영혼을 깨울까봐 죽은 사람의 이름을 부르지 않는다고 한다. 내가 아까 소리를 지르자 첩첩이 쌓인 협곡에서 여러 겹의 메아리가 울렸는데, 그게 혹시 죽은 나바호족의 이름이었을까. 그래서 그 영혼이 천둥과 번개로 깨어난 것일까.
만일 그랬다면 그들이 땅을 사랑하고 평화를 사랑했던 그 영혼의 울림
이 오늘을 살아가는 우리에게도 큰 울림이 되길 바란다.

주소: P.O. Box 588 Chinle, AZ 86503
전화: 928-674-5500
홈페이지: https://www.nps.gov/cach/index.htm
머물 수 있는 가까운 도시: 애리조나주 친리Chinle
방문하기 좋은 시기: 5월에서 10월
도로상태: 포장도로
찾아가는 길: US191번 도로에서 친리로 3마일 가면 비지터 센터가 나온다.

02

별들이 땅으로 떨어지리

모뉴먼트 밸리 나바호 트라이벌 파크 Monument Valley Navajo Tribal Park

모뉴먼트 밸리. 미국 서부 국립공원을 가본 사람에게 미국은 그랜드 캐니언과 모뉴먼트 밸리다. 미국 서부를 못 가봤지만 언젠가 미국 서부에 갈 사람들이 이곳만은 가보고 싶은 곳도 모뉴먼트 밸리다. 미국을 가봤거나 가보지 않았거나 기억하는 곳이 그랜드 캐니언 다음으로 모뉴먼트 밸리인 셈이다. 수많은 영화와 광고와 사진을 통해 익숙한 이곳은 다른 곳과 비교할 수 없는 붉은 땅과 기기묘묘한 바위, 붉은 땅 어디에든 인디언 전설이 살아 있을 것 같은 환상을 주는 곳. 그래서 많은 사람들은 이 공원에 오기를 꿈꾼다.

일방통행이 아니라면 어느 곳이건 풍경사진은 나오는 길에 찍는 인내심이 필요하다. 그래야 시간을 아낀다. 하지만 이 공원은 그런 인내심을 구겨서 휴지통에 버리게 한다. 공원을 어느 쪽에서 접근하더라도 허허벌판을 달리다 보면 들판에 신기루처럼 나타나는 기묘한 바위들이 시선을 사로잡는다. 황무지에서 갑자기 멋진 바위가 환상처럼 나타난다. 급하게 차를 세우고 사진기를 꺼낸다. 한 장 찍고 달리다 보니 풍경이 더 좋아진다. 오호라, 그래서 다시 급정거를 하고 또 찍는다. 이젠 그만 멈춰야지, 그러나 또 얼마쯤 달리다 정차한다. 이젠, 절대, 목에 칼이 들어와도 그냥 가야지, 그러나 다시 또 정차. 처음 공원을 방문하는 여행객은 아마 코미디 같은 그 동작을 열 번쯤 반복하면 공원 입구에 당도할 것이다.

모뉴먼트 밸리, 한 마디로 말해 이곳은 아름답다. 이곳은 세상에 가장 널리 알려진 나바호 인디언의 통제구역이다. 공원 입구에 도착하면 입장권을 구하려고 차량이 길게 줄지어 있다.

'나는 국립공원 연간 이용권이 있으니 돈은 안 내도 된다.'

이런 흐뭇한 자만심에 빠져 매표소에 도착하면 대실망을 하고 만다. 모든 국립공원은 각종 국립공원 회원권이 통하지만, 이곳에선 통하지 않는다. 모뉴먼트 밸리가 원체 유명한 장소여서 이곳을 당연히 이곳을 국립공원이라고 생각하기 쉽다. 나도 또한 같은 착각을 오랫동안 했다. 하지만 이곳은 국립공원이 아니라 '나바호 자치국 국립공원'이라고 하는 게 옳겠다. 따라서 이 공원은 비용을 따로 지불해야 한다. 비싼 입장료를 지불하고 공원 주차장까지 가면 여기서부터는 그동안 찍은 사진은 버리고 싶을 만큼 장엄한 풍경이 눈앞에 펼쳐진다.

이곳에서 나바호 인디언의 힘은 막강하다. 나바호라는 말의 뜻은 '거대한 경작지', '거대한 경작지의 종족'이다. 그 이름에 걸맞게 이들은 모뉴먼트 밸리를 포함한, 유타와 애리조나, 뉴멕시코에 이르는 27,000평방마일^{64,000평방킬로미터}이라는 면적을 자치구역으로 삼고 있다. 이 면적은 우리나라 넓이의 2/3에 해당하며 미국 50개 주 가운데 10번째 큰 주보다도 넓다고 한다. 나바호 인디언들은 이 자치 구역 안에서 자치정부의 대통령도 따로 두고 있을 만큼 형식적으로는 독립적인 권한을 누리고 있다.

뿐만 아니라 나바호 인디언들은 나쁘게 말하면 이 지역의 상권을 장악하고 있고 좋게 말하더라도 정신적으로나 실제적으로 모뉴먼트 밸리의 지배자임을 자처한다. 어떻든 모뉴먼트 밸리는 현재 나바호 인디언의 강한 지배권 아래 있다. 수익금부터 시작해서 내부 상권은 물론 투어 운영도 나바호인들의 몫이다. 그런가 하면 주변 지역의 상당한 범위의 숙식업소까지 거의 이들이 장악하고 있다.

물론 그것은 표면적일 뿐, 실제론 원래의 자기 땅에선 쫓겨나서 버려진 땅에 사는 거라고 주장한다면 할 말은 없다. 하지만 나바호 인디언들 또한 이 정복자였음을 부인할 순 없다. 고대에서 중세, 가까이는 근대사 속에서 다른 인디언 부족들이 점유했던 땅들을 나바호 인디언들이 하나둘 잠식해 왔으니 말이다. 그래서 역사는 돌고 돈다고 하는지 모른다.

디네 곧 나바호인들은 원래 공식적인 지도자가 없이 생활했다. 따라서 구성원 간에 수직적 질서가 약하므로 상명하달식 의사 체계는 나바호 인디언의 사유체계가 아니다. 이들은 의사 결정 과정에서 어린아이들의 의견까지 수용할 만큼 민주적인 부족이다.

이들은 모계사회를 유지했으며 근친상간을 최소화하기 위해 씨족이나 무리 안에서 결혼을 금지시켰다. 오늘날은 인구가 감소하고 있어서 이들이 금혼 전통을 과거만큼 강하게 지키진 않는다. 하지만 이들 사회의 의식에서 전통은 아직도 중요한 통제 수단이다.

모뉴먼트 밸리는 실제로는 밸리^{valley, 계곡}가 아니라 넓고 평평한 평야로 해발 5,564피트^{약 1,695미터}에 위치한 고원이다. 그러니까 높은 고원에 붉은 사암으로 된 건조한 평원과 탑처럼 우뚝 솟은 바위들, 그리고 풍화된 모래사막으로 이뤄진 지형이다. 이 붉은 땅의 빼어난 자연의 모습은 수천 년간 사람들을 매혹시켜 왔다. 오늘날 영화제작자와 풍경사진가들 여행자들이 넋을 놓은 채 이 아름다운 들판을 바라보듯이 선사시대 이주자들도 경이에 가득한 눈으로 이 들판을 보았을 것이다.

모뉴먼트 밸리는 캐니언 드 셰이와 함께 오늘날까지 나바호 인디언들에게 신성한 장소로 여겨지고 있다. 캐니언 드 셰이는 백인들에게 최후까지 저항했던 이들의 성지이다. 그런 중요한 의미의 장소인 캐니언 드 셰이와 이곳을 동등하게 취급했다는 사실만 보더라도 이 땅의 선조들이 얼마나 이곳을 경외했는지 짐작할 만하다.

나바호족이 이곳에 도착하기 전에 팔레오 인디언^{Paleo Indian*}들이 기원전 12,000년경부터 이 지역을 배회한 것으로 알려졌다. 팔레오 인디언은 빙하기 마지막 시기인 기원전 12,000년경에 가장 먼저 아메리카에 들어온 인디언 부족이다. 팔레오는 그리스어에 어원을 둔 말로 영어의 Old, 즉 오래되었다는 의미이다. 기원전 6000년 이후 건조한 사막의 환경에서 살던 고대 사냥꾼들이 빈약하지만 이용할 수 있는 자원을 찾아 드문드문 흘러왔다. 이 유목민들은 임시 사냥 캠프에 살았고 먹이를 따라 이 장소에서 저 장소로 옮겼기 때문에 오늘날 고대 주민의 주거지 기록이

---

*
팔레오 아메리칸Paleo American이라고도 하며, 홍적세 때 마지막 빙하기인 기원전 12000년경에 아메리카 대륙에 가장 먼저 정착했다고 한다. 접두어 '팔레오paleo'는 '오래된old', '고대의ancient'를 의미하는 그리스어 형용사인 palaios(παλαιός)에서 유래한다. 팔레오 인디언들이 사용한 석기, 특히 머리 부분이 뾰족한 석기projectile point나 긁개는 미주 지역에서 발견되는 최초의 인간 활동의 주요한 증거이다.

조금밖에 남아 있지 않다. 그러나 이 팔레오 문명은 오늘날 전해 내려오는 그들의 흔적에서 볼 수 있는 것보다는 더 진보했을 것으로 여겨진다.

푸에블로의 조상, 아나사지들은 모뉴먼트 밸리에 인간 존재의 첫 번째 기록을 남겼다. 그들은 절벽 위와 사암 탑 사이 열린 공간에 주거지를 마련했다. 이들이 남긴 가장 기억할 만한 표지는 계곡에서 발견된 그들의 암각화이다.

이 암각화들은 나바호 인디언을 대동한 가이드 투어에서만 볼 수 있다. 이 투어는 비지터 센터에서 출발하는 두 시간짜리 투어이다. 대부분의 공원 가이드들은 이곳에서 성장하면서 선조들로부터 모뉴먼트 밸리의 전설을 들어 왔다. 이 책에 등장하는 나바호 이야기들도 가이드의 입을 통해 들을 수 있다. 그들은 일반에게 공개되지 않은 폐허들과 암각화 지역으로 여행객을 인솔하면서 그들의 신성한 장소의 역사에 대한 지식을 나눠 준다.

별유천지 비인간 別有天地非人間

어디든 아름다운 자태를 뽐내는 모뉴먼트 밸리에서도 세 자매 바위 Three sisters 가 있는 곳의 풍경은 그야말로 장관이다. 세 개의 바위가 절묘하게 우뚝 서 있다. 대단히 큰 규모의 바위지만 육안으로 보기엔 매우 가녀리다. 바람이 불면 금방 쓰러져 버릴 것만 같다. 이 자리에서 몸을 한 바퀴 회전하며 사방을 바라보면 이태백의 '별유천지 비인간別有天地非人間', 인간 세상이 아닌 곳에 있다는 생각이 저절로 든다. 사방이 진주홍 흙이요 진주홍 벽이다. 매운 음식을 잔뜩 먹은 아이의 입술처럼 온 땅이 활활 타오른다. 그 매운 땅에 물이라도 한 바가지 붓지 않으면 땅이

비지터 센터에서 내려다 본 붉은 땅

다 타 버릴지도 모른다. 하늘은 더없이 파랗고 땅은 더없이 빨간 이곳은 단지 두 가지 색상만 존재한다. 아름다운 경치에 숨이 막힌다는 말을 실감한다.

비포장인 도로를 흙먼지를 뒤집어쓴 채 느리게 달리다 보면 마주 오는 차도 있고 함께 느릿느릿 달리는 차도 있다. 나바호 인디언의 가이드 차량에 탄 여행객도 있고 말을 타고 공원을 도는 여행객들도 있다. 그야말로 여행자의 별천지다.

그 자리에서 검붉은 빛의 들판을 바라보고 있으면 서부 영화의 한 장면처럼 멋진 장면을 볼 수도 있다. 여행객들이 기념사진을 찍기 가장 좋아하는 곳에 하얀 카우보이모자를 쓴 기수가 늘씬한 말을 타고 붉은 사암 위로 올라오는 경우가 있다. 이 기수가 그곳에서 자세를 취해 주고 사진 찍는 사람들로부터 돈을 받는다는 사실이 아쉬운 점이긴 하지만 그래도 그 장면만은 완벽한 그림이다.

시간적인 여유를 충분히 갖고 가이드 투어를 한다면 이 공원을 이해하는 데 많은 도움이 될 수 있다. 앞서도 말했듯이 가이드들은 공원의 봉우리와 뾰족탑들 뒤에 숨어 있는 전설에 대해 설명하기도 하고 이 자연의 형상들이 나바호인들에게 어떤 정신적인 의미를 가졌는지에 대해서도 이야기한다. 암각화와 유적들이 나타날 때마다 안내자들은 이들에 대해 자세하게 설명해 준다. 그들은 나바호인과 아나사지 사람들 사이의 관계를 보여 주는 흥미로운 발견들을 가르쳐 주기도 한다. 그것은 물론 나바호인의 서부 정복사에 대한 일종의 자랑이다. 역사란 정말 아이러니하다. 이들은 아나사지 정복을 자랑스레 생각하면서 양키의 나바호족 정복은 비난을 한다. 세상 무엇이건 자기중심의 해석을 할 수밖에 없는 것은 우리가 부족한 인간이기 때문인지 모른다.

가이드 투어에서 설명하는 내용은 서부 정복사나 신화, 인디언의 역사 등이 주를 이룬다. 종종 인디언 언어를 가르쳐 주기도 하는데 아쉽게도 기억나는 말이 하나도 없다. 어떻든 이 투어는 미국 원주민의 문화를 의미 있게 이해하고 현재와 과거를 이해하는 데 적잖은 도움이 된다.

가이드 투어를 싫어하는 사람이라면 스스로 차를 몰고 이 공원을 돌아보는 것도 아주 괜찮은 방법이다. 17마일의 비포장 자동차 순환도로는 미국 남서부에서 발견할 수 있는 가장 아름다운 풍경 중 하나로 운전자를 인도한다. 붉은 사암 봉우리와 절벽은 대단한 근육질을 자랑한다. 또 먼지가 폴폴 날리는 흙길과 건천의 풍경은 파스텔로 도화지에 그림을 그린 것 같다. 한 가지 아쉬운 점은 가이드가 없는 한, 걷는 것이 금지되어 있다는 사실이다. 자동차로 전망대에 가서 잠시 내려다보는 것 외에 암벽과 흙길에 접근하는 것은 허락되지 않는다.

인디언 유적으로서가 아니라 풍경만으로 본다면 이 공원은 우리에게 매우 친숙하다. 앞서 말한 대로 이 계곡의 빼어난 바위와 들판이 이미 텔레비전 화질 광고 자동차 광고는 물론 영화 「포레스트 검프」, 「와일드 와일드 웨스트」, 「매드맥스」 등 수많은 광고와 영화에 등장해서 우리들 눈에 충분히 익어 있기 때문이다. 하지만 풍경에 비해 이 지역을 여행하기에 마음이 편하진 않다. 아름다운 풍경에 비해 인심은 넉넉하지 않기 때문이다.

인디언들이 소유한 말이 서 있는 경우 그 말을 사진에 넣어 찍으면 돈을 내라고 하는 인디언이 있는가 하면 말을 탄 인디언은 자신이 모델이 되어 돈을 받는 동안 여행객들을 그 자리에서 내쫓기도 한다. 또 멋진 풍경을 조망할 자리에 기념품 노점을 차려 놓는 경우도 있다.

이 공원 근방에서 숙소를 잡으려면 꽤나 고생을 하는 경우가 있다. 여행객에 비해 숙소가 매우 적다. 호텔의 주인은 나바호 인디언이고 직원들도 인디언들이다. 인디언들에게 일자리를 준다는 측면에선 좋은 일이다. 하지만 이 공원 주변은 인디언들이 상권을 장악함으로써 독과점 사업의 형태를 띤다. 그래서인지 여행객에 비해 숙박시설이 미비한 편인데도 숙소는 늘어나지 않는다. 설령 한두 개 빈방을 찾아내도 다른 국립공원 지역보다 가격이 터무니없이 비싸다.

자동차를 이용해 이 지역에서 조금 벗어나서 방을 잡으려 하면 20마일 이상을 나가야 한다. 그나마 운이 없으면 다시 또 20마일을 가야 한다. 나는 그날 밤 결국 공원에서 60마일, 약 백 킬로미터 떨어진 곳에서 잤다. 그것도 무너지고 있는 판잣집이나 다름없는 방에서. 왕복 시간과 기름값을 생각하면 차라리 공원 근처에서 자는 게 옳았다. 하지만 여행객들은 그런 손해를 무릅쓰고서라도 황소고집을 부릴 때가 있다. 여행자들의 고집은 아마도 자유롭고자 하는 의지에서 나올 것이다. 나는 내가 살아가는 세계와 일상에서 얻지 못한 자유를 얻으려고 여행을 떠난다. 삶을 짓누르는 억압과 보이지 않는 폭력을 싫어해서 여행을 떠나는데 여행지에서도 선택의 자유를 박탈당한다면 여행을 할 이유가 없지 않은가.

나는 인디언의 조상과 현재 그들의 삶에 애정을 갖고 있다. 나의 애정이 피상적이고 보잘것없을지라도 관심을 갖지 않는 것보다는 낫다고 생각한다. 한데 나처럼 애정을 가진 사람도 인디언의 행위에 눈살을 찌푸리는 경우가 적지 않다. 사람들은, 고요하고 선한 다수의 사람들을 보

인디언 기념품을 파는 나바호 상인들

는 게 아니라 시끄럽고 악한 소수의 사람을 통해 그 집단을 평가하는
경우가 더 많다. 인디언의 경우도 마찬가지다. 욕망을 가진 소수 인디언
들 때문에 전체 인디언이 욕을 먹게 되는 것이 안타깝다.

　그런 힘 있는 나바호들에 비해 가난하고 힘없는 자들도 있다. 그들은
공원 여기저기에 보잘것없는 좌판을 벌여 놓고 관광객을 상대로 아주
소소한 장신구 등을 판매하면서 근근이 살아간다. 목걸이, 귀고리, 실
로 만든 손목 팔찌 등등 아기자기한 물건들이 있다.

의도적 결함, 정신의 출구

나바호인들이 만든 수제품은 정교하기로 유명하다. 이들이 짠 섬유제품은 아름다운 색상과 깔끔한 모양새가 돋보인다. 기능면에서도 매우 우수하다는 평가를 받는다. 흥미로운 사실은 이들이 그 정교한 물건을 만들면서 어딘가 결함을 만든다는 점이다. 나바호들은 완결은 질식을 의미한다고 여겼다. 그래서 반드시 어딘가 빈틈을 남긴다. 바구니를 만들어도 어딘가 흠집을 남겨 두고 그 유명한 나바호 담요에도 어딘가 풀어진 실밥을 남겨서 '의도적인 결함'을 만든다.

어린이들 그림책 중에 『이 빠진 동그라미』라는 책이 있었다. 동그라미의 깨진 반쪽이 자기에게 맞는 짝을 찾아가는 이야기다. 처음에 만난 짝은 자기보다 너무 작아서 힘들었고 두 번째 만난 짝은 자기보다 너무 커서 함께 다니기 힘들었다. 그러다 마침내 자신과 완벽하게 맞는 세 번째 짝을 만난다. 이 세 번째 짝과 몸을 맞추자 완벽한 동그라미가 되어 잘도 굴러간다. 하지만 결국 이 빠진 동그라미는 그 친구와도 헤어진다. 너무 잘 맞아서 숨을 쉴 수가 없게 된 것이다.

바둑판을 만들 때도 이런 원리가 적용된다. 특품 바둑판은 전혀 흠이 없는 바둑판이 아니라고 한다. 바둑판은 나무 재질의 유연성 때문에 금이 가게 된다. 특품 바둑판과 보통의 바둑판은 원래 똑같은 바둑판이며 둘 다 재질의 유연성으로 말미암아 금이 간 바둑판이다. 하지만 그 상처를 잘 극복하여 아물면 특품이 되고 그 상처를 이기지 못해 갈라진 틈이 비틀리면 보통의 바둑판이 된다. 흠이 없어서 완벽한 게 아니라 흠이 있어서 오히려 완벽해진 것이 특품 바둑판이다.

이런 의도적인 결함을 나바호들은 '정신의 출구'라고 한다. 정신의 출

64

구, 참 멋진 말이며 그들의 철학은 어딘지 세상을 뛰어넘은 곳을 지향하는 것만 같다. 그래서 그들은 민주적인 방법으로 살고 중도주의 철학을 견지한 건지도 모른다.

여섯 시에 일어나 아침도 먹지 못한 채 부랴부랴 출근을 하는 사람들이 태반인 세상이다. 회사 앞에서 혹은 버스 정거장에서 불량한 기름에 튀긴 샌드위치로 아침을 때우고 하루를 시작한다. 혹은 그런 아침조차 먹지 못한 사람들은 오전 근무가 다 끝날 때까지 점심시간만 기다려야 한다. 점심 식사 후에는 식곤증으로 힘든 몸을 이끌고 저녁까지 일을 한다. 퇴근 시간을 맞출 수 없는 사회 구조. 그래서 저녁을 회사에서 먹고 야근을 한다. 야근한 뒤 동료들과 가볍게 한 잔만 하고 헤어지려 했지만 결국 자정을 넘겨서야 집에 들어간다. 그리고 다시 아침 여섯 시.

일주일은 주말만 기다리고 그 주말도 집안일이며 밀린 일 뒤치다꺼리를 한다. 직장 여성들은 회사 업무 외에도 온갖 가사노동에 뼈가 가루가 될 지경이다. 그래서 기다리는 게 월차이거나 한 달에 한두 차례 끼어 있는 공휴일. 그나마 공휴일이 없는 달은 지옥이다. 일 년 내내 기다리는 건 명절 연휴, 하지만 명절 연휴는 연휴가 아니다. 또 다른 일상의 연속이다. 한 해의 유일한 희망은 휴가다. 그러나 휴가조차 제대로 찾기 힘든 사람도 부지기수다.

정말이지 우리 모두에게 정신의 출구가 필요하고 마음의 공휴일이 필요하다. 가슴 어딘가 바람이 들어갈 구멍이 필요하다. 터질 듯 답답한 가슴의 공기가 빠져나갈 구멍도 필요하다. 우리는 바쁜 일상의 물에 빠져 허우적거리며 산다. 곧 숨이 막혀 가슴이 터질 지경일 때 쉴 수 있는 빨대가 필요하다. 이런 꽉 막힌 세상에 살지 않으려고 나바호인은 '정신의 출구'를 만든 것이다.

공원은 단지 여행객이나 여행객을 상대로 살아가는 나바호인들만을 위한 장소는 아니다. 여기저기 여행객의 발길이 닿지 않는 곳에 가난한 농부들이 농사를 짓고 있다. 건조한 이 땅에서 척박한 삶을 영위하는 저들은 매일매일 끝도 없이 찾아오는 수천 수만의 여행객을 보며 어떤 생각을 할까. 여행객을 상대로 편안히 먹고 사는 나바호인들을 보고서도 그 나바호인의 풍요로운 삶은 자신의 삶이 아니라고 생각할 것이다. 평생을 호미질하며 산 우리의 어머니들처럼, 자신은 땅을 파며 살 수밖에 없다는 사실을 운명으로 받아들이고 살 것임에 틀림없다. 결코 운명을 원망하지 않고 자신이 일굴 땅이 있다는 사실에 만족하고 감사하면서.

인디언 조상들은 앞으로 다가올 세상에 대한 예언을 이렇게 남겼다.

"세상의 종말이 오면 마을이 번성하며 삶의 질은 저 아래로 떨어질 것이다. 검은 술을 마신 자들이 거리를 배회하며 쓸모없는 말을 내뱉을 것이다. 그들이 마신 검은 술이 서로 싸우게 만든다. 종말이 가까워진 것이다. 인구가 늘어나 땅이 더 이상 사람들을 지탱할 수 없게 될 것이다. 부족들이 서로 뒤섞이리라. 가정은 무너지고 부모와 자식이 등을 돌리고 형제들은 서로를 등질 것이다. 사람들이 서로 투쟁하여 상대를 짓밟을 때 별들이 땅으로 떨어지거나 뜨거운 비가 하늘에서 내리리라. 땅이 뒤집힐 것이며 우리의 아버지 태양은 아침을 열지 않을 것이다. 우리가 소유했던 것들이 악마로 변해 우리를 집어삼킬 것이다. 우리가 숨 쉬는 대기는 악취로 가득 차리라. 그리하여 우리는 종말에 이르리라. 미래가 우리에게 무엇을 주려고 준비하고 있는 지 시간만이 알 수 있으리라."

마치 지금 우리가 사는 도시를 예언한 것 같다. 우리가 소유했던 것 들이 악마로 변해 우리를 집어삼킬 것이라고. 우리가 소유하고자 했던 것들이 거꾸로 우리 영혼을 소유해 버릴지 모른다. 우리는 소유를 추구 하며 악마에게 우리의 영혼을 팔아 버렸는지도 모른다. 우리를 집어삼 킬 그 악마는 무엇일까? 우리가 소유한 가장 본질적인 것은 무엇일까. 그것은 물질보다 명예보다 혹은 소유한 다른 모든 것보다 더 크고 무서 운, 인간의 욕망 아닐까. 그 욕망이 우리를 집어삼킬 것이라고 예언한 것 아닐까. 사람이 많아지고 땅이 더 이상 우리를 지탱하지 못할 때, 그 래서 욕망이 더 이상 견딜 수 없을 만큼 커졌을 때.

모뉴먼트 밸리를 떠나기 전 마지막으로 말하고 싶은 게 있다. 글을 쓰 는 내내 이 말을 쓸지 말지 고민했다. 하지만 쓰기로 했다. 모뉴먼트 밸 리는 관광의 천국이라고 할 수는 있지만 여행의 천국은 아니다. 훌륭한 여행지는 모름지기 내 발로 걸을 수 있는 공간이어야 한다. 이곳은 사진 이나 광고, 영화로 보는 것처럼 시각적인 아름다움에서는 빼어나다. 하 지만 늘 그렇듯이 인간의 오감은 때로 지성에 사기를 칠 때가 있다. 특 히 오감 중에서도 시각은 지독한 사기꾼이다. 모뉴먼트 밸리는 정말 아 름답지만 눈에 보이는 게 전부다. 어쩌면 그래서 '관광객'이 더 좋아하 는지도 모른다. '여행객'들은 캐니언 드 셰이나 메사버디, 아치스 국립공 원 등, 목마르게 걷고 가슴으로 느끼고 콩콩 뛰는 심장 소리가 들리는 여행지를 훨씬 좋아한다.

그럼에도 불구하고 인정할 수밖에 없는 사실, 모뉴먼트 밸리는 아름답다.

 주소: Indn Route 42, Oljato-Monument Valley, AZ 84536
전화: 928-871-6647
홈페이지: https://navajonationparks.org
머물 수 있는 가까운 도시: 애리조나주 카엔타Kayenta
방문하기 좋은 시기: 5월에서 9월
도로상태: 입구까지 포장도로이고 공원 내부는 비포장도로임
찾아가는 길: 카엔타에서 US163번 도로를 따라 22마일을 가면 입구가 나온다.

03

 나와 연결되지 않은 것은 없다

캐니언랜즈 국립공원Canyonlands National Park

오지 하면 아프리카나 남미, 아시아의 어느 시골을 생각하기 쉽지만 실제론 미국에도 인간의 발길이 거의 닿지 않는 곳이 꽤 많다. 캐니언랜즈도 그중 한 곳인데 오늘날 어지간한 여행객들은 발을 들여놓지 않을 만큼 광활한 야생을 그대로 갖고 있는 곳이다. 사람을 찾아보기 힘들고 종종 야생 동물과 인사를 나눌 수 있는 이런 오지를 유쾌한 음악을 들으며 자동차로 달리는 기분이란. 한참을 달려도 지나가는 차 한 대 만나기 쉽지 않지만 가는 곳마다 기상천외한 바위들이 나를 반겨주는 곳, 차에서 내려 가벼운 짐만 챙기면 수천 년 전 살았던 사람들의 흔적을 볼 수 있는 특권을 얻는 것만으로도 꽤나 유쾌한 일이다.

2011년에 개봉된 대니 보일 감독의 「127시간」이라는 영화가 있다. 실화를 배경으로 한 이 영화의 주인공 아론은 2003년에 홀로 등반에 나섰다가 암벽 사이에 떨어진 후 팔이 바위에 짓눌려 고립된다. 그가 가진 것이라곤 산악용 로프와 등산용 칼, 그리고 500ml의 물 한 병이 전부였다. 그는 127시간 동안 치열하게 탈출을 시도하지만 마침내 죽음 직전까지 이른다. 그는 사투를 벌이는 동안 자신의 지난 삶을 돌아보면서 친구, 연인, 가족 등을 떠올리며 삶의 의미를 찾는다. 삶에 대한 모든 희망이 사라질 무렵 아론은 자신의 팔을 자르고서야 탈출에 성공한다.

아론이 생사를 다투던 그 협곡은 미국 유타주 블루 존 캐니언^{Blue John Canyon}이다. 인적도 드물고 생존의 조건 자체를 찾기가 어려운 광막한 곳, 황량한 바위투성이 위로 태양만 작열하던 그곳이 캐니언랜즈의 일부이다.

미국 서부의 대표적인 강인 그린강^{Green River}과 콜로라도강^{Colorado River}이 만든 캐니언랜즈는 꽈배기처럼 뒤틀어지고 깊이 팬 대협곡이다. 어느 고지에서 바라보아도 이 협곡을 다 볼 수 없을 만큼 끝없이 펼쳐진 광대한 지형이어서 이 협곡의 다양한 아름다움을 다 탐험하는 것은 거의 불가능할 정도다. 몇 백만 년의 풍화와 융기, 침식의 반복이 이곳의 지형을 짱구처럼 울퉁불퉁 조각했고 땅의 허리통이나 몸통을 예기치 않은 곳에서 중간중간 잘라 내기도 했다.

초록 피부의 사나이 헐크가 볶은 콩처럼 팔짝팔짝 뛰어다니던 캐니언랜즈는 글자 그대로 계곡의 땅들이거나 혹은 협곡의 나라다. 실로 이곳은 미국 남서부에 있는 수많은 지형들을 다 옮겨다 놓은 것 같은 곳이다. 그랜드 캐니언의 침식, 아치스의 풍화, 모뉴먼트 밸리의 융기 등 각종 지형을 한 곳에 모아 둔 신의 작품이랄까? 그런 남성적인 협곡만 있는 게 아니라 너른 들판에서 푸른 초원과 앙증맞은 들꽃이 바람의 허리춤을 잡고 간드러진 춤을 추는 우아한 곳이기도 하다.

이렇게 다양한 지형이 있어서일까, 이 공원의 깊은 곳까지 이르기는 너무나 힘든 일이다. 때론 발바닥에 물집이 잡힐 만큼 여러 시간을 걸어야 하고 때론 절벽을 오르내리기도 해야 한다. 심지어 사륜구동차가 아니면 접근조차 안 되는 곳도 있다. 그만큼 여행객들이 이 공원의 구석구석을 돌아보기란 쉬운 일이 아니다. 따라서 이 훌륭한 국립공원을 탐험하는 사람도 많지가 않다. 도로 하나 건너에 있는 아치스 국립공원 Arches National Park이 발 디딜 틈 없이(?) 사람이 많다면 이 공원은 아치스 국립공원보다 훨씬 더 다양한 자연의 모습을 보여줌에도 불구하고 극소수의 여행객만이 다녀간다. 하지만 인간이 가기 힘들다는 건 역으로 그만큼 야생과 자연이 살아 있다는 말이 될 것이다. 모든 오지가 그렇듯이 이 공원은 자연과 야생이 거의 그대로 살아 있다.

조금 엉뚱한 이야기지만 인간의 지각은 일정한 범위의 것들만 인지한다고 한다. 이 거대한 지구가 24시간에 한 바퀴를 도는 속도는 상상을 초월한다. 지구의 자전 속도는 시속 1,674km이고 초속 0.4651km이다. 일초에 465미터를 달리는 지구. 이 거대한 땅덩이가 한 시간에 1,674km의 가공할 속도로 달린다. 공전 속도는 더 빨라서 한 시간에 107,208km, 일초에 29.78km를 날아간다. 그러면 공전과 자전의 속도를 곱해야 실제 지구가 움직이는 운동 속도를 산출할 수 있을 것이다. 수학과는 거리가 먼 내가 이를 곱해 보니 지구가 일초에 움직이는 거리는 13.85km에 해당한다. 이런 계산은 실제 지구 속도와는 무관할 가능성이 있고, 과학자들은 이런 계산법을 비웃을 지도 모른다. 하지만 이런 어리석은 계산법을 실제 속도라고 가정해 보면 차마 상상조차 되지 않는 속도다.

만일 인간이 이 속도를 인지하고 그 속도가 내는 충격들을 인지한다면 굉장한 고통을 겪게 될 것이다. 다행히 인간은 이 거대한 현상을 인지하지 못한다. 지구의 운동에 대해 인지하지 못하듯 캐니언랜즈가 너무 대단해서 여행객들이 그 참맛을 인지하지 못하여 이곳의 방문자가 적다고 주장하는 것은 무리일 수도 있다. 그러나 실제로 캐니언랜즈는 그 규모가 너무 광대해서 계곡의 진면목을 발견하기가 쉽지 않은 게 사실이다.

미서부의 지질 박물관 캐니언랜즈

캐니언랜즈 국립공원은 크게 남쪽 봉우리와 북쪽 봉우리 지역이 있고 이들은 다시 아일랜드 인 더 스카이Island in the Sky, 하늘의 섬, 니들스Needles, 첨탑, 그리고 메이즈Maze, 미로 이렇게 셋으로 나뉘어 있다. 니들스 지역에 있는 호스슈Horseshoe, 말발굽 캐니언은 북서쪽으로 나눠져 있지만 캐니언랜즈 영역의 일부이다. 인디언 유적과 암각화岩刻畵는 호스슈 캐니언의 미개척지에 산재해 있다. 인내심을 갖고 걸어보면 고대 사냥꾼들이 이곳을 점유하고 살았던 기원전 7000년경부터 남겨진 유적들과의 짜릿한 데이트를 즐길 수 있다.

공원 남쪽 봉우리에 있는 니들스로 가면 두 군데의 인디언 유적을 볼수가 있다. 첫째가 로드사이드 유적Roadside Ruins과 타워 유적, 둘째는 케이브 스프링Cave Spring 유적이다. 이 유적들은 니들스 비지터 센터에서 멀지 않고 많이 걷지 않아도 살펴볼 수 있는 곳이어서 여행을 시작하기에 좋다.

로드사이드 유적에서는 고대 인디언이 살았던 집터와 생활공간을 엿볼 수 있다. 평탄한 길을 이십 분 정도면 충분히 돌아볼 수 있는데 아주

소소한 인간의 흔적이 남아있다. 이곳에서 거대한 유적을 기대한 사람이라면 실망할 수도 있다. 이 먼 곳까지 데이트 올 사람도 없겠으나 데이트 코스로 딱 알맞은 편인데 더운 계절에는 모기를 조심하라고 충고하고 싶다.

케이브 스프링 유적은 꽤나 흥미로운 곳이다. 바위 사이사이를 빠져다니면서 그들이 살았던 집터와 생활의 흔적을 관찰할 수 있다. 특히 커다란 동굴에서 샘물이 나오는 바위 아래 집터는 꽤나 매력적인 공간이다. 동굴 안에 샘이 있으므로 추운 겨울에도 생존하기에 매우 훌륭한 조건을 갖췄다. 기온이 사십 도에 육박하는 무더운 날씨에도 바위 아래는 서늘하기까지 하다. 고대인들이 이곳에 자리를 잡은 까닭이 더위와 추위를 모두 이길 수 있는 장소이기 때문임을 알 수가 있다.

배리어 캐니언Barrier Canyon이라고도 알려져 있는 호스슈 캐니언 남서쪽에는 뛰어난 암각화가 있다. 암각화란 사람들이 각종 도구돌, 망치, 도끼 등를 사용하여 바위에 남긴 그림이다. 암각화는 전세계 모든 문화권에서 발견되지만 인디언 문화권에서는 다른 문화권보다 현저히 많은 암각화가 발견된다. 그레이트 밸리에 매우 집중적으로 모여 있는 암각화는 프리몬트 인디언Fremont Indian*들의 배리어 캐니언 양식의 암각화다. 이들은 미국 남서쪽에서 발견된 암각화 중에 가장 오래된 암각화로 기원전 7000년까지 거슬러 올라간다. 이 암각화를 보려면 오랫동안 걸어야 하기 때문에 이곳을 방문하는 사람은 극소수이다. 하지만 그 덕에 그림들이 아주 잘 보

---

*
700~1250년 사이 미국 남서부 프리몬트강을 따라 살았던 인디언 부족. 미국 남서부에 많은 암각화와 유적을 남겼다.

니들스,
바늘이라는 뜻이지만 엄청난 규모의 암벽이다

존되는 행운을 누리기도 한다. 당연한 일이지만 이곳에 전시되어 있는 암각화들과 인디언 유적들은 많이 걸을수록 더 많이 감상할 수 있다.

이 화려한 공원을 방문하면서 조심할 것이 있다. 이곳은 열악한 생존 조건을 가진 바위 지대와, 생명체가 살기 쉬운 부드러운 토양 지대가 혼재되어 있다. 식물이 자랄 수 있는 토양은 이 광대한 지역의 생태계의 어머니이다. 따라서 이곳의 자연을 보호하기 위해선 흙을 함부로 밟아선 안 된다.

인디언들은 이렇게 말했다.

"어머니인 땅을 걷는 것은 아직 태어나지 않은 아이들의 얼굴을 밟는 것이다."

이들은 땅을 표현할 때는 거의 어머니라는 명사를 동시에 사용한다. 입버릇이 아니라 어머니와 땅을 동일시하는 것이 인디언들의 관념이다. 이들에게 땅은 어머니를 뜻하므로 땅을 밟는 것은 어머니를 밟는 것이고 그 땅속의 생명체들은 당연히 어머니의 뱃속에 든 아이이다. 땅을 밟는 것은 뱃속에 든 생명체를 밟는 것인데 그것도 얼굴을 밟는다고 했다. 아직 태어나지 않은 아이, 여인의 뱃속에 든 아이의 얼굴을 밟는다면 그 연약한 아이가 어떻게 될까? 이들은 그 아이의 얼굴을 밟지 않으려고 얼마나 애를 썼을까? 그런 노력만큼 이들은 땅을 존중했고 땅을 조심스럽게 대했다. 이들에게 땅은 다음 세대를 이어갈 가장 소중한 생명체이며 보호받아야 할 고귀한 대상이었다.

인디언 문화권에는 모계적 전통을 따르는 사회가 꽤 많다. 결혼을 하면 남자가 여자의 집으로 들어가서 산 경우는 허다하다. 남자는 단지 생존권만 책임을 지고 실질적인 권한은 모두 여성이 쥐고 있는 부족도 많았다. 심지어는 어머니의 성을 따르는 부족도 있었다.

여성 중심의 모계사회를 형성했다는 것은 물리적인 힘의 권위를 덜 인정했다는 말이다. 부계 사회가 근력筋力이 중시된 사회라면 모계사회는 심성이나 정서가 중시된 사회이다. 인디언 사회는 자연과 인간, 인간과 인간 사이에 흐르는 정서가 매우 중요했다. 따라서 인디언 사회에서는 여성을 매우 존중했고 여성으로부터 탄생되는 새 생명이 매우 소중한 가치로 인식되는 모계사회가 많았다.

따라서 이들에게 아이들은 굉장히 중요한 존재였다. 이들이 땅에 뿌려진 씨앗을 중시했고 들에 핀 꽃 하나에도 사랑을 보냈듯이 약하고 여린 것에 대한 이들의 존중은 역사상 유래를 찾기 어려울 정도이다. 오죽하면 인디언 격언에 이런 말도 있을까.

"우리는 땅을 물려받은 것이 아니다. 단지 아이들로부터 잠시 빌려온 것이다."

땅을 신이 준 것도 아니고 아버지가 준 것도 아니고 조상이나 할아버지가 준 것도 아니다. 또한 어머니가 준 것도 아니고 자연이 준 것도 아니다. 이 땅은 그 땅속에 생명체로 살아 있는 아이들이 잠시 빌려준 것이다.

나와 연결되지 않은 것은 없다

공원 남쪽이 탐험가들의 땅이라면 공원 북쪽은 드라이브 여행자의 땅이다. 공원 남쪽에서는 침강, 침식, 융기, 풍화로 만들어진 다양한 지질과 고대 유적을 구경할 수 있다면 공원 북쪽에서는 시원하게 트인 시야와 고원지대의 아름다운 들판, 깎아지른 절벽이 만든 장관과 그린강과 콜로라도강이 만든 평화로운 지형을 만날 수 있다. 두 강은 푸른 초원과 넉넉하게 누운 들판을 형성하면서 더 낮은 곳으로 겸손하게 흐르고 있다. 흥겨운 음악을 최대한 크게 틀고 신바람 나게 달리며 공원의 북쪽 지역의 환상적인 풍경을 감상하노라면 우람하고 광활하며 때로 샘물처럼 시원한 풍경을 눈에 담을 수 있다.

캐니언랜즈 공원 관리소는 이 공원에 물도 없고 먹을 것도 없고 쉴 자리도 따로 없으니 여행객들이 세심하게 이러한 것들을 준비하라고 요구한다. 자동차로 백 마일, 160km 이상을 달려야 하는 이 황량한 땅에 물 한 모금 마실 곳이 없다는 것이 믿기지 않지만 캐니언랜즈는 그만큼 사람들의 발길에서 멀리 있는 곳이다. 서울에서 대전까지 걸어가야 하는데 식당이나 물이 거의 없다면 얼마나 난감할까.

과거의 인디언들도 이 척박한 땅에 살기 위해서 여행객들이 겪어야 하는 바로 그런 문제에 봉착했을 것이다. 물 문제를 해결해야 했고 식량과 고기를 구해야 했으며 햇빛이나 비와 바람을 피해 주거를 정해야 했다.

공원 북쪽은 험악한 산악이 아닌 잔잔한 초원이다. 넓게 펼쳐진 아름다운 초원이 온갖 풀의 씨앗들을 품고 있다. 하지만 그 평화로운 초원이 끝나는 지점에는 상상하기 힘든 수직의 절벽이 발 아래로 뚝 떨어져서 방문객에게 겁을 주고 있다. 더 이상 야생의 땅에는 다가오지 말라는 신호 같다. 발밑으로 뚝 떨어지는 지형 덕에 육안으로 볼 수 있는 가장 먼 곳까지 시원스레 시야에 들어온다. 북쪽 공원에서 내려다보는 깊은 협곡은 말 그대로 일망무제의 장관이다. 날개만 있다면 절벽 끝에서 저 아래 바닥까지 뛰어 내리고 싶어진다. 차마 뛰어내리진 못한 채 그 깎아지른 절벽 끝에 걸터앉아 발을 간들거리며 휴식을 취하는 것만으로도 가슴이 다 후련해진다.

더 이상 갈 수 없는 이 땅에 이르렀을 때, 한 발짝 아래가 하늘인 이 곳에 이르렀을 때, 나바호 인디언들은 노래했을 것이다.

나는 땅 끝까지 가 보았어.
물이 있는 끝까지 가 보았어.
하늘 끝에도 가 보았지.
산 끝까지 가 보았네.
그곳에서 깨달았네.
나와 연결되지 않은 것은 하나도 없음을.

이 광활한 고원의 끝, 중천에 떠 있는 몸이 되었을 때 이렇게 노래를 했으리라. 세상의 끝까지 갔노라고. 세상의 끝까지 가니 산도 끝나고 땅도 끝나고 물도 끝나고 하늘도 끝나더라. 그렇게 모든 것이 끝났을 때 나는 그곳에 있었노라. 그곳에 서 있는 나로부터 바람은 시작되었고, 서 있는 나로부터 물이 시작되었고, 서 있는 나로부터 하늘도 시작되었고, 서 있는 나로부터 산도 시작되었으니 서 있는 나로부터 세상은 시작되었노라고. 그러니 이 세상의 중심은 자신이 서 있는 바로 이 땅이라고.

실제로 모든 것의 중심이 자신이라는 의미의 인디언 격언이 있다.

"어느 곳이나 다 세상의 중심이다."

어느 곳이나 다 세상의 중심이라면 그 어느 곳은 어디일까? 말하는 사람, 지금 존재하고 있는 사람 자신이 서 있는 곳이 세상의 중심이다. 따라서 세상의 중심은 늘 '내가 서 있는 곳'이며 세상의 중심은 나를 따라 움직인다. 까뮈나 카프카를 언급할 필요도 없이 이들은 아주 철저한 실존주의자였던 셈이다.

나는 이곳을 수년 간격으로 네 번 방문했다. 1997년에 첫 걸음을 떼었고 2002년 한창 한일 월드컵 결승전이 벌어지는 기간에 두 번째로 갔다. 그때는 없었던 시설들이 2010년에는 하나둘 생기고 있었다. 북쪽 공원에는 여행 안내소도 생겼고 봉우리 하나를 통째로 평평하게 밀어버린 전망대도 한두 곳 더 늘었다. 2015년에는 약간의 휴식 공간과 간이 화장실도 생겼다. 어쩌면 이렇게 더디게 더디게 하나둘 시설이 늘어갈지 모른다. 그렇게 되면 이 공원에도 점점 더 사람이 많아질 것이다. 사람이 다가오면 그만큼 자연은 멀리 도망을 쳐 나가겠지만. 사람들이 와서 이 땅을 밟아대고 그 밟아댄 횟수만큼, 땅속에서 아직 태어나지 않은 아이들의 얼굴이 하나둘 줄어들겠지만.

서구 백인들의 상업적인 침략에 항거하던 한 인디언 추장은 이렇게 외쳤다.

"어떻게 공기를 사고 팔 수 있겠는가? 어떻게 땅의 온기를 사고 팔 수 있는가?"

과연 이 추장의 말은 옳은 걸까? 아무리 봐도 이 추장은 미래를 보지 못한 어리석은 사람이다.

보자, 18년 동안 이 공원에서는 단두대에서 사형수의 머리를 잘라내듯 싹둑 밀어버린 봉우리가 둘 쯤 있다. 그 자리에 인공적인 시설들을 갖추었다. 그래서 더 많은 여행객이 몰려온다. 그들은 목이 잘린 땅이 콸콸 쏟아내는 동맥의 선혈을 보지 못한다. 잘라진 산이 흘린 그 붉은 피를 대신하여 이 공원에서는 더 많은 입장료를 징수한다. 하니 그 봉우리가 갖고 있던 혈관의 온기는 이미 돈으로 팔리고 있지 않은가?

이 공원의 초원 위에선 아무리 더러운 때가 낀 폐라고 해도 다 맑아질 만큼 신선한 공기가 존재했다. 하지만 이 공원에 더 많은 시설이 생기고 더 많은 사람이 들어오면서 공기는 점점 나빠진다. 그 공기는 땅의 허파에서 나온 숨결이다. 그 숨결도 이젠 입장료와 바뀌어 팔려 나간다. 사람의 폐를 맑히던 이 공원이 조만간 폐암에 걸릴지도 모른다.

내가 어렸을 때, 우리 고향 사람들보다 유식한 학교 교사들이 그렇게 말했다. 앞으로는 물도 사서 마셔야 한다고. 그때 나는 그 교사들을 비웃었다. 어떻게 물을 사서 마시느냐고. 하늘에서 내려오는 빗물을 마시고 땅에서 나오는 샘물을 마시는데 왜 물을 사서 마시겠느냐고. 그땐 정말 그랬다. 인디언들도 어린 나와 같은 생각이었을 것이다. 하지만 세상은 바뀌었다. 그들이나 나나 다 어리석다.

우리가 사는 세상에선 팔리지 않는 것은 아무런 쓸모가 없다. 이름하여 자본주의 사회다. 이 괴물 같은 사회에서는 물도 공기도 땅도 팔려야 유용한 것이다. 심지어 부모도 자식도 형제도 부부도 팔릴 수 없으면 무용하다. 우정도 사랑도 팔리지 않으면 아무 쓸모없는 세상이 자본주의 사회다. 인디언들은 이런 미래를 예측하지 못했기에 지금 이 땅에서 사라지고 있는 것 아닐까. 머잖은 미래에 그들은 먼지로 사라질지도 모른다.

땅거미 질 무렵 황금빛 햇살이 발아래 펼쳐진 광활한 공원을 비춘다. 너무 멀어서 갈 수가 없지만 햇살에 빛나는 그곳은 참으로 아름답다. 내 발 아래 하늘이 있고 하늘을 가르는 바람의 휘장이 있고 그 휘장 아래 대지가 있고 대지 아래 수만 년 가녀린 손으로 땅을 파대면서 인간이

아일랜드 인 더 스카이

살 수 있도록 흘러온 물줄기가 있다. 하지만 시간에 쫓기고 힘에도 겨운 나는 그곳에 갈 수가 없었다.

삶도 여행도 늘 그런가 보다. 가고 싶은 곳을 멀리서 바라보다 발길을 돌려야 하는. 그 길을 갈 때까지 겪을 고통과 희열이 두려워 그만 돌아서고 마는. 수만 년을 거치며 침강과 융기, 침식을 반복한 협곡의 끄트머리에 저물도록 오래 앉아본다. 여린 물감으로 색칠한 그림처럼 희끄무레 떠 있는 하늘의 섬Island in the Sky을 내려다보면서.

 주소: 2282 Resource Blvd. Moab, UT 84532
전화: 435-719-2313
홈페이지: https://www.nps.gov/cany/index.htm
머물 수 있는 가까운 도시: 유타주 모아브Moab/유타주 몬티첼로Monticello
방문하기 좋은 시기: 5월에서 10월
도로상태: 포장도로와 비포장도로가 섞임
찾아가는 길: US191 도로를 이용해 남쪽 봉우리Suoth Rim와 북쪽 봉우리North Rim로 갈 수 있다. 남쪽 지역은 몬티첼로에서 가깝고 북쪽지역은 모아브에서 가깝다.

04

 그들도 바다를 그리워했을까

아치스 국립공원Arches National Park

"선생님, 까마귀가 우리 빵 다 훔쳐가요."

　수년 전 제자들과 이 아름다운 공원에 간 적이 있다. 세상에서 가장
아름다운 바위인 델리케이트 아치에 올랐을 때 우리들은 아치 주변에서
기념사진을 찍으며 놀고 있었다. 고소공포증이 있는 여학생 하나가 기
념사진 찍는 것도 포기한 채 간식으로 가져간 빵 곁에 앉아있었다. 그런
데 사람 머리통만한 까마귀 몇 마리가 날아와 빵을 쪼아 먹는 것이다.
여학생은 기겁을 해서 꺄악, 외마디 비명과 함께 이 놀라운 소식을 전했
다. 항아리처럼 생긴 거대한 바위 공간을 여학생의 목소리가 카랑카랑
울린다. 그곳에 있던 수많은 사람들이 하나같이 여학생을 주시한다. 까
마귀가 빵을 먹는다는 사실보다 이 여학생의 목소리가 웃겨서 우리 일
행은 모두 배꼽을 움켜쥐었다. 한국어를 모르는 외국인들조차 이 상황
을 지켜보다 낄낄거렸다.

　빵서리한다고 까마귀를 소년원에 보내진 못했지만 그 상황은 좀처럼

뇌리에서 잊히지 않는다. 우리는 까마귀를 용서하기로 했다. 이곳은 다른 어떤 곳과도 비교할 수 없는, 지상에서 가장 아름다운 장소이니까. 아치스 국립공원, 그중에서 델리케이트 아치, 누가 뭐래도 세상에서 가장 우아하며 으뜸가는 풍경을 간직한 곳이다. 말로 다 표현하기 힘들 만큼 숨넘어가는 아름다움을 간직한 이 공원에 고대 인디언들도 매료되었을 것이다.

1912년 유타주. 13세 당돌한 보이스카우트 소년 인디는 도굴꾼이 코로나도^{Coronado} 십자가를 훔치는 것을 발견한다. 인디는 그것을 막으려 하나 아버지 헨리 박사의 무관심으로 결국 실패하고 만다. 도굴은 막지 못했지만 소년은 이때 중절모와 채찍을 손에 넣는다. 소년이 중절모에 매력을 느껴서 수십 년을 간직했다는 설정이 어설프긴 하지만 성장한 후 이 중절모와 채찍은 이 남자를 가장 인상적으로 만들어준 상징이 된다. 그 남자가 다름 아닌, 영화 「인디아나 존스」의 주인공 인디 역을 한, 배우 해리슨 포드다.

세월이 흘러 고고학자로 성장한 인디는 온갖 수난을 겪으면서 1938년 포르투갈 해안의 어느 배 위에서 다시 그 십자가를 찾아낸다. 십자가를 되찾은 박사는 자신이 재직 중인 바네트 대학으로 돌아온다. 자신의 연구실에 소포가 하나 도착해 있는데 그것은 다름 아닌 아버지의 일기장이다. 아버지 헨리 박사의 일기장을 참고로 예수가 최후의 만찬 때 사용했다는 술잔 '성배$^{Holy Grail}$'를 찾아가면서 온갖 고초를 겪는 흥미진진한 모험담이 펼쳐진다.

이 이야기는 인디아나 존스 영화 시리즈 중 「최후의 성전」 줄거리이다. 이 이야기의 첫 장면인 '도굴꾼을 만난 1912년의 유타주'가 아치스 국립공원이다. 영화 첫 장면에서 소년은 카메라 삼각대처럼 생긴 커다란 바위기둥, 즉 아치 아래에 숨어서 도굴꾼을 발견한다. 이 아치가 공원에서 가장 아름다운 아치 중 하나인 더블 아치Double Arch이다.

가우디보다 위대한 자연의 건축물

스페인의 바르셀로나에 가면 위대한 건축가 가우디가 도대체 얼마나 많은 꿈을 꾸었으며 그 꿈을 어떻게 건축으로 실현시켰는가를 실감할 수 있다. 만일 가우디가 자연과 경쟁한다면 자연과 가우디 중 누가 더 아름다운 건축물을 만들어 낼까? 자연이 빚은 위대한 건축물들이 늘비한 아치스 국립공원에 와 보면 아무래도 자연이 한 수 위임을 알 수 있다. 바람이 상상하고 물이 빚어낸 바위들이, 가우디의 건축물보다 아름다운 모습으로 인간의 눈을 매혹시킨다. 천재이나 유한한 인간인 건축가 가우디, 그가 아무리 노력해도 결코 이 자연만큼 멋진 풍경을 만들 수 없을 것 같다.

하지만 아름다운 경치와 달리 이곳이 사람들이 살기에 좋은 환경은 아니다. 이 지역은 사막층에서 융기한 지형이다. 비와 바람에 의해 만들어진 붉은 사암의 조각품들이 서 있는 이 지역의 미개발지는 자연이 만든 미로 같다. 결코 사람이 살 수 없을 것 같은 이곳에 수천 년 동안 인디언들이 살아왔다. 고대 사냥꾼과 모여든 사람들, 그리고 농부들이 이곳에서 한 시대를 주름잡으며 살았다.

아치스 국립공원은 옛날 미국을 횡단하던 사람들에게 정신적으로 중요한 곳이었다. 고고학자들은 이 불모지가 옛날에는 푸에블로 인디언이 사냥을 하고 땅을 경작한 곳이었다고 믿는다. 이들은 상대적으로 환경

「인디아나 존스: 최후의 성전」의 첫 배경인 더블 아치

이 좋은, 공원 남쪽에서 살았다. 그리고 고대 프리몬트 사람들도 여기서 살았는데 아나사지가 이미 남쪽에 자리를 잡았으므로 이 사람들은 공원 북쪽에 자리를 잡았다. 한참 후에는 유트족^{Ute*}도 이 지역으로 왔다. 하지만 사냥을 즐기는 유트족 입장에선 사방이 사막인 이곳에서 사냥을 하며 살기가 쉽지는 않았으리라 추측된다. 근대에는 스페인 모험가들도 이곳에 다녀갔다.

인디언들은 자기들과의 관계에 따라 상대 부족에게 이름을 부여했는데 나바호족은 푸에블로 인디언을 '아나사지'라고 칭했다. 아나사지는 나바호 말로 '우리 적의 조상'이라는 뜻이다. 따라서 오늘날 푸에블로 인디언들은 아나사지라는 말을 싫어한다. 나바호라는 말은 푸에블로 인디언 말로 '거대한 경작지의 종족'이라는 뜻이다. 캐니언 드 셰이 편에서도 말했지만 나바호인들은 스스로를 디네^{Dine}라고 부르는데 이는 '사람들'이라는 뜻이다. 주니족^{Zuni}은 아파치족^{Apache}을 '아버지, 또는 적'이라고 불렀고 유트족은 코만치족^{Comanche}을 '언제나 싸우려고 덤비는 자들'이라고 불렀다.

특정 부족이 부른 이름 외에 통용되는 부족 이름도 있었다. 인디언들은 호피족^{Hopi}을 '평화로운 자들, 또는 예의 바른 자들'이라고 칭했으며

---

*

미국 콜로라도주 서부와 유타주 동부에 살면서 쇼쇼니어를 쓰는 인디언이다. 이들의 이름에서 오늘날 유타주의 이름이 유래했다. 원래 유트족은 농경을 하면서 지낸 온순하고 평화로운 부족이었다. 그러나 이들이 19세기 초부터 말을 타기 시작하면서 콜로라도주 서부와 유타주 북부에서 사냥단을 조직하기 시작했고 이 지역에 유럽인들이 정착하자 가축을 약탈하기도 함으로써 사나운 민족으로 변화된다. 후일 유트족은 남부 파이우트족으로 불리었다. 백인과 인디언 사이에 벌어진 전쟁에서 패배한 후 콜로라도주의 유트족은 콜로라도주 남서부 인디언 보호구역에 정착했고, 유타주의 유트족은 우인타-우레이 보호구역으로 이주했다.

유트족을 '얼굴이 검은 자들'이라고 했는데 이는 아마도 유트족이 사냥을 하면서 햇볕에 피부를 많이 그을렸기 때문에 붙인 이름일 것이다. 쇼쇼니족^{Shoshone**}을 '양고기 먹는 자들'로 부르기도 했다.

이 공원에는 세 개의 다른 문화와 암각화가 남아 있다고 하는데 대중이 발견하기가 쉽지는 않다. 암각화는 멀리 떨어진 미개발지에 있는 아치로 가는 길 여러 곳에서 발견된다. 이 암각화들은 다른 곳에서 발견되는 것과 마찬가지로 보통 평평한 표면을 가지고 있는 사암 절벽, 큰 돌들에서 발견되고, 대부분 북아메리카 사슴의 그림이나 큰뿔야생양 Big horn sheep, 로키산맥에 서식하는 양의 그림이다. 사냥하는 장면이나 사람이랑 닮

**
캘리포니아 남동부에서 네바다 중부 및 동부, 유타 북서부를 지나 아이다호 남부와 와이오밍 서부에 이르는 광범위한 지역에 살던 인디언이다. 우리에게 비교적 알려진 쇼쇼니족의 한 일파에 코만치족이 있다.
　쇼쇼니족은 크게 4개의 집단으로 나눌 수 있다. 서부 쇼쇼니족은 주로 네바다주에서 살았으며 말을 사육하지 않고 디거Digger, 즉 초목의 뿌리를 주식으로 하는 인디언이라 불렸다. 이들은 야생식물, 작은 포유동물, 물고기, 곤충들을 식량으로 이용했다. 가족단위의 집단으로 느슨하게 결합되었는데 각 가족은 대개 독자적으로 유목 활동을 했으며, 토끼몰이·영양사냥·축제 때만 일시적으로 행동을 같이했다. 이들은 말을 사용하지 않다가 백인들이 이주해 오면서 부분적으로 말을 이용했다.
　말을 사육하던 북부 쇼쇼니족은 유타·아이다호 북부에 살았고 윈드리버 쇼쇼니족은 와이오밍 서부에 살았다. 윈드리버 쇼쇼니족과 북부 쇼쇼니족은 백인들이 그들의 땅을 점령하기 이전인 1680년경부터 말을 사육했다. 그들은 물소사냥과 전투를 함께 했지만 티피(인디언 전통의 천막집)나 가죽옷 같은 평원 인디언의 문화적 특질을 따라 살았다.
　코만치족은 주로 텍사스에 살았다. 와이오밍주에 살던 이들은 말을 얻게 된 뒤 윈드리버 쇼쇼니족으로부터 분리되어 남쪽의 텍사스 지방으로 이주했다. 코만치족은 물소사냥과 비슷한 비중으로 약탈을 일삼아서 남서부의 스페인인들에게 대단히 위협적인 존재가 되었다. 특히 미국의 서부 정복기에 끝까지 투항하지 않은 용맹한 군대였지만 오늘날 이 용사들조차도 자신들의 옛 영토에 만들어진 인디언 보호구역에서 살고 있다.

은 것들도 많이 그렸다. 기하학적인 상징들이 있지만 이것은 무슨 의미인지는 알아보기가 힘들다.

아치스 공원에 있는 많은 암각화들은 아나사지 화가들의 작품이다. 이들이 날카롭거나, 크거나, 단단한 돌로 사암벽을 쪼아 만들었다. 이 방법으로 그림을 완성하는 데는 시간이 오래 걸리지만 그림을 더 또렷하게 남길 수 있었다. 쉽게 볼 수 있는 암각화 중 하나가 울프 랜치^{Wolfe Ranch}에 있다. 이곳은 공원 전체에서 가장 유명할 뿐만 아니라 델리케이트 아치로 가는 길 첫머리에 있다. 델리케이트 트레일 주차장에서 델리케이트 아치 방향으로 약 500미터쯤 걸으면 첫 번째 언덕이 나온다. 이 언덕에 오르기 전에 왼쪽으로 갈림길이 있다. 이 왼쪽 길로 50미터쯤 가면 암각화를 발견할 수 있다. 이곳에는 한 무리의 큰뿔야생양들이 사람들에게 쫓기는 장면이 멋지게 장식되어 있다.

프리몬트 사람들은 암벽에 그림을 그리는 기술이 더욱 발달되어 있었다. 그들은 자연 물감으로 벽에다가 색을 칠하는 방법을 사용했는데 이것을 픽토그래프^{Pictograph}라고 한다. 염료로는 빨간색 물감을 가장 많이 사용했는데 적철광을 갈아서 동물이나 사람의 피를 섞은 후 다시 동물이나 식물의 기름을 혼합한 물감이다. 이렇게 물감을 만든 뒤 사암 표면에 유카^{Yucca}나 머리털의 붓을 써서 그린 것이다. 그리고 작은 새의 뼈나 작은 갈대를 펜처럼 사용해서 색을 칠하기도 했다. 픽토그래프에는 크고 둥그런 사람들 모양도 있고 종종은 귀신 같은 모양도 있는데 이들은 절벽 면에 증기처럼 떠 있는 것처럼 보인다. 발견되는 그림 중 상당수가 900년도 더 된 것으로 알려져 있다.

울프 랜치 근처의 암각화

    참고로 유카는 조수아 트리^{Joshua Tree}라고도 하는 용설란과 식물이다. 조수아 트리는 세계적인 그룹 U2의 1987년 앨범 제목이기도 하다. 전 세계적으로 2,500만 장 이상이 판매되면서 가장 단기간에 가장 많은 판매고를 올린 기록을 세웠다는 이 앨범의 뒤표지에는 석양을 배경으로 한 세피아 톤의 조수아 트리가 쓸쓸하게 서 있다.

    유트 사람들이 사냥을 하며 이곳을 통과했다는 흔적도 암각화로 남겨 두었다. 울프 랜치 근처에 있는 암각화에 그들이 말에 타고 있는 모습이 남아 있다. 이들의 그림은 아나사지 것과 혼합되어 있어서 일반인의 눈으로 그 차이를 인식하기는 쉽지가 않다.

이 공원의 인디언 유적은 꽤나 미묘한 부분이 있다. 여러 부족이 살았음에도 불구하고 그들의 주거 흔적이 없다는 점이다. 따라서 그들이 어디에서 어떻게 살았는지 알기가 힘들다. 집은 없는데 암각화들이 있다는 것은 더 어려운 문제다. 왜 그들이 거주하지 않는 곳에 그림을 남겨 두었는가? 그 문제를 풀기가 쉽지 않아 전문가들은 이 아치에 있는 암각화의 숨겨진 뜻을 해석하기를 주저하고 있다. 대부분의 주거가 아치스 국립공원에서 가장 가까운 내추럴 스프링에 있었으리라는 추정이 가능하다. 그렇다면 아마도 이곳에서는 사냥 잔치가 있었을 것이다. 잔치가 열리는 곳 대부분이 인디언들의 공동체적 정신적 삶의 중심지였다는 것을 고려하면 이곳에 그림을 그린 사람들에게 아치스 공원은 정신적인 중심지였을 가능성이 높다.

절경의 우아함, 델리케이트 아치

델리케이트 아치로 가는 길은 왕복 두 시간 정도를 잡아야 한다. 올라가는 길은 완만하지만 마지막 백 미터쯤은 절벽에 난 약 1.5미터 너비의 길을 타야 한다. 보호벽이 없으니 고소공포가 있는 사람은 매우 주의해야 한다. 좁고 위험한 마지막 좁은 길이 끝나는 지점에 이르면 상상초월, 기대보다 훨씬 멋들어진 광경에 맞닥뜨린다. 그곳에 온 많은 사람들이 이 아름다운 광경에 취해 버린다. 의도적으로 건축해도 그렇게 만들 수 없을 것 같은 아름답고 거대한 아치가 우뚝 서 있다. 특히 석양에 보는 델리케이트 아치는 환상적이라는 말로는 어딘가 부족하고 머나먼 어느 별에 온 것 같은 착각마저 일으킬 정도로 아름답다. 이 아치의 풍경에 넋을 놓고 있는 사람 쉬는 사람, 혹은 주변 절벽을 아슬아슬하게 오르내리는 사람 등 다양한 사람들이 있다.

카메라 뚜껑을 열다가 아차, 그만 뚜껑을 놓쳤다. 한데 이 뚜껑이 급경사면을 타고 약 40미터 아래로 굴러 떨어졌다. 나는 뚜껑을 주우러 내려가다가 자칫 절벽에서 떨어질 뻔했다. 정말이지 아찔한 순간이었다. 젊은 친구들은 이곳을 맨손으로 오르내리기도 한다. 하지만 절묘한 바위를 구경하다가 자칫 목숨을 잃을 수도 있겠다는 생각이 들었다. 공원 전체적으로 전문적인 장비가 필요한 건 아니지만 발걸음을 꽤나 조심해야 한다.

이 공원에는 주차하기도 힘들 만큼 사람이 붐빈다. 데블스 가든^{Devils Garden}이나 가든 오브 에덴^{Garden of Eden} 같은 화려하기 이를 데 없는 암벽으로 가득 차 있기 때문이다. 들판은 들판대로 총천연색이다. 오랜만에 세상 구경을 나온 신이 기기묘묘한 바위를 만들어 둔 뒤 암벽 사이를 거닐다 보니 너무 힘들어진 걸까? 울퉁불퉁한 바위들 사이에 평탄하고 넉넉한 공간을 만들었다. 공간을 만들고 보니 지나치게 넓은 공간이 허전했던 것일까, 그 너른 땅에 물감을 뿌린 것 같다. 신은 초현실주의자였을까, 아니면 행위 예술가였을까? 도화지에 마구 뿌린 물감들처럼 주홍색 물감, 초록색 물감, 흰색 물감, 검은 색 물감, 노란색 물감. 붉은색 사암과 토양, 그 위에 푸른 초원이 있고 푸른 하늘과 흰 구름, 투명한 바람이 있는 이 공원을 신은 그렇게 해서 만들었을까? 이 공원의 어디든 여행객들에게는 단연 최고의 감동을 준다.

하늘에서 내려오는 폭포
시간을 투자해 걸으면서 이 공원을 만끽하는 것은 최고의 만찬을 즐기

델리케이트 아치의 일몰을 감상하는 사람들

는 것과 같다. 과거를 살았던 사람들에게 이곳은 너무나 척박했겠지만 오늘의 관광객 입장에서 본다면 세상에서 가장 아름다운 풍경이라는 데 이의를 제기할 사람이 별로 없을 것이기 때문이다.

델리케이트 아치에서 나오는데 커다란 구름 덩어리가 하늘을 뒤덮더니 한꺼번에 비를 쏟아낸다. 그 모습이 장관이다. 하늘에 구름 호수가 떠 있는데 그 호수 아래쪽에 큰 구멍이 하나 난다. 거대하게 뚫린 구멍으로 물이 쏟아져 내리면서 엄청난 물기둥을 만들어낸다. 비가 물기둥으로 쏟아지는 것이다. 장대한 물기둥 하나가 끝 간 데 없는 하늘과 드넓은 땅을 잇는 폭포가 되었다.

시원한 바람과 함께 쏟아지는 빗줄기를 보며 파파고족Papago**은 이런 노래를 불렀을까.

서쪽 가까운 어딘가에서 바다가 노래하고 있어.
구름을 데리고 온 바다 물결이 내게 밀려오고 있지.
여기서도 나는 바다의 소리를 들을 수 있네.
대지가 내 발 아래서 떨고 있어.
내 귀에는 큰 바다의 울음이 들려오지.

바다에서는 너무나 먼 땅에 산 이곳 사람들도 바다를 그리워했을까?

** 원래는 트호노 우나램Tohono O'odham('사막인'이라는 뜻)이라는 인디언 부족으로, 주로 미국 애리조나주와 멕시코의 소노라주에 거주한다. 파파고는 정복자 '콩키스타도르'였던 스페인인들과 후대 영미권 사람들이 영어식으로 부른 호칭으로 '테퍼리콩tepary beans을 먹는다'는 뜻이다.

바다를 볼 순 없었어도 비가 내리면 순식간에 바다처럼 변해버리는 땅을 볼 수는 있었을 것이다. 바위가 많은 이 지형은 배수가 잘 되지 않아서 집중호우가 내리면 즉시 물이 범람한다. 수많은 바위 사이로 급류가 생겨 일회용 폭포가 만들어지고 그 물줄기가 흐르는 대로 바위들이 조각된다. 그렇게 물에 젖은 돌 틈으로 바람이 달리면서 표면을 조각하여 하나의 예술품을 만들어낸다. 강력한 소나기만이 아니라 여린 빗방울 하나조차 이 바위들을 조각하는 손길이었을 테다. 비가 조각을 하면 바람이 부드러운 손길로 바위 표면을 매조지어 지상 최고의 건축물들을 빚어냈을 것이다.

한동안 이 땅을 조각하던 덩치 큰 빗줄기가 사라진 후 비구름이 머물던 허공에 누군가 재빠른 솜씨로 아름다운 무지개다리를 건설했다. 신이 하늘의 궁전으로 돌아가는 것일까. 잠시 후 시원한 바람이 불어서 진공청소기처럼 허공의 물방울들을 슈우욱 쓸어 가 버린다. 그러자 하늘에 한동안 놓였던 무지개다리가 철거된다. 신을 따라 하늘에 오르고 싶은 사람들이 올라올까봐 문지기가 얼른 다리를 들어 올린 걸까. 무지개 사라진 자리에 아쉬움만 남는다.

한 줄기 바람, 가슴 한켠이 서늘해진다.

남편과 가정에 시달리면서도 자신의 생활방식을 바꾸지 못하는 순진하고 평범한 주부 델마. 싸구려 식당에서 일하면서 건달인 애인에게 학대당하는 웨이트리스 루이스. 이 두 친구는 그동안 벗어날 수 없는 현실에 억압되어 살았다. 그러던 어느 주말, 지붕이 없는 낡고 큰 노란 캐딜락에 짐을 싣고 여행을 떠난다. 어깨를 들썩이게 하는 신나는 음악과 미국의 아름다운 서부와, 옷자락과 머리칼을 정신없이 날려대는 시원한 바람. 답답한 현실에 놓인 사람들에게 삶이 무엇이며 자유란 무엇인지에 대한 화두를 던진 영화 「델마와 루이스」. 이 영화는 전 세계 여성의 심금을 울렸을 만큼 뒤끝이 애잔하다.

여행 도중 애리조나주 투산에 도착한 이들은 술집에 들어간다. 미인인 두 여자는 자연스레 술집 남자들의 관심을 받는다. 가정과 남편에게서 해방된 델마는 자신을 다 풀어헤칠 만큼 술을 마신다. 루이스가 화장실에 간 사이 델마는 주차장에서 성폭행당할 상황에 처한다. 델마를 찾던 루이스가 이 상황을 목격하고선 권총으로 남자의 운명을 저승사자에게 부탁한다.

이때부터 일급 살인으로 경찰에 쫓기는 이들은 생존을 위해 강도짓을 하기도한다. 시간이 흐를수록 좁혀오는 경찰의 포위망, 생존의 시간이 점점 짧아지는 두 여인, 긴박한 추격전이 벌어지고 마침내 이들은 비극적인 최후를 맞이한다.

이 영화는 상당한 시간을 추격 장면에 할애했다. 하지만 추격전이라고 하기에는 너무나 아름다운 길들이 영화의 배경으로 나온다. 두 여인이 경찰에게 쫓기는 동안 미국 남서부의 아름다운 곳은 거의 다 돌아본다. 황량하고 쓸쓸하면서도 자연이 만든 보석인 서부의 진면목들이 배경으로 스쳐 간다.

삭막한 인간의 삶과 아름다운 자연의 대조를 통해 우리의 삶이 얼마나 피폐한가를 영화는 여실히 보여준다. 자본주의와 미국을 상징하는 자동차 캐딜락을 등장시키고 황량한 서부의 바람을 등장시켜 자유를 이야기하려 했던 리들리 스콧 감독의 시선이 돋보인 이 영화를 본 뒤 수많은 여성들이 눈물로 밤을 지새웠다는데 남자인 나도 하룻밤 잠을 이루지 못했다.

델마와 루이스가 도망치던 멋진 배경들 중 하나가 이곳 아치스 국립공원이다. 영화가 아니고 실화였다면, 도망자가 아니고 여행자였다면 뚜껑이 없는 자동차로 이 멋진 공원을 달리면서 그들은 얼마나 큰 자유를 느꼈을까.

가도 가도 끝이 없을 것 같은 아름다운 바위들과 계곡들. 거대한 바위와 그 바위 아래 펼쳐진 뜨거운 모래 바닥, 가뭄에 타들어 가다 지쳐서 쓰러져 버린 나무, 바위 위에 올라 자연을 정복했다고 생각하는 사람들, 하늘을 향해 우뚝 솟은 바위와 쓰러질 듯 쓰러지지 않는 바위, 그 모든 것이 이곳에 있다. 스카이라인 아치 Skyline Arch, 더블 아치, 더블 윈도우 아치 Double Window Arch, 밸런스드 록 Balanced Rock 등 다 헬 수 없을 만큼 많은 기묘한 바위들이 있다. 쓰러질 듯 쓰러지지 않은 아치들은 어깨를 기대고서, 기댄 것들끼리는 잘 넘어지지 않는다는 진리를 몸소 실천해 보이고 있다.

하지만 인간의 건축물이 그러하듯 자연의 건축물 또한 영원하지가 않다. 2008년 8월 5일 새벽 이 멋진 공원에 있던 월 아치 Wall Arch가 엄청난 굉음과 함께 무너져 내렸다. 다행스럽게도 밤에 무너진 터라 인명피해는 없었다. 하지만 엄청난 근육질을 자랑하거나 빼어난 여성미를 자랑하는 이 바위들도 바람과 물의 지나친 간섭으로 언젠가는 무너져 내리고 만다.

인간이나 자연이나 영원한 것은 없다.

주소: P.O. Box 907 Moab, UT 84532
전화: 435-719-2299
홈페이지: https://www.nps.gov/arch/index.htm
머물 수 있는 가까운 도시: 유타주 모아브Moab
방문하기 좋은 시기: 5월에서 10월
도로상태: 포장도로
찾아가는 길: US191 도로에 있는 모아브에서 북쪽 몇 마일을 달리면 오른쪽으로 입구가
나온다.

05

이름으로 우주를 만들다

뉴스페이퍼 록Newspaper Rock

오래전 그리스 파르테논 신전에 올랐을 때다. 구름이 낮게 깔린 에게해의 바람을 맞으며 나름대로 낭만을 만끽하고 있었다. 청년기까지 가난했던 탓에 꿈에도 기대하지 않았던 지중해, 그것도 고대 문명의 정수에 서 있다는 흥분에 사로잡혀 있었다. 나는 잘 알지도 못한 고대사를 회고하면서 허물어진 건축물을 자못 진지하게 감상하고 있었다. 약간의 지적 허영심으로 건축물을 관찰하고 있는 나를 비웃기라도 하듯 단체 관광객 중 한 사람의 목소리가 들렸다.

"아, 여긴 맨 돌뿐인데 우째 이런 데만 자꾸 데려오는겨."

무너진 유적만 보는 데 지친 직수굿한 아주머니 한 분이 여행 가이드에게 항의성 발언을 한 것이다. 주변 사람들이 모두 박장대소를 한다. 하지만 그 아주머니의 말씀이 가장 솔직한 반응일 수 있다. 말이야 바른 말이지 그런 돌뿐인 곳에 가는 게 무슨 의미가 있을까? 박물관, 시장, 거리, 쇼핑몰, 궁전, 공원 등 눈요깃거리가 얼마나 많은데, 하고 많은 여행지 중에 무너진 돌만 보는 걸까?

　베트남 여행 중에 로마 청년과 중국 광둥성 처녀를 만난 적이 있다. 연인인 두 사람이 나에게 어느 여행지가 가장 좋으냐고 묻기에 나는 로마가 가장 좋았다고 답했다. 그랬더니 처녀가 전부 무너진 건물만 있는 로마가 왜 좋으냐고 따지면서 자기는 이해할 수가 없다고 한다. 그렇다. 하고 많은 여행지 중에 왜 무너진 건물만 그렇게 보러 다니는 건지.

　나는 아직도 그 해답을 찾지 못했으나 여행 가방을 싼 지 20년이 지난 아직도 나는 무너진 건물과 돌만 남은 유적을 찾아 헤매고 있다. 어쩌면 내가 어리석은 탓일지도 모른다. 하지만 어디 답이 있어서 여행을 다니는 걸까. 답을 내린 사람이라면 대체 무엇이 필요해서 여행을 다닐까? 나는 아직 답을 찾지 못했거니와 실은 질문조차 아직 제대로 찾지 못해서 여행을 다니는 것이다. 어떤 이는 삶의 깨달음을 얻으러 다니는 게 여행이라고 생각하겠으나 나는 삶에 대한 질문을 찾으러 여행을 다니는 것인가 싶다.

　그런 나에게 정말로 질문거리가 된 여행지가 하나 있다. 그곳이 뉴스페이퍼 록이다. 아마 내가 다닌 적지 않은 여행지 중에서 이처럼 단순한 여행지는 지금까지도 없었고 앞으로도 없을지 모른다. 아무것도 없는 허허 벌판에 덩그렇게 놓인 바위 하나. 오직 그 바위 하나를 보고 느끼는 것이 여행의 목적이요 여행의 이유이며 질문이고 답이다.

　나인마일 캐니언Nine mile Canyon이나 드라이 포크 캐니언Dry Fork Canyon 등 수많은 암각화 지역에서는 그림들이 여기저기 널리 흩어져 있다. 특정한 바위 하나에만 집중적으로 암각화들이 있는 경우도 있지만 뉴스페이퍼 록만큼 많은 그림이 있는 경우는 없다. 이 바위를 뉴스페이퍼,

곧 신문이라는 이름을 붙였을 정도로 그림이 많고 솜씨도 정교하다. 미국 전역을 통틀어 가장 많은 암각화가 있으므로 이 바위는 인디언의 생활상을 상세히 읽어볼 수 있는 박물관이기도 하다.

뉴스페이퍼 록은 포코너Four Coners에서 멀지 않은 곳에 있다. 포코너는 유타, 콜로라도, 뉴멕시코, 애리조나 네 개의 주州가 만나는 곳으로, 미국 전역에서 네 개의 주가 한 지점에서 만나는 곳은 이곳뿐이며 그 때문에 미국인들은 이 포코너를 매우 기념비적인 지점으로 생각하고 있다. 그 지점이 다른 지역에 비해 아름답지도 않거니와 황량한 들판에 기념관만 외로이 있을 뿐임에도 미국 전역에서 온 적잖은 관광객이 모인다. 이들이 왜 이런 기념물에 열광하는지 미국인이 아닌 나 같은 여행자는 이해하기 힘들다. 어쩌면 미국 근대사에서 특히 서부개척사에서 많은 어려움이 있었던 곳이라 그것을 기념하려는 뜻일 수는 있겠다.

8000년의 소식지 뉴스페이퍼 록

처음에 이 뉴스페이퍼 록은 검은 사막에 덮여 있어서 돌이 검은색이 되었다. 바위를 발견한 원주민들은 표면이 검은색이어서 그림을 그릴 생각을 했을 것이다. 맨 처음 그림을 그린 화가는 아이들이었을지 모른다. 이 검은 바위에 장난기 많은 꼬맹이 녀석이 그날 본 지렁이나 뱀을 그리지 않았을까, 까만 바위 위에 돌조각으로 꼬불꼬불 선을 그어 본 것 아닐까? 이 선이 선명하게 드러나자 다른 누군가가 아이의 그림을 따라서 선을 그었고 또 다른 누군가가 거기에 더해 그림을 그리기 시작하지 않았을까?

하지만 이 주변에 많은 바위가 있었음에도 불구하고 유독 이 바위에

만 그림을 그린 이유가 무엇일까? 강물이 흐르고 숲이 있는 이 지역은 다른 지역보다 비교적 사람이 살아가기 좋았다. 주위는 황량한 땅인데 이곳만 나무가 무성하고 물이 있는 곳이니 인디언들이 이 바위를 중심으로 회합을 하거나 휴식을 취했을 수도 있다. 또 여름에는 더위를 긋고 겨울엔 추위를 막기에 적당한 장소였을 것이다.

바위 앞에 서면 어디선가 새들이 명랑하게 노래하는 소리가 들리고 시냇물이 흐르는 것도 관찰할 수 있다. 먼지가 폴폴 날려서 온 몸의 땀구멍을 막아버릴 만큼 건조한 이 지역에서 새들과 흐르는 냇물이 반갑게 조잘대는 이 장소가 얼마나 소중한 곳이었을까? 가슴을 열어 깊이 공기를 들이마시면 비린 냇물 소리가 먼지에 찌든 온몸을 씻어내 준다. 원주민들도 이곳에서 나와 같은 생각을 했으리라.

바위 앞마당은 기껏해야 백 명, 빽빽하게 모이면 백오십 명 정도가 어울릴 수 있는 공간이어서 수많은 사람이 한꺼번에 머물거나 회합을 하기에는 공간이 부족하다. 사냥과 채집 생활을 한 원시 유목민들은 대략 150명 정도가 한 부락을 이뤄 살았을 것으로 추정한다. 따라서 그 정도 인원이 모일 수 있는 이 공간이 이들의 삶의 중심이었을 가능성이 높다. 일반적으로 중세 유럽의 시청 광장에서 공개 재판이나 범죄자를 사형시키기도 했으며 축제와 중대한 회의를 하기도 했

뉴스페이퍼 록 주변의 환경

다는 점에서 이 마당은 유럽의 광장과 흡사한 기능을 했을 것으로 보인다. 여긴 공공의 장소였으며 공공의 장소에 수많은 암각화가 그려진 이 바위는 그들의 영혼의 소리와 깊은 관계가 있었을 것으로 보인다.

사람들은 이 그림들이 자기표현이라는 순수한 목적으로 그려진 것만은 아니라고 주장한다. 고대인들이 소식을 전하거나 영적인 공간으로 활용했을 가능성이 있다는 말이다. 만일 이들이 이 바위를 소식을 전달하는 수단으로 사용했다고 전제하면 이 바위에는 수천 년에 이르는 어마어마한 소식이 한꺼번에 들어 있다. 한 장에 그린 역사책이라고 할까. 한 손에 든 태블릿 피시라고 할까. 선사시대부터 17세기 서구의 침략 시기까지의 기록이 이곳에 남아 있기 때문이다.

전문가들은 8000년 전부터 사람들이 이 지역을 떠돌았다고 추정한다. 여기로 온 유목민들은 시냇물이 흐르는 곳에서 식물들을 채취하였으며 높은 산에서 동물들을 사냥했다. 초기에 살던 사람들은 동굴 속에서 살았고 붓같이 생긴 집에서 잤으며 그들이 흘러온 길을 따라 건물을 지었다. 하지만 이 지역에서 남아 있는 것은 뉴스페이퍼 록이 유일하다. 이 정도로 많은 그림이 있다면 주변 지역에 사람이 살았던 흔적이 많이 남아 있어야 한다. 하지만 주거 흔적은 발견할 수 없고 오직 이 정교한 바위 하나만 오롯이 남아 있다. 이 사실이 이 지역 역사에 대한 커다란 물음표를 던지게 한다.

처음엔 고대 사냥꾼들이 조악한 솜씨로 단순한 그림을 남겼다. 고대 사냥꾼들이 계곡을 빠져나간 다음에 프리몬트 사람들이 이곳에 왔다. 그리고 이 바위에 사람같이 생긴 것을 돌로 쪼아서 만들어 냈다. 이들은 작은 머리와 큰 몸통들을 벽에 새겨 넣었다. 그리고 큰뿔야생양, 사슴,

엘크 등등을 그려 넣었다. 프리몬트 사람들이 떠나고 나자 아나사지족이 이곳으로 이주한다. 서기 600년부터 1250년 정도에 아나사지 조상의 화가들이 뉴스페이퍼 록에 그림을 남겼을 것이다. 따라서 뉴스페이퍼 록의 대부분은 아나사지족이 만든 그림이다.

소수이긴 하지만 더 세밀하고 자세한 그림은 뒷날 유트나 나바호족들이 남긴 것으로 보인다. 또 사람들이 바위에 날짜를 새기기도 했는데 이것들은 16세기에 스페인인들이 미국 남서부를 발견한 다음에 새긴 것으로 추정된다.

그러니까 이 작은 바위 하나에 무려 8000년이라는 장구한 세월이 담겼다. 이곳이 전문가들 말대로 자신들의 정보를 제공하거나 신문으로서의 역할을 했을 수도 있다. 혹은 그 이상의 성스러운 의미가 있었는지를 정확히 알 수는 없다. 하지만 이 바위가 무려 8000년 동안 사람이 살아온 흔적을 고스란히 담은 채 우리를 맞고 있다는 사실만은 부정할 수 없다.

300개 가량의 각기 다른 그림이 이 뉴스페이퍼 록에 있다. 이 암각화들을 보면 시간이 지날수록 얼마나 기술이 발달되었는지 알 수 있다. 처음에는 막대처럼 사람을 그렸지만 나중으로 갈수록 정교해졌다. 사람들의 생활 모습을 볼 수도 있다. 또한 동물들의 그림도 대단히 정교하게 실물처럼 그렸다. 앙증맞은 아이 발자국부터 어른의 발자국으로 보이는 것까지 꽤 많은 발자국이 있다. 그 외에 추상적인 그림들도 아주 많이 모여 있다.

나는 바위에 새겨진 그림들을 읽어본다. 아메리카 사슴 세 마리, 벗겨 말린 도마뱀 껍질, 버펄로, 뱀, 거북등, 새, 동그라미, 방패, 별표,

뉴스페이퍼 록에는 오랜 시간에 걸쳐 그린
다양한 모양의 그림이 있다

뉴스페이퍼 록은 오래된 역사서이다

기하학적 그림, 당나귀를 탄 사람, 손을 번쩍 든 사람, 사지를 벌린 사람, 말을 탄 사람, 뿔을 단 사람^{동물의 가죽을 쓴 거겠지만}, 어린아이, 칼을 든 사람, 말 위에 선 사람, 걷는 사람, 손바닥, 아기 발자국, 형아 발자국, 엄마 발자국, 아빠 발자국, 두 발자국, 앙증맞은 발자국, 그리고 발자국, 발자국, 아직도 많은 그림들. 끝으로 54년 6월 3일과 영문자 JEAN.

　이들을 가만히 들여다보며 8000년의 시간을 거슬러 본다. 사슴과 버펄로를 그린 사람은 번개가 내리치는 들판에서 사슴과 버펄로를 사냥했으리라. 햇빛에 그은 어깨에 화살과 돌도끼를 든 사람들이 한쪽에 있고

여섯발가락의 흔적이 다수 발견된다

다른 쪽에는 몰이꾼들이 엄청난 소리를 내며 동물 몰이를 한다. 그리고 막다른 곳에 동물을 몰아놓으면 갈 곳이 없는 동물은 마침내 절벽 아래로 뛰어내리다 죽거나 사냥꾼이 쏜 화살에 맞아 피를 흘리며 쓰러진다. 그러면 사람들은 죽은 짐승을 운반하여 이 바위 앞에서 원형으로 둘러앉아 사냥감을 준 조상에게 감사의 기도를 한다. 가운데 피워 놓은 장작불 앞에 둥그렇게 모인 사람들의 불에 비친 얼굴에는 기쁨과 감사가 넘쳐난다.

잠시 후 추장이 나와서 밤하늘의 별 중에 가장 빛나는 별에 기도를 한다. 가장 빛나는 별은 가장 용맹스럽고 지혜로운 전설적인 조상이 죽은 뒤 그의 눈동자가 하늘의 별이 된 것이다. 그 별에 감사의 절을 한다. 이어 칼을 든 전사 하나가 나와서 짐승의 배를 가르고 춤을 춘다. 사냥감은 불길에 휩싸여 먹음직하게 구워진다. 어른부터 어린아이까지 순서대로 음식을 나눠 먹는다. 배가 불러 행복해진 어른들은 더 신나게 춤을 추고 노래를 한다. 덩달아 즐거워진 어린아이도 그 모습이 마냥 신기해서 밤이 깊은 줄도 모르고 바라본다. 어른들은 시간 가는 줄 모르고 축제의 밤을 즐기지만 밤하늘의 별은 졸음을 이기지 못해 하나둘 깜빡거린다. 숲속으로 흐르는 시냇물 소리가 사르르 졸기 시작하고 마당 옆으로 지나던 바람도 졸음을 이기지 못해 나뭇가지에 누워 잠든다. 엄마 품에 기댄 아이도 바람과 별을 따라 소록소록 꿈나라로 간다.

다음날 아침 이 마을에서 가장 훌륭한 예술가가 이 흥겨운 축제를 익숙한 솜씨로 기록한다. 어린아이의 발을 기념으로 그린 후 조상의 눈동자인 별을 그리고, 희생된 버펄로를 그리고, 뿔 달린 사슴을 그린다. 그날 저녁 그들에게 축복을 내린 물과 바람의 신은 형체를 알 수가 없으니 기하학적인 모양으로 그려낸다. 축제의 기억을 이렇게 바위에 남겼을 것이다.

세월이 흐른 어느 날, 동물의 가죽으로만 옷을 삼고 땅에서 나온 진흙과 나무로만 집을 지은 이들에게 화약을 든 사람들이 나타난다. 얼굴은 허옇고 머리는 검은색이 아니며 눈동자가 파란 사람들이다. 그들은 이곳 사람들을 총으로 위협하여 이 땅에서 몰아낸다. 이제 이곳에는 더 이상의 축제도 없고 사냥도 없다. 그동안 태어나던 수많은 어린이의 앙증맞은 발자국도 더 이상은 볼 수 없어졌다. 이곳에 사람들과 함께 수천 년을 존재해 온 바람과 자연도 더 이상 이곳에 머물 수 없게 되었다. 꽃잎이 날아와 고요히 이 바위 앞에서 묵상하던 시간도 이젠 사라져 버렸다. 평화로운 이 모든 것이 엄청난 포성에 놀라 멀리멀리 도망쳐 버린 것이다.

그래서 자연과 살아가는 이들의 삶이 더 이상 존재하지 않음을 나타내려고 한 스페인 병사가 바위에 쇠칼로 글을 새긴다. 지금까지 단 한 명의 인디언도 이 바위에 쇠칼을 댄 적이 없었다. 원주민들은 사람의 손으로 만든 돌도끼나 돌조각으로 오랜 시간 바위와 함께 대화를 나누듯 그림을 새겨 넣었다. 하지만 스페인 병사는 예리한 칼날로, 그동안 이 원주민 종족들을 수도 없이 살상했던 그 칼날을 들어, 원주민의 목을 베듯이 검은 바위 위에 날카로운 금속성을 내며 아주 정교한 글자를 새긴다.

지지직 지지직, 54년 6월 3일, JEAN.

그 후 이 바위에 더 이상의 그림은 그려지지 않았다. 뿐만 아니라 이 바위 앞에 더 이상의 축제도 없었고 더 이상의 아이도 탄생하지 않았다. 별과 바람과 물소리가 아이들과 함께 졸던 밤도 더 이상 오지 않았다.

이름으로 만든 우주

오래전 「늑대와 춤을」이라는 영화가 선풍적인 인기를 끈 적이 있다. 케빈 코스트너가 감독과 주연을 맡아 인디언들의 삶을 그린 이 영화에서 나는 신비한 인디언의 이름을 처음으로 들었다. 모든 사물을 명사가 아닌 동사로 인식하는 이들의 방식이 참으로 신기해서 이들의 특별한 세계관에 관심을 가졌다. 우리는 대부분 언어를 명사적으로 사용하고 소유적으로 사용하는 데 반해 인디언들의 언어는 그렇지가 않았다.

잘 알려진 대로 인디언 이름은 문학적이거나 시적이다. 인디언 역사상 가장 최후까지 백인에게 항전했다고 하는 나바호 전사 마누엘리토Manuelito는 '하스틴 치일 하지니Hastiin Ch'il Haajiní', 검은 잡초라고 불렸다. 이 위대한 전사 마누엘리토를 명실공히 굴복시킨 서부 개척사의 영웅 키트 카슨은 사실상 세 번의 결혼을 하는데 그중 첫 번째 결혼한 부인이 인디언이었다. 첫 번째 부인의 이름은 '와니베Waanibe', 노래하는 풀이다. 들풀처럼 드세게 자라라는 뜻이라고 한다. 메리 제미슨Mary Jemison이라는 열두 살 바기 백인 여자아이가 있었다. 이 아이는 인디언에게 납치되어 인디언 가족에게 입양되었다가 나중에 극적으로 구출된다. 입양된 그녀의 이름은 '디키와미스Deh-he-wa-nis', 상냥하고 예쁜 아이라는 뜻이다. 또 역사 속에 남은 인디언 추장의 이름들 중에는 '헤하카 사파Hehaka Sapa' 검은 엘크, '케탄킨얀Cetan Kinyan' 날으는 매, '테쿰세Tecumseh' 별똥별 등 아름답고 다양한 이름이 있었다.

인디언 이름에는 하나같이 아이와 관련된 살아 숨 쉬는 사연이 있고 이야기가 있다. 따라서 이들은 태어나기 전에 이름을 짓지 않았음에 틀림없다. 이 세상의 모든 이름에는 의미가 있듯이 이들도 의미를 부여했다. 한데 대다수의 문화권에서 아이의 이름은 부모나 권위자가 원하는 의미를 갖다 붙인다. 그것은 곧 어른 세계의 욕망이 아이의 이름에 붙여진다는 말이다.

하지만 인디언의 이름은 그렇지가 않다. 인디언은 일반적으로 아이가 자기 의지로 처음 웃을 때의 특징으로 이름을 지었다고 한다. 우리 나이로 서너 살에 해당하지 않을까. 그런가 하면 성장 과정에서 일어난 독특한 사건에 의해 이름이 바뀌기도 한다. 이들이 살아가면서 만들어진 사건이나 그 사람이 갖는 실제 기억할 만한 의미를 이름으로 불렀다. 그러니까 생후에 그 아이가 생활을 하다가 얻어진 것이므로 인디언의 이름은 생생하게 살아있는 의미를 갖는다. 따라서 이것은 인간 욕망의 산물이 아니라 그 존재가 살아가는 과정의 산물이다. 다른 문화권의 이름이 목적 지향적이라면 인디언의 이름은 존재 지향적이라고 할까.

뉴스페이퍼 록에 그려진 그림을 한 장 떼어내면 그 그림과 함께 심장이 두근거리는 맛난 삶의 이야기도 하나씩 떨어져 나온다. 다양한 그림들에 존재하는, 그날그날을 살았던 맑고 순수한 원주민들의 이야기들이다. 그들이 만일 이야기를 들려준다면 어떤 이야기가 나올까? 자신들의 운명을 길이 이어줄 아이들에게 이름을 붙였듯이 그런 아름다운 이름 같은 이야기가 숨어 있지 않을까? 그들의 이야기가 듣고 싶어서 뉴스페이퍼 록의 발자국마다 인디언의 이름을 붙여 불러보기로 했다.

인디언 이름을 보면 이름을 붙이는 데도 몇 가지 기준이 있었던 것 같다.

첫째, 인디언들은 외모나 차림으로 이름을 붙였다.

부러진 다리 서로 용기를 겨루느라 높은 바위에서 뛰어내리기 시합을 하던 녀석이 그만 다리가 부러지고 말았다. 그 충격으로 아이가 울기도 했지만 그 고통보다 힘든 건 건강하게 뛰어내린 아이들에 비해 자신이 뒤졌다는 열등감이다. 그래서 아이는 실의에 빠진다. 하지만 사람들은 아이에게 용기를 준다. "넌 '부러진 다리'로도 얼마든지 일어서서 달릴 수 있어. 힘내자." 아이는 진심어린 위로에 용기를 얻었다.

곱사등이 동생 형이 곱사등이인 아이가 있다. 이 아이는 늘 형을 보살피며 다닌다. 이를 본 마을 사람들이 형을 잘 보살피는 고운 마음을 지닌 아이임을 기억하려고 곱사등이 동생이라고 이름을 붙인다.

흰 옥수수수염 미국 평원에는 가도 가도 옥수수 밭뿐인 곳이 제법 많다. 자동차로 달려도 몇 시간을 가야 끝이 나는 이 옥수수 밭이 걸음을 걸어서 이동했던 이들에겐 얼마나 너른 벌판이었을까? 그런데 바람에 날리는 수염이 한낮에는 은빛으로 빛나고 황혼이면 불처럼 타오르는 빛깔을 한 사내가 있었다. 젊은 시절, 수염이 없을 때 이 사내의 이름은 '옥수수 먹다 이 빠져'이거나 '옥수숫대에 붙은 바람'이거나, 옥수수와 관계된 이름이 아니었을까? 그런데 나이가 들자 바람이 불 때마다 은빛으로 날리는 수염을 갖게 된 것이다. 그래서 사람들이 그의 이름을 '흰 옥수수수염'으로 바꾸어 준다.

빨간 윗도리 흰 옷을 즐겨 입고 좋아한다고 해서 우리 민족을 백의민족이라고 한다. 하지만 실상을 알고 보면 흰옷은 가장 비용이 적게 드는 옷이다. 과거에는 염색을 하는데 상당한 비용이 들었던 것이다. 그래서 채도가 높은 색상의 옷은 값이 매우 비쌌다. 어떤 문화권에서건 부자나 귀족이 입었던 옷은 채도가 높았다. 따라서 이 아이는 아주 귀한 집 자식이었다.

옷이 작아 이 아이는 빨간 윗도리의 친구다. 빨간 윗도리가 부잣집 자식이었던데 반해 이 아이는 형제가 많은 가난한 집 아이였다. 아이에겐 연년생 누이가 있다. 해서 아이는 한 살 많은 누이가 물려준 옷을 받아 입어야 했다. 체구가 작은 누이의 옷은 아이에게 작았다. 그렇지만 아이는 누이가 입던 옷이었음을 자랑스레 생각하고 늘 이 옷을 입고 다

빨간 윗도리

붉은 구름

닌다. 배꼽도 다 내놓은 채 행복한 미소를 지으며.

그 외에도 '매부리 코'나 '늑대 목걸이' 같은 이름이 있었다.

두 번째, 인간관계나 성격에 따라 지은 이름이 있다.

머리맡에 두고 자 이 아이는 아주 섬세한 아이다. 그래서 무언가를 얻게 되면 행여나 잃어버릴세라 손에 꼭 쥐고 다닌다. 잠이 들 때면 그 소중한 것을 언제라도 손이 갈 수 있는 머리맡에 두고 잔다. 아이는 오늘 낮에 연못에 나갔다가 아주 앙증맞은 조개껍데기를 하나 주웠다. 아이는 이 조개껍데기를 깨끗이 닦고 햇빛에 잘 말려 구멍을 냈다. 지푸라기로 작은 실을 만들어 햇빛에 마른 작은 조개껍데기를 꿰어 목걸이를 만들었다. 그리고 내일, 자기가 좋아하는 여자 아이에게 선물을 하려고 머리맡에 두고 잠이 들었다.

너 잘 만났다 서로 사이가 안 좋은 아이가 있었다. 둘은 늘 다투는 사이였는데 어느 날 앙숙인 '겁 안 나'를 절벽 건너편에서 만났다. 이 절벽은 계곡이 너무 깊어서 건너려면 하루쯤은 걸려야 한다. 하지만 소리를 지르면 목소리가 건너편 절벽까지 들리는 것이다. 그래서 아이는 크게 소리를 지른다. '너 잘 만났다.'

겁 안 나 '너 잘 만났다'는 늘 자신을 괴롭혔다. 그래서 '너 잘 만났다'만 만나면 아이는 줄행랑을 치곤했다. 한데 오늘은 건너는 데 하루쯤 걸리는 절벽을 사이에 두고 만났으니 무척이나 다행이다. '너 잘 만났다'가 건너편에서 큰 소리로 "너 잘 만났다."고 외친다. 그 외치는 소리가 얼마나 큰지 메아리가 온 절벽을 돌고 돌아서 스무 번 쯤은 소리를 지른 것 같다. 하지만 아이도 낄낄거리며 큰 소리로 외친다. "겁 안 나." 그러자 맞은 편 절벽이 메아리로 답을 보내준다. 열 번 스무 번 서른 번. 그러자 '겁 안 나'는 정말로 겁이 달아나 버렸다.

쓸개 빠진 놈 우리 속담에도 쓸개 빠진 놈은 있다. 속을 다 내놓은 순진무구한 사람을 쓸개 빠진 놈이라고 한다. 하니까 이 아이도 그런 순진무구한 아이일까? '너 잘 만났다'와 '겁 안 나' 둘 다에게 늘 잘해줘서 이 친구는 적이 없고 너무 순진해 빠져서 '쓸개 빠진 놈'일까? 아니다. 틀림없이 이 아이는 지난번 사냥 때 잘 못 끼어들었다가 버펄로 뿔에 받혀서 정말로 쓸개가 빠져 버렸다. 이런, 얼마나 아팠을까.

셋째, 날씨나 자연에 관계되는 이름이 있다. 이 이름들은 참 낭만적이다.

지평선 멀리 흰 구름 둘은 깊이 사랑했다. 그는 늘 호수처럼 그윽한 눈으로 그녀의 눈동자를 바라본다. 그녀의 눈동자는 그가 세상을 보는 창이다. 아직 이른 오후 지평선 멀리 흰 구름이 두둥실 떠 있다. 들여다본 그녀의 까만 눈동자엔 '지평선 멀리 흰 구름'이 있다. 아주 맑고 고운.

붉은 구름 시간은 흘러 태양이 서쪽 땅을 향해 시나브로 넘어간다. 마침내 대지를 온통 붉게 태우며 지평선을 넘고 있다. 해를 둘러싼 구름 또한 용암처럼 하늘에서 들끓는다. 그 붉은 빛이 그의 눈동자에도 살아 있다. 그래서 그녀는 이렇게 부른다. 네 눈동자에 비친 '붉은 구름'이라고.

그 외에도 아주 시적인 이름들이 있다. '나뭇잎이 앉은 자리', '빗속을 걷다', '큰 천둥', '작은 버드나무'.

넷째, 놀이 문화나 행동양식에 관련된 이름들도 있다.

달과 함께 걷기 아이의 어머니는 일찍이 아이를 낳다가 그만 저세상 사람이 되고 말았다. 아버지는 온갖 정성을 다 해 홀로 아이를 키웠다. 아이가 잠들고 나면 죽은 아내를 생각하느라 높은 절벽 위에서 달을 쳐다보며 쓸쓸함을 달랬다. 절벽 아래서 그의 모습을 보면 아이의 아버지는 둥근 달 곁에 서서 달을 보고 있다. 그래서 마을 사람들이 이름을 지었다. '달과 함께 걷기'라고.

푸른 초원을 짐승처럼 달려 아이가 아홉 살쯤 되었을 때 사냥 간 '달과 함께 걷기'가 곰의 앞발에 깊은 상처를 입었다. 함께 사냥을 갔던 전사 한 사람이 먼저 이 소식을 전하러 마을로 왔다. 아버지가 돌아가셨다고 한다. 저 멀리 의식을 잃은 아버지, '달과 함께 걷기'를 들고 오는 사람들이 보인다. 아이는 애타게 아버지를 부르며 '푸른 초원 위를 짐승처럼 달려'갔다.

인디언들의 이름보다 더 시적인 이름이 있을까 싶을 만큼 아름다운 이름도 있다. '나비 부인에게 쫓기는 자', '들판에서 서로 쫓아 다녀'.

끝으로 사냥이나 생활을 바탕으로 한 이름.

너무 가난해 고대 인디언의 재산은 공동 소유다. 개인의 재산이란 거의 없다. 그들에겐 가족 단위의 생활보다 집단의 생활이 우선이었다. 부유하면 모두가 부유하고 가난하면 모두가 가난했다. 하지만 사람들이 자기 욕심을 챙기기 시작하면서 빈부의 차가 생기기 시작한다. 부족 전체가 가난할 때는 가난이라는 낱말은 존재하지 않았지만 사람들이 개인 소유를 늘리면서 가난이란 낱말이 생겨난다. 부모를 일찍 잃은 아이가 제대로 먹지도 못하고 살아가지만 마을의 부자들은 이를 모른 체한다. 그러자 마을의 현자賢者가 아이를 불러 말한다. "애야, 너는 먹을 것이 없지만 가난한 건 아니란다. 하지만 저 부자는 '너무 가난해'서 너를 도와줄 수 없다. 가난은 우리가 가진 들소의 머릿수가 아니라 함께 나눌 마음의 여유가 없음을 이르는 말이란다."

독수리 날개를 펴는 자 모든 사람은 태초부터 새처럼 날기를 바랐다. 새처럼 자유롭기를 원했고 새처럼 많은 것을 볼 수 있기를 바랐다. 하지만 인간은 그럴 수 없었다. 다른 많은 사람들처럼, 하늘을 날기 바라는 아이가 있었다. 독수리가 어떻게 하늘을 지배하는지 궁금했다. 자신은 왜 날 수 없는지도 의문이었다. 이 아이가 어느 날 죽은 독수리를 발견했다. 해서 아이는 독수리의 날개를 자꾸만 펴 본다. 그 날개와 자신의 팔을 비교하면서. 아이는 꿈을 꾼다. 독수리 날개를 편 채, 자신의 팔을 독수리처럼 벌린 채.

사냥이나 일상과 관계된 이름이 압도적으로 많았던 것 같다. 이들이 사람의 이름을 가장 가까운 것에서 발견하려 했기 때문이리라. '흰 소가 보네', '늑대를 쫓아', '서 있는 곰', '도망친 늑대', '다리 저는 사슴', '발로 차는 곰', '아침에 따라가' 등 인디언 인구만큼이나 다양한 이름이 이들의 땅에 존재했다.

안녕, '행복하게 춤춰'

이들의 이름을 일일이 나열하면서 퍼즐 맞추듯 문장을 만들어 가노라면 아름다운 우주나 인간의 삶이 그려진다. 신이 우주 만물을 창조했다면 인디언들은 이름으로 다시 우주 만물을 표현해 낸 것이다. 그러하니 우주가 사라지지 않는 한 인디언들의 이름은 결코 사라지지 않는다. 도망친 늑대나 지평선 위의 흰 구름이나 바라보는 흰 소나 초원 위를 짐승처럼 달리는 것이 세상에서 사라질 수 있을까? 그들의 이름은 이름으로서가 아니라 우주를 형성하는 사물로 이 땅 위에 숨 쉬고 있는 것이다.

지금까지 언급한 인디언 이름은 내 상상 속의 이름이 아니라 실제 인디언 이름이다. 안타깝게도 영어로 이미 번역된 이름만 존재하고 인디언 원어로 전해지는 자료가 거의 없어서 인디언 원어 이름을 밝힐 수 없다는 점이 스스로 아쉽기도 하고 독자에게도 송구할 따름이다. 그들의 이름을 원음대로 안다면 그들의 우주를 좀 더 깊이 알 수 있을 텐데 하는 아쉬움도 있다.

이름에 붙인 해설은 내가 상상하여 만든 이야기이다. 인디언의 이름만으로도 많은 이야기를 만들 수 있었던 것은 인디언의 이름이 갖는 풍부한 함축성 때문이다. 그 함축성이 주는 상상만으로도 우주의 절반쯤은 만들 수 있으리라.

사람들이 인디언의 이름을 단지 호기심으로 한 번 떠올려보고 마는 것처럼 나를 포함한 대다수의 여행자는 뉴스페이퍼 록에 그려진 그림을 이렇게 단 몇 분 만에 읽어버린다. 그런 후 이 바위에 그려진 것을 다 읽었노라고 뿌듯해할 수도 있다. 그러나 이 바위에 묻은 수천 년에 이르는 인간의 손때를 그렇게 잠깐 동안 상념하고 모든 것을 아는 것처럼 이야기 하는 것은 이 척박한 땅에서 치열하게 살았던 인디언의 역사를 너무 가벼이 여긴 것 아닐까?

더운 여름 오후가 되자, 날이면 날마다 쏟아지는 스콜성 폭우가 쏟아지고 하늘을 가르는 천둥이 울렸다. 천둥과 폭우 쏟아지는 소리가 마치 그들의 영혼이 울부짖는 소리로 들린다면 그것은 나의 지나친 해석일까?

글을 쓰는 지금도 나는 삶이 무엇인지 모른다. 앞으로도 모를 것이다. 삶이 무엇인지 모를 뿐만 아니라 삶이 무엇인지 물을 수도 없다. 무엇을 물어야 하는지 모르기 때문이다. 하지만 어쩌면 그 바위 위에 새겨진 그들의 하루하루처럼 매일을 살아가며 일기장에 흔적을 남기는 게 삶인지도 모른다.

이름을 부르면 그 사람이 그리워진다던가. 길을 떠나면서 마지막으로 한 원주민의 영혼에게 작별을 한다. '행복하게 춤춰' 안녕. 그리고 기도한다. 당신의 땅에서 행복하고 신명나는 춤을 추길. 과거부터 지금까지, 그리고 앞으로도 영원히.

주소: UT-211, Monticello, UT 84535
전화: 435-587-1500
홈페이지: 캐니언랜즈 국립공원 홈페이지(https://www.nps.gov/cany/index.htm)에서 정보를 얻을 수 있다.
머물 수 있는 가까운 도시: 유타주 몬티첼로Monticello
방문하기 좋은 시기: 5월에서 10월
도로상태: 포장도로
찾아가는 길: US191을 타다가 캐니언랜즈 니들스 지역으로 들어가는 UT211을 만나서 9마일을 달리면 주차장과 선명한 표지가 있다.

06

바람이 달리는 길

모아브 록 아트 사이트 Moab Rock Art Sites

유타주 모아브는 아치스 국립공원 남쪽으로 몇 마일 떨어진 곳에 협곡을 따라 독특하게 자리 잡은 마을이다. 모아브는 사암 덩어리인 주변 사막지형 사이에 길쭉하게 끼어있는 오아시스 같은 곳이다. 푸에블로 인디언과 프리몬트와 더 오래된 유트족이 선사시대 이래 이곳을 스쳐 갔거나 이곳에서 살았다. 모아브의 록 아트는 이들의 그림 양식이 뒤섞여 있다. 마을에서 접근하기 쉬운 곳이 여러 군데 있으므로 여유롭게 감상하면 꽤 풍부한 역사적 흔적의 진수성찬을 맛볼 수 있다.

프리몬트 사람들은 서기 600년에서 1250년 사이에 아치스와 캐니언랜즈 국립공원과 콜로라도강 인근 지역에 도착했다. 프리몬트 본거지 남쪽 경계는 고대 푸에블로, 즉 아나사지 지역의 북쪽 끝과 맞닿아 있다. 따라서 이곳의 록 아트는 두 종족의 문화적 복합성을 띠고 있다. 이러한 문화적 혼합은 록 아트 형식만이 아니라 도기의 형식과 집을 짓는 형태와 사냥 방법과 도구, 무기 등 이 지역에서 발굴된 다른 문화유적에서도 발견할 수 있다.

프리몬트 문명이 쇠퇴하는 1200년대 말에 아나사지족이 번영하여 광범위한 지역으로 빠르게 퍼져나가기 시작한다. 두 종족이 지역에서 생활한 시기 동안 이들 문명은 손 모양, 기하학적인 모습, 인간의 모습과 동물, 사냥 장면 등 그들의 흔적을 붉은 사암 위에 남겼다.

모아브의 남쪽에서부터 살펴보면 골프 코스 영역이 출발점이다. 골프 코스 영역은 골프장 그린에 매우 인접해 있어서 그렇게 이름 지었다. 이 작은 암벽은 UT191 도로, 모아브 남쪽으로 4마일 정도 떨어져 있다. 모아브에서 남쪽으로 달리다가 도시를 벗어나면 스패니시 트래일이라는 이정표와 승마장이 보인다. 승마장 직전에서 좌회전하여 2마일 정도 직진한다. 그림처럼 예쁜 골프 코스가 오른쪽으로 보이면 스패니시 트래일 로드Spanish Trail Road로 좌회전해서 웨스트워터 드라이브West Water Dr.를 따라 1마일을 간다. 우회전을 해서 700미터쯤 이동하면 통나무로 둘러진 울타리가 자그마한 절벽을 감싸고 있는데 그 절벽에 다수의 그림이 발견된다.

골프 코스 영역에서는 탁월한 암각화가 있다. 대부분은 프리몬트 사람들에 의해 만들어졌고 아나사지족에 의해 만들어진 암각화도 군데군데 흩어져있다. 그림 속 여러 사람이 프리몬트 형식의 전형인 화려한 머리 장식과 뿔 장식, 귀고리 장식 등을 하고 있다.

10미터 정도 넓이의 절벽에 그려져 있는 암각화들은 가혹한 사막의 환경에서도 꿋꿋하게 잘 살아남았다. 사람들이 사는 집에서 불과 100미터도 떨어지지 않은 곳에 이런 멋진 유적이 있다는 것이 축복이 아닐 수 없지만 사람들은 이를 지켜내지 못하고 있다. 누구나 쉽게 넘어갈 수

골프 코스 사이트 암각화

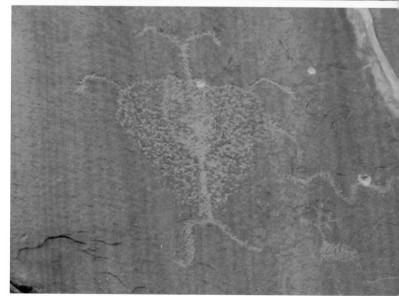

문 플라워 사이트 암각화

있는 통나무 몇 개로 울타리를 쳐 두었을 뿐이다. 또한 누군가 이곳에 지속적이고 반복적으로 낙서를 하고 훼손을 시키고 있어 이 절벽이 얼마나 오래 온전하게 보전될지 장담할 수 없다. 천년도 넘게 버텨온 유적이 앞으로 30년 안에는 완전히 훼손될지도 모른다. 반복적인 낙서가 또 하나의 삶의 기록이 되지 말란 법은 없지만 그래도 기왕이면 이 유적이 잘 보전되었으면 좋겠다.

골프 코스 영역에서 다시 모아브를 향해 올라오다 보면 시내에 접어든 지 얼마 안 되어 케인크릭 대로^{Kane Creek BLVD.}를 만난다. 케인크릭 대로에서 좌회전하여 계속 달리면 자그마한 강이 나온다. 그 강이 그랜드 캐니언과 라스베이거스까지 내려가는 콜로라도강의 상류인데 강을 따라 다시 한동안 달리다 보면 문 플라워 캐니언 암각화^{Moon Flower Canyon Rock Art}와 버딩 신 암각화^{Birthing Scene Rock Art}가 있다. 문 플라워 영역 강 건너편에는 유명한 포타쉬 패널^{Potash Panels} 영역이 있는데 강을 건널 방법은 없으므로 다시 모아브 시내를 통과해서 가야 한다.

문 플라워라는 이름은 꼭 우리나라의 달맞이꽃 같지만 문 플라워는 데이지 꽃의 한 종류이다. 암벽 주변에 무성한 문 플라워 꽃의 이름에서 이 계곡의 이름을 따 온 것이다. 주차장에 차를 대고 차가 가던 방향으로 길을 따라 가면 이제는 마른 땅이 되어 버린 개천을 건넌다. 약 30미터를 가면 도로와 마른 개천이 만나는 지점에 서 있는 갈라진 절벽이 있다. 이 암벽에 멋진 그림들이 나온다. 이 그림들에도 프리몬트의 특징을 가진 장신구를 한 사람들과 아나사지 사람들의 그림이 섞여 있다.

문 플라워 록 아트 영역에 가니 남녀 백인 청년 넷이 무언가를 찾고 있다. 암각화가 그려진 절벽에 한 사람이 겨우 들어갈 만한 틈이 있다.

이 틈새에 두께 15센티미터 정도의 통나무가 있는데 청년들은 이 통나무를 외나무 사다리 삼아 절벽 사이를 기어 올라간다. 거의 수직인 나무를 타고 오르다 보면 절벽 위로 올라가게 되어 있다. 때문에 통나무와 절벽에 몸을 기댄 채 등과 팔을 바위에 밀착시켜서 올라가야 하는 매우 힘든 통로다. 나도 청년들을 따라 절벽을 반쯤 오르다가 절벽 위에 올라가면 무엇이 있느냐고 물었다.

"그 위에 뭐가 있습니까?"

"아무것도 없어요."

아무것도 없다는 말에 나는 중도에 내려왔지만 청년들은 아무것도 없는 그곳을 한사코 오른다. 그 절벽 틈새 오르기가 꼭 인생살이 같다. 사람들은 모두 어딘가 보이지 않는 꼭대기를 향해 올라가려 한다. 더 높은 곳에 오르려고 자신이 가진 모든 것을 희생한다. 시간도 노력도, 그리고 심지어 사랑도. 또 더 높이 오르기 위해 경쟁자들을 온몸으로 누른다. 오직 한 사람만이 올라갈 수 있는 절벽 틈새처럼 소수에게만 주어지는 상승의 기회를 얻으려고 전력을 다 한다. 가장 잘 인내하고 가장 끈질긴 자는 때로 결국 정상에 오르기도 한다. 하지만 대다수는 아무리 끈질기게 인내를 해도 정상에 오르지 못한다. 너무 뚱뚱했거나 너무 힘이 약했거나 중간에 다리를 삐었거나.

이를 악물고 정상에 오른 그들은 아무것도 발견할 수 없다고 하니 단지 절벽 위에 올랐다는 것 외엔 아무것도 남지 않는다. 그들의 행위 자체를 비난하고 싶은 마음은 없다. 하지만 그들의 행위에서 트리나 폴러스가 쓴『꽃들에게 희망을』이라는 그림책의 철학을 유추해 본다. 무의미한 애벌레의 기둥을 한사코 올라가는 애벌레들처럼 사람들은 그곳에 외나무 사다리가 있고 그곳에 올라갈 공간이 있으니, 목적 없이 마냥 올라가는 삶을 살 때가 있다. 왜 그렇게 살아야 하는지 묻는 것도 잊은 채. 우리는 점점 '왜'라는 질문을 두려워하고 그 질문을 귀찮아한다. '왜'라는 질문 없는 삶이 가치 있는 삶인 양 '왜'를 외면해버리곤 한다.

초현실주의 화풍을 앞서간 코트하우스 워시 벽화

코트하우스 워시Courthouse Wash에 있는 암각화 영역은 US191 도로상의 모아브 북쪽 4마일 지점에 있다. 문 플라워 영역에서 되돌아 나온 뒤 주 도로에서 좌회전하여 모아브를 관통한다. 북적거리는 시내를 지나 북쪽으로 가다가 모아브 집들이 끝나면 콜로라도강의 다리를 건너게 된다. 곧 바로 또 하나의 다리, 코트하우스 워시 다리를 건넌다. 코트하우스 워시 다리를 건너자마자 오른편에 있는 주차장에 차를 세운 뒤 걸어서 몇백 미터 정도 되돌아와 코트하우스 워시 다리를 다시 건넌다.

다리를 건너서 왼편으로 올려다보면 널빤지처럼 널찍한 절벽이 저 위에 보인다. 이 절벽 아래 무너진 돌들을 타고 언덕으로 십여 미터 올라가면 잘 표시된 안내판이 나온다. 이 안내를 따라 비탈길을 올라 절벽까지 가면 널빤지처럼 넓은 절벽 표면이 나오고 그곳에 훌륭한 픽토그래프Pictograph와 암각화들이 있다. 무려 오천 년 넘게 이 질박한 땅을 내려다보며 옹기종기 이야기를 나누는 사람들이 묵묵히 세상을 내려다보고 있는 것이다. 그들은 절벽에서 몽환적인 표정과 얼굴로 나를 기다리고 있다. 현대 초현실주의 회화의 거장 살바도르 달리가 고개 숙이고 돌아갈 만큼 몽상적인 그림이다.

이 거대한 벽화는 배리어 캐니언 문화Barrier Canyon Culture*의 산물로 추

140

코트하우스 워시의 픽토그래프

코트하우스 워시의 픽토그래프 2

정된다. 전문가들은 이 그림들이 프리몬트 사람들이 도착한 것보다 수천 년 앞선 시기에 만들어진 것으로 믿고 있다.

이 픽토그래프에는 의인화한 그림이 둘 있는데 흰색 물질로 방패를 든 크고 둥근 그림이다. 이들은 자연적인 안료로 바위 표면에 그려졌다. 암벽에서 시각적으로 잘 보이도록 붉고 엷은 채색을 사용했는데 이런 색상을 만들기 위해 붉은 황토와 산의 마호가니 나무뿌리를 섞었다. 모자를 쓰거나 뾰족한 뿔을 가진 그림들은 고대 그림의 특성을 모두 드러낸다. 프리몬트 예술가들은 절벽의 하단부 바위 표면에 그들의 그림을 새겨서 픽토그래프 장식에 암각화를 추가했다.

내가 그림 속 인물들에게 악수를 청해도 그들은 나를 별로 달가워하지 않았다. 아마도 무수한 사람들이 이들을 만지고 파괴한 데서 당한 그들의 상처 때문이리라. 실제로 코트하우스 워시 영역은 여러 차례 파괴되었다. 당국에서 많은 비용으로 재단장을 해서 방문자들이 오늘날 소중하고 섬세한 그림들을 즐길 수 있게 한 점은 다행스런 일이다.

흥미롭다 할까 한심하다 할까. 이 수천 년 된 그림조차 이들은 자연 그대로 방치해 두었으므로 누구라도 접근해서 그림을 만져 볼 수 있다. 만일 우리라면 이 그림을 보호하느라 주변에 철책을 하거나 방어 장비를 했음에 틀림없을 텐데 여기에는 아무런 방어적인 설비도 없고 관리자도 없다. 인디언의 유적이기 때문에 사라지길 바랐던 것일까, 무어라고 평가하기 힘든 낯선 미국의 얼굴이다. 마치 아무런 가치 없는 낙서를

---

*

1500년에서 4000년 전에 존재한 것으로 추정하는 호스슈Horseshoe 캐니언 문화로 주로 페인팅 작업을 통해 그림을 그렸다. 캐니언랜즈 호스슈 캐니언과 이곳에 남아있는 그림이 대표적이다.

만나듯 너무나 자연스레 이 소중한 그림을 만날 수 있어서 더 신비로운 지도 모른다.

반만년 역사를 절벽 속에서 유영하듯 연기처럼 서 있는 그들은 내가 오랫동안 머물렀다 돌아올 때까지 한 마디 말도 하지 않았다. 방치된 그곳이 외롭다든지, 오랜 역사를 지켜봤다든지, 혹은 수많은 사람들이 여기에 왔다 갔다든지, 그도 아니면 발아래 흐르는 콜로라도강이 수백 수천 킬로미터를 흘러가는 것을 봐 왔다든지, 심지어 바로 아래 도로에서 교통사고가 몇 번 났다든지, 서부 개척사의 인디언과 양키의 운명을 목격했다든지, 지나가는 바람이 어떤 이야기를 했으며 자신들의 얼굴과 몸뚱어리를 적시던 빗줄기는 무슨 말을 했다든지, 어둠이 내리면 무슨 꿈을 꾸며 저물녘엔 무슨 생각을 한다든지 하는 그 많은 이야기들 중 단 한 마디도 나에겐 하지 않았다. 그래서 침묵하는 그들을 뒤로 한 채 나도 길을 떠났다.

포타쉬 패널은 도시의 바로 곁에 있는 포타쉬 로드^{Potash Road/UT279} 위에 있다. 코트하우스 패널을 지나서 북쪽 아치스 국립공원 방향으로 US191번 도로를 타고 4마일 정도를 직진한 뒤 콜로라도강 건너 왼편에서 포타쉬 로드를 찾아야 한다. 분기점에서 좌회전하여 콜로라도강을 왼쪽에 두고 강을 따라 9마일을 달린다. 강 쪽에 세워진 인디언 라이팅^{Indian Writing}이라는 표지를 찾으면 그 표지 앞 주차장에 차를 대고 주차장 맞은편의 깎아지른 사암 절벽을 보면 놀라운 그림들이 있다.

방패와 창과 작살을 들고 있는 여러 사람의 그림이 유유히 흐르는 강물을 내려다보고 있다. 의례적인 머리장식과 둥근 귀고리, 구슬로 장식된 다양한 사람이 있다. 또한 어두운 사암을 쪼아낸 동물의 이미지가 다수 있다. 뛰어나게 묘사한 곰의 그림과 사슴, 엘크, 그리고 빅혼 양들도 있다. 매우 자그마한 사람들이 서로 손을 잡고 인간 띠를 만들고 있는 그림은 꽤나 인상적이다. 강강술래를 하는 모습을 그려둔 것 같다. 동물을 사냥할 때의 모습이거나 축제 때의 모습이 아닐까. 그 외에도 추상적인 형식과 수많은 기하학적인 상징들이 뒤섞여 있다.

포타쉬 패널에는 프리몬트 미술과 아나사지 문화로 연상되는 이미지가 있는가 하면 유트 예술가에 의해 그려진 것으로 보이는 말 탄 기수 모습도 있어서 아치스 국립공원에서 볼 수 있는 이들 문화의 혼합이 이곳에도 이어진 것으로 보인다. 사람의 손이 닿을 수 없는 높은 곳에 그림을 그린 이들이 어떤 도구를 이용해 저곳까지 올라갔는지 궁금증을 자아낸다.

포타쉬 패널 주변은 꽤 높은 수직의 절벽 지역이다. 포타쉬 패널을 찾으려고 주의를 기울이며 차를 몰고 있는데 남자 넷 여자 셋이 절벽 아래 있다. 이들은 밧줄에 몸을 의지하여 거대한 암벽을 오르고 있다. 이들에게 포타쉬 패널을 물으니 친절하게 안내해 준다. 해가 저물 때 이 길로 돌아오면서 그들을 다시 만났다. 그때도 그들은 암벽에 기어오르고 있었다. 해가 저물고 밤이 되어도 암벽을 타는 사람들은 대체 어떤 심정으로 암벽을 타는 걸까?

자신이 즐기지 않는 것을 하는 사람을 이해하는 건 쉽지가 않다. 수년 전 런던을 다녀온 어떤 부부는 여러 박물관 앞에서 기념사진을 촬영하고 왔다고 한다. 그러나 그들은 박물관이나 미술관을 한 곳도 들어가지 않았다. 대신 그들은 기념사진만 찍고 돌아서서 쇼핑의 즐거움을 누렸다. 나처럼 역사적 유적을 찾아 헤매며 고생하는 여행을 좋아하는 사

144

포타쉬 패널의 암각화 1

포타쉬 패널의 암각화 2

람이 있고 여행이라면 쇼핑만 하는 사람도 있는가 하면 자일을 타고 하루 종일 절벽을 오르는 사람도 있다. 누구나 각자의 필요와 기호에 따라 사는 것이다. 사람의 손가락 지문이 모두 다르듯 여행의 방법도 모두 다르다. 따라서 누군가 여행 동반자를 선택할 때는 반드시 어떤 여행을 좋아하는지 묻고 알아야 한다. 질문은 서로를 알게 하고 서로를 사랑하게 한다. 서로를 차이를 알지 않으면 결국 둘은 다투고 헤어질 수밖에 없다. 인생이라는 여행도 마찬가지 아닐까. 어떤 여행을 좋아하는지, 여행의 동반자가 될 사람이 어느 방향으로 갈 건지 반드시 먼저 묻고 알아야 할 것이다.

포타쉬 절벽에서 저그핸들 아치Jug Handle Arch 방향으로 가다 보면 다이노소어 트랙Dinosaur Tracks이 나온다. 이십여 미터 높이인지라 아주 높은 건 아니지만 꽤 가파르고 위태한 절벽 끝의 너부죽한 사각형 바위에 공룡의 발자국이 떡 버티고 있다. 잘려진 바위가 곧 무너져 내릴 것 같은 장소인데 그곳까지 가는 건 꽤 위험하다. 지금은 영원히 사라져 버린 공룡의 그 발자국은 대체 왜 쪼개져 나온 바위 위에서 아직도 허공을 바라보며 그곳에 매달려 있는 걸까? 곧 굴러 떨어질 것 같은 바위 모습이 마치 거대한 공룡이 절벽에 목을 매달고 있는 것 같아서 애처롭다.

콜로라도강을 따라 계곡 깊숙이 더 들어가면 주전자 손잡이처럼 생겨서 이름 붙여진 저그핸들 아치가 있는데 이 아치 주변에도 다양한 암각화들이 있다. 콜로라도강의 협곡을 따라 가는 동안 엄청난 천둥과 번개, 비바람이 몰아쳤다. 수직으로 선 절벽에서 때로 돌이 굴러 떨어지기도 했다. 바람은 거인의 휘파람처럼 차창에 씽씽 부딪쳤다. 저그핸들 아치까진 갔지만 도저히 유적을 볼 수 없을 만큼 매서운 폭풍우가 물에

바위에 남긴 공룡발자국

적신 가죽 채찍을 휘두르듯 나를 몰아세웠다. 나를 향해 쓰러질 것 같은 절벽에 질려서 도망치듯 그곳을 나올 수밖에 없었다.

도망치듯 나오는 동안 여전히 바람이 나를 맹렬히 추격한다. 협곡 절벽 위에서 귀신 울음 같은 소리를 내며 바람이 달린다. 먹구름과 쏟아지는 비, 종종 길가로 떨어지는 돌들, 빨랫줄에 걸린 빨래처럼 온몸을 뒤트는 바람, 모든 게 나를 뒤쫓고 있었다. 사실 바람은 나를 쫓아오는 게 아니다. 이 길은 원래 사람이 달리는 길이 아니라 바람과 물이 달리는 길이었다. 세상의 모든 길의 주인은 인간이 아니라 원래 바람이었던 것이다. 바람, 자연이 만든 길을 우리가 따라간 것일 뿐 우리가 먼저 만든 길은 원래는 없었다.

모아브에서 내가 묵은 호텔은 이틀만 예약을 했다. 그러나 아치스 국립공원, 캐니언랜즈 국립공원, 모아브까지 사흘 만에 도저히 볼 수가 없어서 하루 더 머물기로 했다. 주인에게 하루 연장하면 예약한 가격으로 묵을 수 있는지 묻자 그렇게 할 수 있다고 했다. 만일 비싸게 받으면 우리는 인터넷으로 예약을 하면 되는 상황이나 예약 없이 약속을 받으면 편할 것 같았다. 한데 정작 호텔에서 나올 때가 되니 주인은 마지막 밤은 인터넷으로 예약하지 않았으니 비싼 가격으로 계산을 하라고 한다. 불과 사흘 전에 한 약속을 자신은 말한 적이 없다고 한다. 당신이 약속하지 않았느냐며 항의하자 경찰을 부르겠다며 나를 위협한다. 그래서 나도 경찰을 부르자고 하자 오히려 슬그머니 한 발 물러서고 만다. 이 주인은 나바호 인디언이었다.

미 서부 여행을 하면서 가슴 아픈 현실을 종종 보게 된다. 미국 북서부 몬태나주에 위치한 플랫헤드 호수는 고인 물이 파란 것으로 유명하

148

다. 정말로 그 호수는 푸른 잉크처럼 새파랗다. 이 호수는 수상 스포츠를 즐기는 여유로운 사람들의 천국이다. 하지만 그 호수 주변의 광범위한 지역은 인디언 보호구역이다. 가도 가도 끝이 나지 않을 것 같은 삭막한 길이 이어지는 인디언 보호구역에는 가난에 찌든 사람들이 살아가고 있다. 이미 다 아는 사실이지만 인디언 보호구역이란 허울 좋은 하늘타리 격이다. 백인들이 이 땅을 점령하기 위해 주인인 인디언들을 황량하고 살기 힘든 곳으로 쫓아낸 것이다.

다시 미국 남서부로 내려와 보면 이곳에도 가난하고 힘들게 사는 수많은 인디언들이 있고 그들의 삶을 보노라면 백인들의 호사스런 삶에 분노를 느끼게 되기도 한다. 하지만 옥에 티랄까? 인디언들이 여행객에게 지나친 바가지를 씌우는 걸 심심찮게 보게 된다. 이 호텔의 주인도 또한 그런 인디언이다.

어느 사회에나 극소수의 옥에 티는 있게 마련이다. 하지만 미국 남서부 지역을 돌다보면 그게 반드시 극소수만은 아님을 알게 된다. 물고기 몇 마리가 넓은 강물을 다 흐리는 게 아니라 생각보다 많은 물고기가 강물을 흐리고 있다. 인디언들이 조상의 피해를 보상받기 위해서는 사회 구조적인 개선이 우선되어야 한다. 설령 구조적인 개선이 안 되고 차별이 자행된다 할지라도 인디언들이 고객에게 바가지를 씌우고 자신들의 이미지를 깎아내리는 행위를 해서는 안 된다. 그런 상행위들이 미국 사회에서 인디언의 이미지를 실추시키고 있는 것도 현실이다.

한 사람의 상처는 인류 전체의 상처다

오늘을 사는 인디언들 모두가 부도덕한 존재라고 주장하는 게 결코 아니다. 대다수의 인디언은 피해자요 사회적 약자다. 하지만 인류 역사에서 사회적 약자들은 강자들보다 더 도덕적인 삶을 살아야만 자신들의 정당성을 인정받을 수 있었다. 약자의 입장에선 참으로 억울한 일이지만 천형처럼 그 운명을 끌어안은 채 살아야 하는 게 약자의 현실이다. 옥의 티라고 지적받는 인디언들로 인해 모든 인디언이 손가락질을 당하기도 한다.

1994년 『인터트라이벌 타임스Intertribal Times』에는 인디언의 도덕관을 천명한 글이 실렸다. 이 도덕관이 인디언의 전통적 도덕관인지 아니면 현대 사회의 사람들에게 보여주기 위한 건지 확인할 방법은 없다. 자신들이 천명한 이 도덕관을 인내심을 갖고 실천하면, 오랜 시간이 걸리더라도 지금보다 훨씬 명예로운 존재들로 존중받을 수 있을 것이다.

1. 아침에 눈뜨고 저녁에 잠들기 전에 뭇 생명들과 그대에게 속한 생명에게 감사하라. 그대가 가진 모든 것과 기회에 대해서도 감사하라.
2. 어제 한 행동과 생각을 반성하고 더 나은 사람이 되도록 용기를 구하라.
3. 사람이나 사물에 대한 가치를 인정하고 그들의 행복을 빌며 모든 것을 존중하라.
4. 남녀노소를 불문하고 언제나 존중하는 마음으로 대하라. 특히 어른과 지도자를 존중하라. 어떤 사람도 무시당해선 안 된다. 다른 이의 마음을 아프게 하는 일을 피해야 한다.
5. 다른 사람의 것에 손대지 말라. 개인의 물건과 공간과 시간을

모두 존중하라.

6. 대화를 하는 사람 사이를 가로지르지 말고 사람들의 대화에 끼어들지 말라.

7. 언제나 부드러운 목소리로 말하라.

8. 부족의 어른들이 대화할 때는 나서지 않아야 한다.

9. 사람이 자리에 있든 없든 다른 사람에 대해 나쁘게 말하지 말라.

10. 땅과 땅이 갖고 있는 모든 것을 어머니로 여기라. 모든 자연물에 대해 깊은 존경심을 가져야 한다. 어머니인 땅을 더럽히는 어떤 행위도 하지 말라.

11. 다른 사람이 가진 믿음과 종교에 대해 존경하는 마음을 가지라. 다른 사람이 하는 말이 설령 무가치하더라도 마음을 다 해 들으라.

12. 부족들의 지혜를 존중하라. 부족회의에서 그대가 내놓은 생각은 부족 전체의 것이 된다. 다른 사람들의 의견이 진실하고 좋으면 그대의 생각과 다를지라도 수용할 줄 알아야 한다. 서로 다른 의견들이 만나서 진리의 불꽃을 일으킨다.

13. 일단 어떤 것이 결정되면 뒤에 가서 반대하는 말을 해서는 안 된다. 잘못된 결정이라면 언젠가 반드시 잘못이 드러나게 된다.

14. 어떤 상황에서도 늘 진실해야 한다.

15. 그대에게 찾아온 손님을 진심으로 반겨야 한다. 그대가 가진 가장 좋은 음식과 잠자리와 공간을 제공해야 한다.

16. 한 사람에게 상처를 주는 것은 인류 전체에게 상처를 주는 것이다. 한 사람을 존중하는 것은 인류 전체를 존중하는 것이다.

17. 낯선 사람과 외지에서 온 사람들을 한 가족처럼 대하라.

18. 세상의 모든 사람은 같은 들판에서 피어난 서로 다른 색깔의 꽃이다. 모두가 아름다운 존재로 존중되어야 한다.

19. 다른 사람과 공동체를 위한 희생을 해야 의미 있는 존재이다. 자신만을 위해선 안 된다.

20. 참된 행복은 타인을 위해 자신의 삶을 바칠 때 찾을 수 있다.

21. 절제와 조화를 중시하라. 행복한 삶으로 이끄는 것과 파괴하는 삶으로 이끄는 것을 구분하는 것이 삶의 지혜다.

22. 마음이 안내하는 소리에 귀를 기울이라. 다양한 해결책에 마음을 열어 두라. 해결책은 묵상을 하거나 침묵할 때 혹은 지혜로운 어른과 친구를 통해서도 찾아온다.

한 사람에게 상처를 주는 것은 인류 전체에게 상처를 주는 것이다. 가슴에 와 닿는 말이다. 그리고 나를 돌아보게 하는 말이다. 살아오면서 얼마나 많은 인류에게 나는 상처를 준 것인가? 한 사람에게 준 상처가 인류 전체에게 준 상처라면 나는 지금쯤 인류 전체에게 만 번 정도의 상처를 주지 않았을까? 버리지 못하고 더 가지려 하면서 타인에게 준 상처는 또 얼마나 많을까? 여행을 하면서조차도 무언가 하나라도 더 가져보려는 욕심을 부리고 있다. 그것이 물질이건 지적 욕구이건 간에 버리지 못하고 자꾸만 무언가를 주워 담으려 하고 있다.

미국 사회도 마찬가지다. 지나치게 욕심을 부리는 미국의 주류들, 그리고 자기 욕심을 위해 가난한 자들을 등치며 뻔뻔하게 살아가는 부자들, 인디언을 위해 비옥한 땅은 조금도 내주지 않는 미국의 정책 등도 한꺼번에 비난받아 마땅하다. 이 계율은 인디언에게만 해당되는 게 아

저물도록 암벽을 타는 사람

니라는 말이다.

하지만 인디언은 자신들이 인디언으로 태어난 숙명 때문에, 그것이
억울하더라도 더더욱 이러한 도덕관을 지켜야 한다. 내가 묵은 호텔 주
인 같은 사람도 마찬가지다. 그가 인디언의 도덕관을 제대로 알고 있다
면 단돈 몇 십 달러 때문에 종족을 욕 먹이는 행위는 하지 않아야 한다.

바위틈을 타는 사람들, 절벽을 오르려는 사람들, 이 땅의 천박한 지
배자들, 여행자의 돈을 갈취하려는 사람들, 욕심을 버리지 못한 여행자
들. 위태한 바위 끝에 남은 거대한 공룡 발자국은 이들에게 어떤 말을
하고 싶을까? 수백만 년 전에 만들어진 무수한 발자국들이 이젠 부서
지고 흩어져 몇 개 남지 않았고 세월이 가면 또 사라질 그 발자국들은.

 주소: P.O. Box 550 Moab, UT 84532
전화: 800-635-6622
홈페이지: http://discovermoab.com/outside-the-national-parks/
머물 수 있는 가까운 도시: 유타주 모아브Moab
방문하기 좋은 시기: 봄부터 가을
도로상태: 포장도로
찾아가는 길: US191번 도로 모아브. 도시 중심에 있는 인포메이션 센터에서 방향을 물
어보거나 호텔에서 마을 신문을 구해도 쉽게 찾아갈 수 있다.

07

 자유롭고 행복하게 거닐 수 있다면

다이노소어 내셔널 모뉴먼트Dinosaur National Monument

내가 유년기일 때는 대다수 아이들은 공룡이라는 생물체에 대해 들은 적도 관심도 없었다. 돌이켜보면 공룡에 대한 관심은 영화 「쥬라기 공원」 이후에 부쩍 커진 것 같다. 공룡 이름에 대해 전혀 관심 없던 나는 내 아이들로 인해 한동안 공룡에 관심을 가져야 했다. 취학 전 아이들은 놀랍게도 그 어려운 공룡의 종류와 이름을 거의 다 외운다. 많은 부모들이 공룡 이름을 외우는 아이들을 보며 자기 아이가 천재인 줄 안다. 하지만 아이들이 성장한 후에 공룡 이름을 물어보면 거의 기억하는 게 없다. 참 묘하게도 공룡에 대한 관심은 유년기 한 때의 마니아적 관심으로 끝난다.

미국 여기저기에 공룡의 흔적을 기념하는 기념관들이 있다. 하지만 들판에 누워 있는 공룡의 뼈를 직접 만져보고 공룡과 어울려 산 인간의 흔적을 엿볼 수 있는 곳은 드물다. 그런 지적 호기심을 채워주는 곳이 다이노소어 내셔널 모뉴먼트다. 다이노소어 내셔널 모뉴먼트는 21만 에

이커에 이르는 엄청난 넓이의 공원으로 그 넓이만큼 많은 신비를 간직하고 있다. 지형적인 특징이 독특함은 물론 공룡의 흔적과 프리몬트 인디언들이 수 세대에 걸쳐 남겨 놓은 많은 암각화들이 있다.

이 공원에서는 아주 대조적인 두 지형을 만나게 된다. 강줄기를 중심으로 왼편은 마치 공룡의 등뼈 같은 근육질의 산악지대이고 오른편은 그 험악한 지형들이 공룡이 되어 풀을 뜯어먹으러 내려올 것 같은 푸른 초원이다. 그 험준한 산과 평화로운 평원의 경계를 나누며 흐르는 강이 그린강Green River이다. 참 보기 드문 풍경이다. 늘 그랬듯 물은 무언가 더러운 것을 씻어버리고 막힌 것을 뚫고 어긋난 것을 바르게 정리하는 힘이 있나 보다. 흐르는 강줄기가 험악한 산맥의 뿌리를 말끔하게 씻어서 평화로운 전원을 만들었다.

사실 이 공원은 인디언 유적이 주인이 아니라 공룡의 흔적이 주인이다. 그래서 이름도 다이노소어 모뉴먼트이다. 콜로라도와 유타주에 걸친 광대한 땅에서 공룡들이 활보하며 살았을 것이다. 지금은 그들이 활보하는 것을 볼 수가 없지만 적어도 그들이 죽어서 묻혀 있는 화석은 볼 수가 있다.

나는 다이노소어 퀘리 비지터 센터Dinosaur Quarry Visiter Center로 찾아갔다. 여름철에는 오전에 공룡의 흔적을 보려면 늦어도 11시 30분 이전에 방문해야 하므로 아침부터 서둘렀다. 타들어가는 기온 때문에 점심시간을 기점으로 꽤 오래 차가 운행되지 않는다. 비지터 센터에서 30분마다 셔틀버스가 출발하여 공룡이 묻힌 장소에 내려준다. 버스에서 내려 약 1킬로미터의 순환도로를 걸으며 인디언 유적과 공룡의 흔적을 감상할 수 있다. 버스 정류장에서 약 200미터 정도 거리에 인디언 암각화가

그림자 부분에 공룡의 뼈가 보인다

있고 다시 400미터 정도 가면 절벽 바위틈에 드러난 공룡 꼬리뼈와 목
뼈 등의 흔적이 있다. 공원 관리자들이 여행객들에게 보여주고 설명하
려고 뼈대 주변에서 기다리고 있다.

공룡의 흔적을 만나다
2억 2천 5백만 년 전부터 이 땅을 지배하기 시작해서 6500만 년 전까지
활보했다는 공룡. 공룡이라는 거대한 개체가 우리를 억누르는 보이지
않는 폭력으로 그려진, 『그해 겨울로 날아간 종이비행기』라는 좀 오래

된 단편소설이 있었다. 그 소설가의 상상이 아니더라도 이제는 거대한 권력이나 재력 등의 거부할 수 없는 힘이 공룡처럼 우리를 짓누르는 시대에 살고 있다. 우리를 짓누르는 게 어디 권력이나 재력만일까, 우리는 시간이라는 권력에조차 눌려 살고 있다. 가끔 나 자신을 시계의 초침이라고 착각할 때가 있다. 시간에 쫓기고 시간에 의해 움직이면서 숨 쉴 틈 없는 삶의 벽시계 위를 딸깍딸깍 도는 게 나의 일상이다. 하지만 원시가 남아 있는 이곳에서는 숨 막히게 나를 몰아세우는 시간, 물질, 권력 등의 추상적인 공룡이 아니라 오랜 세월 전에 이 땅을 지배하며 여유롭게 살았던 공룡의 사체를 확인해 볼 수 있었다.

공룡 뼈대가 있는 이곳에는 오직 셔틀 버스만 다닌다. 개인 차량이 허용되지 않으므로 반드시 비지터 센터에서 출발하고 다시 비지터 센터로 돌아와야 한다. 공룡 뼈대를 보고 내려오는 길에 인디언 암각화를 들여다본다. 이곳에 그림을 그린 사람들은 공룡과 함께 살았을까. 그랬을 리는 없지만 지척에 있는 공룡의 화석들을 발견하긴 했을까? 만일 발견했다면 그들은 공룡에 대해 어떤 상상을 했을까? 자신들이 본 적도 없는 거대한 생명체의 뼈대를 보면서 혹시라도 그들이 자신의 조상이거나 신이라고 생각하진 않았을까?

수많은 인디언들이 캐나다에서 넘어와 미국 남부로 내려오고 다시 중남미로 건너갔다고 하는 게 아직까지는 정설로 받아들여진다. 이에 반反해 오늘날의 유트족과 쇼쇼니족의 조상은 버널Vernal, 유타주 동북부의 도시과 다이노소어 내셔널 모뉴먼트 주변을 통과하여 마침내 지금의 본거지인 와이오밍주와 아이다호주로 이동했다. 이들 종족의 조상은 이곳에 수많은 암각화를 남겨 놓은 후 남쪽에서 북쪽으로 거슬러 올라간 것이다.

퀘리 비지터 센터를 벗어나서 자동차를 타고 공원을 돌다 보면 예술성이 뛰어나며 접근이 쉬운 암각화를 볼 수 있다. 자동차로 두 시간 정도면 다 돌 수 있는 루트도 있으므로 여유롭게 봐도 좋다.

이 공원에선 전통적 버널 형식Vernal Style의 프리몬트 암각화의 전형을 생생하게 볼 수 있다. 투어의 첫 번째 지점은 스웰터 쉘터Swelter Shelter로 더위 피난처, 그늘집 혹은 원두막이라 하겠다. 고고학자들이 여름의 맹렬한 무더위 속에서 고대 휴식처를 발굴해서 그런 이름을 붙였다는 이야기가 전해지고 있다.

이 유적지는 프리몬트 사냥꾼들이 사냥 놀이를 할 동안 캠프로 이용했다. 사람과 동물 형상의 암각화들은 기하학적인 표시와 사다리꼴 모양 등과 섞여있다. 바위 위에 거칠게 그려진 이들 암각화는 천 년 전에 그려진 것으로 본다. 자동차 도로에 인디언 유적을 나타내는 그림의 표지판이 나오면 가장 가까운 자리에 차를 세운 후 언덕에 접근하여 그림을 찾으면 매우 쉽게 암각화를 관찰할 수 있다.

자동차를 운전하며 인디언 암각화를 찾아가는 것은 마치 숨은 그림 찾기를 하는 것처럼 흥미롭다. 운전대를 잡은 채 어느 바위에 그림이 있는지를 살펴도 마주 오는 차가 거의 없으므로 위험하진 않다. 흙먼지를 날리며 자동차를 운전하다가 인류의 조상들이 어딘가에 남겨둔 흔적을 발견하고 가까이 가서 그들의 손길과 숨결을 느끼게 되었을 때의 희열이란.

이 공원의 암각화는 대부분 남쪽을 향해 그려져 있다. 물론 그것은 지형 탓이기도 하다. 산이 남쪽을 바라보고 있어서 암벽은 북쪽에 있고 남쪽에는 평원이 있다. 하지만 이유가 무엇이었건 이들은 북쪽을 바라보는 바위 면에는 그림을 그리지 않았다.

인디언들은 방위를 명명할 때도 동사적으로 이름을 붙였다. 그들의 방위는 동서남북이라는 사방이 아니다. 인디언은 동서남북 그리고 죽음이라는 5방위 체계를 갖고 있다.

인디언들의 동쪽은 '태양이 항상 비추는 곳'이다. 다른 문화권의 인식과 별반 차이가 없다. 하지만 나머지 방위에 대한 표현은 독특하다.

서쪽은 '천둥의 영혼이 사는 곳'이다. 이 문화권에서는 서쪽 지형이 높았던 것임을 알 수 있다. 천둥 번개는 지형이 높은 곳에서 발생한다는 과학적 원리는 몰랐더라도 서쪽에서 주로 천둥이 친다는 사실은 인지하고 있었던 것이다.

남쪽을 '우리가 항상 바라보는 곳'이라고 했다. 이들은 햇살이 따사로운 남쪽을 보며 겨울을 났을 것이다. 그래서 북쪽을 등지고 태양이 있는 남쪽을 늘 바라봤음에 틀림없다.

북쪽은 '거대하고 하얀 거인들이 사는 곳'이다. 아마도 북쪽에는 산이 있고 자주 눈이 쌓여서 이런 이름을 붙였을 것이다. 산이나 땅을 생명체로 받아들인 이들은 산을 거인이라고 표현했다.

우리는 이러한 방위 표현을 사용한 인디언의 생활 조건을 추정해볼 수 있다. 서북쪽에 산이 있고 남동쪽은 툭 터진 지형이어서 남동쪽을 삶의 터전으로 한 것이다. 우리가 남동향 집을 선호한 것과 같은 이치이다. 대부분의 문화권에서 서쪽은 죽음의 공간, 동쪽은 삶의 공간으로 분류한다. 한데 나바호 인디언들은 북쪽을 매우 조심했다. 그들은 북쪽을 죽음의 공간으로 받아들이고 잘 때도 북쪽에 머리를 두지 않았다. 이 점도 우리 문화와 별반 다르지 않다. 우리는 죽음의 공간을 북망

산北帶山이라고 한다. 그리고 잠을 잘 때도 북쪽으로 머리 두는 것을 경계한다. 인디언들과 우리의 문화적 인종적 연계성이 매우 높다는 걸 새삼 깨닫게 하는 부분이다.

마지막으로 인디언들이 칭한 다섯 번째 방위는 저승이다. 그들은 저승을 '행복한 사냥터'라고 했다. 거의 모든 문화권에서 인간의 영혼은 나중에 주검과 함께 살아난다고 생각했다. 하지만 나바호 인디언들은 내세를 믿지 않았다. 아니 그들은 내세를 믿지 않은 게 아니라 내세는 삶의 한 방위라고 생각을 한 것이다. 사람들이 동서남북으로 흩어지듯이 죽음을 맞이한 영혼은 또 다른 방위인 행복한 사냥터로 떠나는 것이다. 그곳에는 생로병사의 고통이 없고 슬픔도 없는 곳이다. 오직 행복만이 존재하는 곳이며 그곳은 지금까지 살아오면서 했던 사냥을 계속 하는 곳이다.

이들에게 부활은 있을 수가 없다. 부활이란 죽음을 인정할 때 존재한다. 한데 이들은 죽음을 떠나는 것으로 보지 않았으므로 회귀도 있을 수가 없다. 동양의 도교 사상은 다른 문화권보다 세계를 일원론적으로 해석한다고 주장하는 사람들이 있다. 선녀와 인간이 교제를 하고 인간의 주변에 늘 영적인 존재가 공존한다는 사실을 근거로 내세운다. 하지만 그렇게 보면 그리스 로마 신화는 어떻게 해석을 해야 할까? 신과 대화를 했던 기독교의 구약 성서에도 인간과 신의 교류가 나온다. 그렇게 보면 도교사상만이 인간에게 가까웠던 것은 아니다. 전 인류적으로 영적인 것과의 교류를 원했고 죽음의 공간과 삶의 공간을 하나로 묶으려는 노력을 했다. 하지만 그러면서도 모든 문화권에서 죽음과 부활이라는 믿음이 존재했다.

그에 반해 인디언들 특히 나바호 인디언들은 아예 삶과 죽음의 공간 분할 자체를 거부했다. 행복하게 사냥을 떠난 그들의 영혼만이 존재할 뿐이다. 그렇게 보면 삶과 죽음의 거리를 가장 가깝게 인식한 사람들이 바로 인디언들이었음을 알 수 있다. 그들에겐 오직 현세만 존재한다. 이들에게 죽음의 세계란 없다. 단지 죽음은 우리가 살아가는 시간과 공간이 연장되어 이어진 어느 낯선 평화로운 곳일 뿐이다.

이 공원은 여행객들이 쉽게 유적을 볼 수 있도록 번호로 표지를 해 두었다. 14번 표지가 있는 도로 곁에서는 커다란 도마뱀 암각화를 발견하게 된다. 절벽에 높게 걸린 평평한 표면에 기대어 있는 다수의 도마뱀 그림이 금방이라도 기어갈 것 같은 선명한 모습으로 누워있다. 그림은 매우 정교하고 여러 개가 있는데 이 그림들을 시작점으로 수많은 암각화를 볼 수 있는 오솔길이 시작된다. 오랜 세월 풍화되어 흐려진 도마뱀부터 바로 오늘 아침 누군가가 새겨두고 '행복한 사냥터'로 떠났을 듯한 도마뱀 그림까지 다수의 그림이 있다. 그 그림 주변 땅이나 바위에는 실제로 도마뱀이 꽤 많다. 그림 위에도 도마뱀이 있다.

또 다른 인디언들의 암각화에는 사냥감이나 인간의 삶도 있고, 심지어 게를 그린 그림도 있다. 이처럼 가까운 영역에서 선사시대의 예술을 볼 수 있는 것은 행운이다. 행운인 만큼 여기에 있는 아름다운 암각화를 보호하고 존중할 책임도 여행객은 동시에 갖는다. 인디언 영혼의 잔재들이 부디 오래 이 공간에 살아있길 빌어본다.

새처럼, 절벽과 중턱에 집을 지은 사람들
그림이 있는 절벽에 흙으로 만들어진 아주 작은 구멍들이 수십 개 발견

이곳에는
도마뱀 암각화가 꽤 많다

된다. 그리고 구멍 안에서 조그마한 생명체들이 주둥이를 내놓고 있다. 자세히 보니 수십 개 혹은 백여 개의 구멍이 있는데 모두 새들의 둥지다.

새들은 어떻게 저 수직의 절벽 바위에 집을 지을 생각을 했을까? 새들이 둥지를 짓는 것을 생각해 보면 그 노력이 꽤나 가상하다. 절벽이 수직이므로 처음에는 젖은 흙을 물어다 기초 공사를 했을 것이다. 마른 흙은 절벽에 붙지 않을 테고 풀도 붙일 수 없으니 먼저 젖은 흙을 물어왔음에 틀림없다. 젖은 흙으로 기초를 다진 후 흙과 짚을 적당히 섞어 공사를 해야 한다. 단지 물어다 쌓기만 하는 게 아니라 햇빛과 바람을 막을 적당한 모양을 만들어야 한다. 자신의 몸집이 드나들 수 있는 공간을 제외하곤 모두 흙과 짚으로 만든 벽으로 둘러싸야 한다.

그 집을 완공할 때까지 얼마나 많은 날갯짓을 했을까. 저렇게 멋진 집을 완성했지만 그 첫걸음은 단지 젖은 흙 한 입이었다. 등고자비, 높은 곳에 이르려면 낮은 곳부터 출발해야 하고 천리를 갈 사람도 한 걸음부터 먼저 떼야 하는 것은 만고불변의 진리다. 무엇을 이루려 하건 처음 시도 없이 되는 것은 없다.

수많은 인디언 유적이 절벽 중턱에 있다. 그들도 절벽을 긁어내고 그 자리에 새들처럼 벽돌을 만들어 날라 집을 지었다. 인간들이 집을 짓는 방법과 새들이 집을 짓는 방법은 거의 비슷하다. 주거 환경도 비슷했다. 저 새들은 혹시 오래전에 죽은 인디언의 영혼인지도 모른다. 그들이 이 터전에서 떠나지 않으려고 저렇게 집을 짓고 옹기종기 모여 있는 걸까?

운전대를 잡고 다시 비포장도로를 달린다. 흙먼지를 일으키며 달리면 잘 깔린 포장도로를 달릴 때보다 훨씬 자유를 느낀다. 흙이 있는 곳에

오랜 세월 풍화되어 원형을 잃어가는 암각화도 있다

는 야생이 존재하고 야생은 곧 자유니까.

프리몬트 암각화의 인상적인 작품들 다수가 자동차로 갈 수 있음에
도 불구하고 이 공원에서 가장 흥미로운 그림들 중 몇몇은 사람이 별로
가지 않는 길 끝에 있다. 사람의 발길이 닿지 않는 곳에 아름답고 놀라
운 것들이 숨어 있는 것이다. 여유가 있다면 혼자서라도 걸어가 볼 충분
한 가치가 있는 몇 곳을 소개한다.

매키 스프링스Mckee Springs 암각화는 아일랜드 파크 로드Island Park Road
에 있다. 유타주 149번 도로에 있는 젠슨Jenson의 북쪽으로부터 브러시
크릭 로드Brush Creek Road까지 간다. 브러시 크릭 로드에서 좌회전을 한
뒤 아일랜드 파크 로드로 달리다가 우회전을 하여 4마일을 간 뒤 도로

가 갈라진 곳에서 완만하게 우회전을 하여 11마일을 더 달린다. 길이 좁아지기 시작했을 때 오른쪽 벽에 있는 매우 선명한 암각화를 발견할 수 있다.

델유지 쉘터Deluge Shelter 암각화는 존스 홀 크릭Jones Hall Creek에 있는 피쉬 햇처리Fish Hatchery 근처에 있다. 버널에서 존스 홀 로드를 타고 햇처리까지 가서 트레일 입구를 만난다. 햇처리로부터 출발해서 개천을 따라 잘 표시된 길을 1.75 마일 가면 첫 번째 표시가 나온다.

한국인에겐 불가능한 일일지도 모르지만 버널 상공회의소Vernal Chamber of Commers에 들러서 안내를 받으면 뗏목을 타고 얌파Yampa와 그린강을 떠내려가며 록 아트를 보는 방법을 배울 수도 있다. 나도 그렇게 해 보지 못해서 언젠가 다시 이곳에 오면 꼭 그렇게 해 보고 싶다. 흐르는 물에 몸을 띄우고 역사를 감상하는 것은 비포장도로를 달리는 것보다 훨씬 더 많은 자유를 줄 것임에 틀림없다. 흙은 인공보다 더 야생에 가깝고 물은 흙보다 더욱더 야생에 가까우니까.

수백만 년 전에 묻힌 공룡의 뼈와 수천 년 혹은 수백 년 전에 남겨진 인디언의 발자취, 그리고 오늘 이곳을 여행하는 사람들의 숨결이 섞인 이곳에 말 그대로 우리가 보고 있는 것보다 많은 의미가 묻혀 있을 것이다. 결코 우리가 다 느낄 수 없고 상상할 수도 없는 우주적 원리 말이다.

암각화 중에 마치 사람이 목관악기를 연주하고 있는 듯한 그림이 있다. 피리 부는 사나이랄까. "나는 피리 부는 사나이, 바람 따라 도는 떠돌이" 이렇게 시작하는 송창식의 달관적인 옛 노래를 떠올리게 한다. 나도 그 노랫말이나 암각화에 새겨진 사람처럼 바람 따라 언제나 웃고 사는 떠돌이가 되고 싶었다. 하지만 나는 지금까지 살아온 삶이 그랬던

마치 피리를 부는 것 같은 암각화

것처럼 버릴 수 없는 것들에 매여 산다. 여행조차도 시간이라는 거대한
공룡에 쫓기어 도망치듯 달려 다닌다.

서부 개척 시대에 백인들은 더 많은 땅과 재산을 차지하려고 수많은
인디언들을 협박하고 물리력으로 그들의 삶의 터전과 생명을 앗아갔
다. 그런가 하면 물질적인 대가를 제시하면서 동족을 배신하게 하거나
자신들의 노예가 되도록 회유하기도 했다. 백인들로부터 자신들을 도우
면 앞으로 더 많은 것을 얻을 것이라는 회유를 받은 한 인디언 추장은
백인들보다 한결 뛰어난 철학으로 그들에게 답한다.

"나는 자유롭고 행복하게 평원을 거닐 수 있다면 그것으로 만족한다. 더 이상 바라는 게 없다."

이 추장은 세 가지를 한꺼번에 말하고 있다. 첫째 자유로워야 하고 둘째 행복해야 하고 셋째 평원을 거닐어야 한다. 이 셋은 눈과 코와 입이 각기 다른 기관이지만 하나의 몸에 연결되듯이 떨어질 수 없는 관계다. 자유와 행복과 자신에게 주어진 땅에서 존재하는 것이 동시에 있을 때 만족할 수 있고 만족한 삶을 위해서는 이 셋이 있어야 한다.

인디언 추장은 그렇게 말했지만 백인들은 그렇게 살지 않았다. 그들은 욕망에 쫓기고 목표에 쫓기고 물질에 쫓기고 경쟁에 쫓기고 시간에 쫓겼다. 자유롭지도 행복하지도 못했기에 만족할 수도 없는 삶을 살아야 했다. 그것은 비단 당시의 백인들만이 아니라 오늘의 문명인들도 대부분 마찬가지다. 그 문명에 발을 담그고 사는 나도 또한 마찬가지다. 인디언 속담에 한 발은 카누에 다른 한 발은 땅에 걸친 사람은 반드시 물에 빠진다는 말이 있다. 나는 문명이라는 카누와 자유와 행복이라는 땅에 동시에 발을 걸치고 있다. 따라서 나는 문명도 자유와 행복도 없는 물에 언제 빠질지 모르는 위태로운 삶을 살고 있다.

비지터 센터를 빠져 나온 나는 시계를 보며 서둘러 차를 몰았다. 이 땅에서 오래오래 살다가 땅속에서 영원한 잠을 자고 있는 공룡들과 느릿느릿 살았을 고대 인디언의 영혼들이, 공원에서 깨달은 교훈들을 잊은 채 발걸음을 재촉하는 여행자를 등 뒤에서 비웃고 있는 것만 같았다.

주소: 4545 Hwy 40, Dinosaur, CO 81610
전화: 435-781-7700
홈페이지: https://www.nps.gov/dino/index.htm
머물 수 있는 가까운 도시: 유타주 버널Vernal
도로상태: 포장도로
방문하기 좋은 시기: 3월에서 10월
찾아가는 길: 다이노소어 모뉴먼트는 유타주와 콜로라도주에 널리 분포되어 있다. 하지만 인디언 유적과 공룡 시대를 함께 보고 싶으면 유타주 149번 도로의 버널에서 20마일 떨어진 다이노소어 퀘리 비지터 센터Dinosaur Quarry Visiter Center로 가야 한다.

08

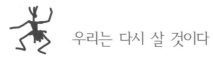 우리는 다시 살 것이다

드라이 포크 캐니언Dry Fork Canyon Rock Art Sites

다이노소어에서 나와 버널에서 하룻밤을 푹 잤다. 상큼한 아침이다. 버널은 아주 깊은 시골인데도 휘발유가 꽤 비싸다. 휘발유도 가득 채우고 배도 채웠으니 기분 좋게 시골길을 달린다. 다이노소어 모뉴먼트에서 멀지 않은 곳에 드라이 포크 캐니언이 있다. 내비게이션에 의지해서 길을 찾았다. 시간이 갈수록 여행도 편해진다. 과거엔 일일이 지도를 찾아다니느라 길에서 보낸 시간도 참 많았다. 하지만 이젠 길을 찾을 이유도 헤맬 이유도 없어졌다. 그러다 보니 길을 기억하거나 찾는 능력도 점점 떨어진다. 한데 이게 웬일인가? 아무래도 내비게이션이 잠시 정신을 외출시켰나 보다. 녀석이 지시하는 대로 따라갔더니 사람의 발길이 전혀 없는 깊은 산골에 데려다 놓는다.

길을 헤매면 처음 왔던 자리로 돌아가는 게 상책이다. 어떤 면에선 인생도 그렇다. 처음 있던 그 자리로 갈 순 없더라도 처음 시작했을 때의 그 생각과 상황을 떠올리며 열쇠구멍을 찾아야 한다. 그래서 오던 길을 되돌아갔다. 내비게이션 혼자 놀게 두고 눈짐작으로 찾아서 드디어 이 멋들어진 유적이 나를 기다리는 곳에 이르렀다.

이 협곡의 암각화는 서기 500년에서부터 서기 1240년까지 프리몬트 사람들이 남긴 그림이다. 이 그림들은 프리몬트 인디언들의 낡고 신비한 역사교과서를 보여주는 것 같다. 여행객들은 이곳에 있는 다양한 그림의 모습을 보려고 이 보잘것없고 황량한 협곡에 자리 잡은 낡아빠진 맥콘키 랜치^{McConkie Ranch}를 찾아온다. 거친 바위투성이의 길을 걸으면서 드라이 포크 캐니언의 과거로 가는, 짜릿한 시간 여행을 한다.

드라이 포크 캐니언 인디언 암각화가 집중된 곳은 사유지이다. 이 땅의 주인은 이곳에 아주 작은 오두막 같은 인포메이션 센터를 만들고 암각화들을 안내하는 책자를 비치해 두었다. 여행객을 위해 자기 마당을 비워서 무료로 주차장을 제공하고 고대 인디언의 흔적을 마음껏 감상하며 시간 여행을 즐길 기회를 주고 있으니 참 관대한 사람이다. 오두막에는 기부금함은 있으나 관리자조차 없으니 모두 자발적으로 운영되는 곳이다. 따라서 1달러라도 기부하고 온다면 이 살아 있는 박물관을 오래 지켜주는 파수꾼 노릇을 한 셈이다.

주차장에 들어서면 가장 먼저 눈에 띄는 것은 울타리이다. 이 울타리는 오랫동안 수집한 사슴뿔로 둘려 있다. 헤아리기도 힘들 만큼 많은 뿔들, 저들 모두 인간에게 희생되었으리라. 하얗게 색이 바란 사슴뿔 울타리에 서서 황량한 들판과 가파른 언덕을 둘러보노라면 내가 자동차를 타고 온 게 아니라 지금 막 역마차를 타고 이 계곡에 도착했다는 착각을 일으킬 정도다. 나를 노리는 역마차 강도들이 언덕바지에 있고 카우보이모자를 깊게 눌러쓴 나는 허리에 탄띠와 권총을 두른 채 역마차에서 내린다. 기둥에 말을 묶은 후 가슴츠레 눈을 떠 언덕 위의 강도들을 훑어본 뒤 입술 끝에 그들을 얕잡아보는 미소를 짓는다. 언덕 아래 있는, 까마귀 울음마냥 깍깍대는 낡은 문을 밀치고 건달들이 모여 있는 선술집으로 들어가야 할 것만 같다. 아쉽게도 선술집도 없고 강도들도 없고 나에게는 권총도 없지만.

주인은 여행자들을 위해 막대기 지팡이를 만들어 두었다. 이 막대의 용도는 지팡이가 아니라 뱀을 쫓는 도구이다. 바위틈에 뱀이 많으니 주의하라고 막대를 마련한 주인의 세심한 배려가 고맙다. 많은 손길을 탄 탓에 막대는 야무지고 대단히 매끈하다. 이 막대를 들고 언덕을 오른다. 혹시라도 우리 눈에 보이지 않는 뱀이 있을 수 있으니 쉬지 말고 막대로 바위나 길을 두드리면서 가야 한다. 미국 서부에 사는 방울뱀들은 치명적인 독을 갖고 있어서 물렸다 하면 사망에 이를 수도 있다.

야트막한 절벽 길을 오르내리며 수없이 많은 암각화를 무료로 볼 수 있는 것은 더할 나위 없는 행운이다. 하지만 이곳에는 여행객이 거의 없다. 하루 종일 고작 오십 명도 오지 않는다. 내가 도착했을 때는 일가족 다섯이 왔다. 하지만 그들은 주차장까지 왔다가 주차장에서 언덕 위를 한 바퀴 휘 둘러보더니 실망했다는 듯 돌아서서 나간다. 모뉴먼트 밸리나 그랜드 캐니언, 아치스 국립공원 같은 거대한 장관을 기대했는지 모른다. 멀리서 얼핏 살펴본 그들은 보잘것없는 절벽과 무너진 돌들에 실망하고 돌아갔을 게다. 역시나 시각은 지적 판단을 방해하는 사기꾼 노릇을 톡톡히 한다.

하지만 이 절벽 마루를 끼고 찬찬히 돌아보면 발길을 돌린 그들도, 이곳에 오지 않는 사람들도 시쳇말로 평생 후회할 짓을 한 셈이다. 장엄한 무엇은 없을지라도 이곳에 살았던 사람들의 숨결을 느낄 수 있기 때문이다. 아무리 뛰어난 예술도 한 인간의 삶과 죽음에 비교할 수 없고 아무리 아름다운 자연도 열심히 인생을 마무리한 한 인간의 영혼만큼 아름다울 수 없다. 눈에 보이는 화려하고 빛나는 데만 아름다움이 있는 것은 아니다. 오히려 숨겨진 곳에서 발견한 아름다움이나 인간의 삶에서 발견하는 보이지 않는 아름다움이 더 빛나고 가치 있는 경우도 꽤나 많다.

빼어난 암각화 갤러리

전문가들은 드라이 포크 캐니언은 프리몬트식 그림들 중 규모가 가장 큰 것이라고 한다. 몇백 년의 풍화작용에도 불구하고 보존 상태가 탁월해서 이곳의 그림은 미서부 인디언 록 아트 유적들 중 가장 멋진 그림으로 인정받는다. 언덕 꼭대기에 늘어선 사암 절벽 판을 따라 백여 개의 독립된 그림이 있다. 무기를 든 사람, 갑옷을 입은 사람 등 많은 사람과 동물들, 그리고 기하학적인 그림 등이 오늘날까지 잘 보존되어있다.

다이노소어 모뉴먼트 편에서도 설명했듯이 당대의 쇼쇼니인들과 유트인들은 드라이 포크 시내川의 바위에 그린 암각화와 상형문자 등에 그들 역사의 영적 메시지를 담아 이곳에 남기고 아이다호와 와이오밍으로 떠나갔다. 이곳의 이미지는 인디언들에게 아주 성스러운 뜻이 담긴 것이라고 한다. 종교적인 의미에 가까운 이 그림들은 지금의 미국 인디언들과도 아주 강력한 관계를 유지하고 있다고 한다. 나는 그림의 정신적 종교적 의미를 알고 싶지만 그림의 의미를 밝힐 자료를 구할 수 없었거

프리몬트 암각화는
장신구를 많이 착용했다

니와 설명을 들을 기회를 얻지도 못해 무척 아쉬웠다.

맥콘키 랜치 소유인 대부분의 록 아트는 쉽게 발견할 수 있다. 안내인은 없지만 여행객을 안내하는 작은 오두막에서 출발하여 절벽을 따라 꼬불꼬불 이어지는 길을 따라가면 첫 번째 암각화 벽이 나온다. 이곳에 기하학적인 그림들로 둘러싸인 퓨마^{Mountain Lion}가 그려져 있다. 절벽을 따라 왼쪽으로 가면 그림들은 더더욱 분명해지고 더 복잡한 문양이 되며 마지막으로 갈수록 그림은 점점 더 멋들어진다. 마지막엔 가장 큰 절벽 그림들이 나온다.

이곳 벽에는 사람들이 줄지어 서있거나 손잡고 있는 모양이 많다. 몇 개의 더 큰 사람 그림은 크고 둥그런 방패를 들고 있는데 이 사람들은 제의용이거나 의식용인 가면을 착용하고 있기도 하다. 어떤 벽에는 화려한 장식을 한 사람이 멋지게 그려져 있고 어떤 사람에게는 뿔이 달려 있다. 많은 그림에서 사람들은 옷을 화려하게 치장하거나 귀고리나 목걸이를 하고 있다. 아치나 원 아래에서 팔을 쭉 뻗고 있으며 기하학적인 이미지를 가진 것도 있다. 동물 그림들 중에서는 사람^{사냥꾼}들에게 쫓기는 동적인 그림도 있다.

이들은 그림을 통해 단지 형상만을 그린 게 아니라 그들의 생활 일기를 적었다. 그림마다 그들이 살면서 의미 있는 기억으로 남기고 싶은 각각의 이야기를 담으려 했던 것이다. 이들은 이 땅의 주인이자 역사가이자 화가이며 소설가였다. 그들의 생생한 이야기를 사라져버릴 종이가 아니라 땅이 가라앉기 전에는 사라지지 않도록 암벽에 남겨서 음미했다. 이 언덕 전체를 하나의 박물관으로 만들어 후손에게 물려주었다.

처음 언덕을 오를 때는 비탈을 걷는 아슬아슬함과 그리고 혹시라도 발아래에서 뱀이 나올까 꽤 긴장이 되었다. 그림을 보는 것보다 신변 안전이 더 문제였다. 하지만 막대로 탁탁 두드리며 다녀서인지 길이 끝날 때까지 방울뱀은커녕 그 친척도 나오지 않았다. 실상, 코너마다 나오는 멋진 암각화를 보는 기쁨에 빠지다 보니 어느새 비탈진 길도 뱀도 다 잊어버렸다. 언덕에 서서 보면 들판을 달리다 파란 하늘로 비상하는 바람이 보인다.

언덕에서 내려오자 계곡이 친근하게 느껴진다. 황량하고 낯선 계곡에 나만 있는 게 아니라 수많은 인디언 영혼들이 계곡을 가득 채우고 있으니까. 지금 그들은 사라진 것이 아니라 절벽 어느 모퉁이에 들어가 그림이 되었다. 그들은 땅에 묻힌 게 아니라 절벽에 앉아서 이곳에 찾아오는 사람들에게 지난 이야기를 나눠 주고 있다. 나는 기억의 사진 속에 계곡을 남기려고 제자리에서 한 바퀴 회전을 했다. 아까는 보지 못했는데 이제 보니 거대한 성조기 하나가 절벽 높이만큼 솟구쳐 휘날리고 있다. 고대 어느 인디언들이 아직 영령으로 살아있는 이 계곡에, 이들의 삶의 터전을 빼앗은 사람들임과 동시에 세계를 지배하는 경찰국가의 깃발이 나부끼는 풍광이 꽤나 어색했다.

휘날리는 성조기와 인디언 잔혹사

여러 해 전 차코 협곡Chaco Canyon에 갔을 때 일이다. 나는 그 당시 처음 미 서부에 발을 디뎠고 그런 만큼 이들이 문화재 보호에 대해 얼마나 사명감을 갖고 있는지에 대한 인식이 부족할 때였다. 황량한 넓은 들판이 있는데 그 들판은 마치 내 고향 동네 뒷산 같은 곳이었다. 거기엔 사

사람의 발길이 드문
이 고대 유적지에 정복의
상징인 양 성조기가 나부끼고 있다

람들이 다녀서 만들어졌음 직한 오솔길이 있었다. 규칙적인 것, 규정된 것을 싫어하는 성격인 나는 오솔길에서 약간 벗어난 풀밭을 걸었다.

그러자 파크레인저, 즉 공원관리자가 오더니 나에게 일장 연설을 한다. 이곳은 인디언의 영혼이 묻힌 곳이니 그들의 영혼을 밟지 말라고. 한동안 설교를 들었다. 설교를 다 들은 후 다시 정해진 길을 걸으면서 생각에 잠겼다. 자기들^{백인들}은 그렇게 소중하게 생각하는 인디언의 영혼만이 아니라 삶까지 짓밟고 가진 것도 다 빼앗지 않았느냐는 생각에 이르러 쓴웃음을 지었다.

서부 개척사를 보면 백인들이 얼마나 잔혹하게 인디언의 땅을 빼앗고 그들의 주거지를 침탈했는지 쉽게 알 수 있다.

1492년 콜럼버스는 서구인으로선 처음으로 이 낯선 땅에 발을 딛는다. 그가 이 땅을 인도로 착각해서 아메리카 대륙에 사는 원주민들이 인디언으로 불리게 된 것은 이미 잘 알려진 사실이다. 오늘날 아메리카 인디언과 인도의 인디언 모두를 인디언으로 부름으로써 오는 혼란이 적지 않다. 특히 인도계 인디언들이 미국 사회에 눈에 띄게 많아지면서 그들의 무례한 행동이나 이욕에 눈이 먼 태도, 자잘한 범죄 등으로 사회적 문제를 일으키는 바람에 아메리카 원주민들도 싸잡아 욕을 먹는 경우도 적지가 않다. 오늘날 이런 혼란을 야기한 장본인은 콜럼버스다. 그러니까 콜럼버스가 땅을 혼동함으로써 500년 후의 후손들은, 전혀 다른 두 인종을 같은 인종으로 혼동하게 하는 엄청난 잘못을 저지르게 된 것이다.

하지만 콜럼버스의 잘못은 거기에서 끝나지 않는다. 모든 역사적 행위는 어느 관점에서 보느냐에 따라 달라지게 마련이다. 중동 문제의 경우 아랍인의 관점에서 보면 모든 행위는 교리를 지키기 위한 저항이지만 서구인의 관점에서 보면 테러리즘이 된다. 그것은 비단 식민지만이 아니라 하나의 공동체인 법치국가 내에서도 마찬가지다. 억압하는 자와 억압받는 자의 입장은 엄연히 다를 수밖에 없다. 억압받는 자의 정의는 억압하는 자들에겐 폭력으로 비춰지기 십상이다.

콜럼버스는 신대륙에 상륙한 기념으로 무려 500명의 인디언을 사로잡는다. 그들을 노예로 삼으려고 배에 태워 스페인으로 보낸다. 하지만 대서양을 건너던 인디언들은 배 위에서 단 한 명도 살아남지 못하고 물고기 밥이 되어 버렸다는 이야기도 있고 300명 정도가 살아남아 노예가 되었다고 한다. 역사적 사실 여부를 떠나 콜럼버스는 서구의 입장에선 개척자지만 인디언의 입장에선 천인공노할 살인마다.

서구인들의 폭력이 그런 정도의 선에서 멈추었다면 오늘의 세계사는 이렇게 피로 물들지 않았을지도 모른다. 백인들은 이 순수한 대륙에 와서 여태껏 인디언이 듣도 보도 못한 엄청난 문제를 야기한다. 백인들은 수많은 인디언 아녀자를 성적 노리개로 삼았다. 백인의 침략으로 삶의 터전을 잃고 굶주림에 견디지 못한 인디언 아녀자들이 한 끼 밥을 위해 백인들에게 몸을 팔기도 한다. 이 과정에서 이 대륙에는 없었던 치명적인 성병들이 대지를 오염시킨다.

백인들이 들고 들어온 술과 마약은 건강했던 인디언의 정신을 흐리멍덩하게 했다. 이때부터 시작된 인디언의 술과 마약 문제는 수 세기가 지난 오늘날까지 인디언 사회의 정체성을 훼손하는 가장 큰 문제가 된다.

가령 캐나다 중남서부에 자리 잡은 도시 위니펙 다운타운^{Winnipeg Downtown} 근처에는 꽤 많은 인디언이 폐인처럼 살아간다. 그들은 직업도 없고 노동 의욕도 없다. 캐나다 정부가 주는 지원금을 받으며 마치 먹이를 받아먹는 짐승들처럼 살아간다. 회사원들이 퇴근한 이후 도심을 어슬렁거리는 사람의 90%는 인디언들이다. 이들은 술과 마약에 취해 제정신이 아니다. 그들의 성품이 평소엔 온순하지만 술과 마약에 취한 상태에선 어떤 일을 벌일지 모른다. 그래서 그들은 자신이 주인이던 사회에서 기피의 대상이 될 뿐만 아니라 이젠 초대받지 못한 주인, 혹은 멸종당할 위기의 주인으로 전락하고 말았다.

그런가 하면 콜럼버스를 뒤이어 진격해온 백인들은 전에 없던 심각한 전염병을 전파시킨다. 특히 천연두라는 낯선 병이 토네이도처럼 신세계를 덮친다. 병에 대한 지식이 있던 백인들은 예방이나 사후 처방으로 살아남지만 이 심각한 전염병에 대한 사전지식이 없는 인디언들은 마치 바람 앞의 촛불처럼 스러져 나간다. 천연두의 자연적인 전파 자체로도 두려운 일이었다. 한데 백인들은 천연두 균이 묻은 이불을 일부러 인디언에게 제공함으로써 간접적인 집단 살인극을 저지르기도 했다. 현대전 現代戰에서도 가장 꺼리는 전투 방법 중 하나인 생물학전을 백인들은 수세기 전에 저질러 버린 것이다. 개척시대의 백인들은 한 마디로 살인마요 살인광들이었던 것이다.

이와 같은 각종 전염병으로 백인이 이 땅을 밟은 지 약 500년 만에 무려 90%의 인디언이 지구상에서 사라졌다. 16세기 지구 인구가 약 5억이었고 2017년 현재 지구인이 약 75억을 넘어서고 있으니 그동안 지구의 인구는 약 1,500% 이상 증가했다. 세계 인구가 이렇게 폭발적으로 증가하는 동안 인디언은 90%가 감소했으니 인류가 발전하면 할수록 아메리카 인디언의 수는 기하급수적으로 줄어드는 것인가? 이들의 멸종이 눈앞에 다가온 것은 부정할 수 없는 현실이며 인디언은 인류의 종족 중에서 가장 먼저 멸종할 운명에 처했다.

모래시계에서 모래가 다 빠지는 걸 숨죽여 지켜보는 운명이 되고 만 인디언들은 과연 머잖은 때에 멸망할 것인가? 인디언 수족Sioux은 이런 노래를 했다.

"우리는 다시 살 것이다. 우리는 다시 살 것이다."

그들은 사라질 자신의 운명을 예측했던 것일까? 그들이 이 땅에서 사라지지 않기를. 그래서 나는 이렇게 말하고 싶다.

"그대들이여 다시 살아나라. 그대들은 다시 살 것이다."

자연에는 자연이 돌아가는 원리라는 게 있다. 주는 게 있으면 받는 게 있고, 가는 게 있으면 오는 게 있다. 가을에 낙엽이 떨어져야 봄의 이파리가 돋는 법이고 여름의 잎이 무성해야 가을의 단풍이 아름다운 법이다. 한데 인간 세상이 돌아가는 원리는 자연과 좀 다른 것 같다. 주는 사람은 점점 더 주어서 결국엔 자신의 목숨까지 내 줘야 하고 받는 사람은 점점 더 받아서 자신이 욕심내는 것에 숨이 막혀 죽을 때까지 받는다.

인디언들은 자연의 질서를 따라 살았으되 백인은 인디언에게 인간의 질서를 강요했다. 따라서 인디언의 운명은 이미 500년 전에 결정된 거나 다름없다. 아메리카 인디언은 퍼다 주기만 했을 뿐 전혀 얻은 게 없는 교역을 한 셈이다. 아니 얻은 게 아주 없는 것은 아니다. 그들은 모든 것을 내어준 대신 병과 죽음, 그리고 어두운 미래를 얻었다.

서구인들이 이 대륙에 올 때는 신의 나라를 개척하고 미개한 자들에게 선교 행위를 하겠다는 주장을 했다. 실제로 많은 기독교인들이 몰려

왔다. 하지만 그들은 자연의 질서에 순응하며 살아가는 순수한 사람들의 삶을 파괴함으로써 그들은 인디언들을 천국으로 인도한 게 아니라 지옥이 어떤 곳인지 가르쳤다. 그들이 상상하는 지옥이 어떤 곳인지 미리 알아보려고 인디언들을 실험용 쥐로 삼았는지 모른다. 그리고 이 개척지에 한걸음씩 걸음을 들여 놓으면서 그들 스스로도 지옥으로 가는 길을 개척해 나갔다.

1493년 두 번째 항해를 시작한 콜럼버스와 함께 카리브해에 도착한 프란체스코 수도회 사제가 있었다. 그는 카리브해 한 섬의 추장에게 로마 카톨릭으로 개종하면 영생을 보장할 것이며 그렇지 않으면 지옥에 떨어질 것이라고 말했다. 그러자 추장이 물었다.

"천국에도 스페인 사람이 있습니까?"

사제가 그렇다고 대답했다.

"그 잔악한 종족이 단 한 명이라도 살고 있는 곳이라면 난 결코 그곳에 가지 않겠소."

추장은 이렇게 대답한 뒤 화형에 처해졌다고 한다.

선대의 잘못을 후대의 사람들에게 묻는 게 어리석은 것일 수도 있다. 가령 인디언의 영혼을 존중하려는 차코 협곡의 그 공원관리인이 무슨 잘못이란 말인가? 하지만 그런 사람은 극소수이다. 그것은 개인적인 노력이지 사회적, 구조적 노력이 아니다. 오늘날도 인디언들은 버려진 땅에서 황폐한 삶을 살아야 하고 백인들은 모든 주도권을 쥐고 산다. 자신의 땅을 잃어버린 많은 인디언들이 가족이 찢어지고 고향을 잃고 종족을 잃고 조상도 잃고 결국 정신적으로 방황하고 황폐해져 마약에 취하기도 하며 높은 자살률을 보이기도 한다. 인디언 조상의 영혼은 보호하라고 하면서 함께 살아가는 인디언을 보호하지 않는 그들의 정책이 과연 정당한 것인가?

바람에 나부끼는 성조기가, 고대부터 살았다가 지금은 땅속에 묻혀 있는 이 땅의 주인들에게 뻔뻔하게 외치는 것 같다. 이곳은 다 내 땅이니 너희들의 영혼은 이제 멀리멀리 떠나가라고. 그 후손들도 모두 떠나가라고.

뻔뻔하게 나부끼는 성조기를 추종하는 무리들은 언제까지나 이 땅에서 영화를 누릴 것이다. 번영하는 그들에게 인디언들을 대신하여 '요슐라'라는 아파치 인디언들의 인사를 보낸다. '요슐라'는 우리말로 '축복합니다.'라는 뜻이다.

백인들을 향한 증오 대신 축복의 인사.

요슐라.

이번엔 이 땅에 잠든 이 땅의 진정한 주인이던 영혼들이 평안하라고 축복의 인사를.

요슐라.

마지막으로 이 나라의 외진 구석에서 척박한 삶을 살아가는 오늘의 인디언 부족과 그 형제들, 그리고 어린 자녀들에게도 축복이 있기를.

요슐라.

주소: 6228 McConkie Rd, Vernal, UT 84078
전화: 435-789-6733
홈페이지: https://www.blm.gov/utah
머물 수 있는 가까운 도시: 유타주 버널Vernal
방문하기 좋은 시기: 3월에서 10월
도로상태: 포장도로
찾아가는 길: 드라이 포크 캐니언은 버널 북서쪽 10마일 거리에 있다. 멕콘키 랜치 McConkie Ranch로 잘 알려져 있으므로 사람들에게 물어보는 것도 좋다. 유타 도로 121을 타다가 드라이포크 캐니언 로드Dry Fork Canyon Road로 진입해서 북쪽으로 몇 마일을 달린다. 전원 풍경이 시작되면서 평원과 비교적 낮은 절벽이 보이는 곳이 오른편에 나오면 약 1.5미터 높이에 아주 낡고 작은 나무 간판이 보인다. 간판에 'Indian Petroglyphs(인디언 암각화)'라고 적혀 있지만 설마 저게 간판일까 싶어 놓치기 쉽다. 표지를 따라 들어가면 피크닉 에어리어가 나오고 버려진 건물 같은 곳에 미국 국기가 보인다. 흰 사슴뿔로 울타리가 장식된 곳이 맥콘키 랜치다. 이곳에서 건물 뒤편 절벽을 따라 올라가면 길이 잘 형성되어 있다.

09

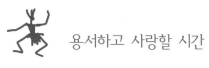

용서하고 사랑할 시간

나인마일 캐니언Nine Mile Canyon Petroglyphs

한눈에 비치는 어마어마한 광경보다 들여다보면 볼수록 맛있는 쫄깃쫄
깃한 여행지를 원하는 사람은 드라이 포크 캐니언이나 나인마일 캐니언
에 가야 한다. 많은 노력을 하지 않아도 유적을 볼 수 있거니와 매력 만
점의 유적들이 발길을 돌릴 수 없게 하는 곳이 이 협곡들이다. 드라이
포크 캐니언은 규모가 자그마한 데 반해 나인마일 캐니언은 지상 최대
의 갤러리라 불릴 만큼 규모가 크다. 규모만이 아니라 유적들 하나하나
가 여행객의 군침을 흘리게 할 만큼 맛깔스럽다.

나인마일 캐니언은 주변의 다른 곳, 예를 들면 드라이 포크나 다이노
소어에 비하면 이곳의 그림들은 크기도 작고 작품성도 약간 떨어진다.
하지만 암각화가 엄청나게 많아서 이곳을 찾는 여행객은 꾸준히 있다.
이곳에 오는 여행객은 이 길고 넓은 미술관을 보면서 미국 남서부의 고
대를 거닐고 싶은 사람들이다. 그들은 틀림없이 오랜 역사의 능선에서
자신이 서 있는 봉우리의 위치를 들여다보고 싶을 것이다.

끝없이 출몰하는 황금빛 언덕들

나인마일 캐니언을 여행할 땐 미리 괜찮은 안내서를 구할 필요가 있다. 꽤 넓은 공간에 그림이 산재해 있으므로 가능한 많은 그림을 보려면 지도와 안내서가 필요하다. 그러나 안내서를 구할 만한 마땅한 장소가 없어도 걱정할 건 없다. 나인마일 캐니언 근처 도시인 마이튼이나 웰링턴에 있는 호텔 로비에서 비교적 상세한 지도를 얻을 수 있다. 나인마일 캐니언을 여행하려면 웰링턴이나 마이튼에서 자야 한다. 만일 호텔에서 자지 않더라도, 호텔에 가서 가이드 책을 구할 수는 있다.

대부분의 여행객은 캐니언 남쪽 도시인 웰링턴에서 출발하여 나인마일 캐니언을 돌아본다. 암각화 지역이 웰링턴에서 훨씬 가깝기 때문이다. 하지만 나는 캐니언의 북쪽에 위치한 마이튼에서 남쪽 웰링턴으로 무려 78마일, 약 130km의 기나긴 비포장도로를 달려 내려왔다. 북쪽에서 내려오는 길은 비포장도로가 매우 지루하게 계속되기도 하거니와 도로 표면에 중간중간 깊게 팬 곳이 많아 사고가 날 위험이 있었다. 길이 좋지 않으니 당연히 시간도 꽤 오래 걸렸다. 또 작은 개천이 있는데 내가 올 때는 비가 내리지 않아서 순조롭게 운전을 해 왔지만 만일 폭우라도 쏟아지면 개천의 물이 다 빠질 때까지 기다려야 할 것이다.

네 시간 정도를 달려야 끝을 볼 수 있는 이 평범하지 않은 길은 꽤 많은 인내심을 요구한다. 가도 가도 인적은 없고 흙먼지만 날리는 황량한 길에서 텅텅거리는 차에 몸을 신고서 때론 급정거를 하고 때론 급회전을 해야 한다. 뒤틀린 길과 자연이 만들어 놓은 산들의 기기묘묘한 모양에 때론 감탄하지만 때론 아무도 없는 골짜기에서 불현듯 두려움을 느끼기도 한다.

하지만 나는 북쪽에서 내려온 것에 대해 전혀 후회하지 않는다. 오래전 두 다리로만 걸었을 고대인들의 고통을 조금이나마 느껴볼 수 있었기 때문이다. 게다가 이 길에는 부서지기 쉬운 황금빛 암벽으로 이뤄진 계곡의 절벽들이 마치 자연이 만들어 놓은 끝없는 피라미드 모양으로 이어진다. 황금빛 피라미드가 끝도 없이 이어지는 골짜기를 마차가 달리던 속도로 내려오는 즐거움은 빠른 속도로 달리는 포장도로에서는 느낄 수 없는 색다른 맛이다.

게다가 이 길에서만 느낄 수 있는 또 다른 매력이 있다. 아무리 가도 끝나지 않을 것 같은 이 길에 약간의 두려움마저 느낄 무렵이 되면 어김없이, 방귀처럼 부연 흙먼지를 뒤집어쓰고 다가오는 차들이 있다. 십 분 혹은 이십 분 혹은 삼십 분 가야 한 대씩 등장한 자동차, 그 운전자가 마치 어제도 그제도 계속 만났던 친구처럼 반갑게 손을 흔들며 스쳐 간다. 나도 마치 친한 친구에게처럼 손을 흔든다. 손 한 번 흔들고 나면 흙먼지에 차가 더러워지지만 아마도 이 길이 아니었다면 결코 그렇게 서로를 반가워하진 않았을 것이다. 어렵고 힘든 길을 통과한 덕에 낯선 사람들, 일면식도 없는 사람들과 정을 나눴다. 그랬다, 이 길은 사람과 사람을 이어주는 매력을 갖고 있다.

험한 길은 사람과 사람을 이어준다

나인마일 캐니언 대부분은 개인 땅이라 직접 들어가지 못하는 경우도 많고 멀리서 감상해야 하는 경우도 많다. 어떤 그림들은 절벽을 타야 볼 수 있고 어떤 그림들은 절벽을 타더라도 가까이 볼 수 없는 경우도 있다. 따라서 쌍안경을 준비하는 것이 좋다. 요즘처럼 디지털 카메라가 좋은 시대에는 줌을 당겨서 카메라 모니터로 보는 것도 썩 괜찮은 방법이다. 앞서도 이미 말했지만 이곳에선 시간과 거리를 충분히 고려해야 한다. 나는 이 계곡에서 하루를 다 보낼 생각을 하진 않았음에도 불구하고 휘발유도 가득 채웠고 빵과 물, 과일을 충분히 준비했다. 혹시 영화에서처럼 자동차가 서 버릴지도 모르니까.

나인마일 캐니언이라고 하지만 실제는 78마일에 이르고, 유명한 암각화들이 있는 협곡 이름은 좀 더 세분화되어 있다. 남쪽 도시 웰링턴 방향에서 출발했을 때 나인마일 캐니언을 따라 약 35마일을 달리면 갈림길이 나온다. 북쪽 도시 마이튼 방향으로 좌회전하는 길은 나인마일 캐니언이고 오른쪽으로 계속 가면 대디 캐니언^{Daddy Canyon}과 드라이 캐니언^{Dry Canyon}, 코튼우드 캐니언^{Cottonwood Canyon}이다. 이 갈림길 이후에는 나인마일 캐니언보다는 이들 협곡에 멋진 암각화들이 더 많이 산재해 있다.

웰링턴 방향에서 출발하여 26마일을 조금 지난 후 퍼스트 사이트^{First site}라는 팻말 앞에 첫 번째 암각화가 있는데 이곳에서부터 갈림길까지는 암각화가 계속 나온다. 첫 번째 사이트만 표지가 있고 두 번째 세 번째 등은 표지가 없으므로 첫 번째 사이트 이후에는 바위들을 잘 관찰하며 달려야 한다. 첫 번째 사이트를 발견했으니 두 번째 세 번째도 나올 거라고 기대하며 달린다면 결국 아름다운 그림들을 모두 놓치고 말게 된다. 갈림길에서 나인마일 캐니언을 벗어나 우회전하여 코튼우드 캐니언까지 가면 그레이트 헌트^{Great Hunt}와 빅 버펄로^{Big Buffalo}라는 대단히 매력적인 암각화를 만날 수 있다.

암각화의 백미, 그레이트 헌트와 빅 버펄로

달리다 보면 중간중간 휴식하거나 주차할 공간이 있는가 하면 뼈대만
남은 집들도 보인다. 무너져가는 집들은 관리가 되지 않아 사실상 폐가
가 되었다. 이들 대부분의 건물은 곡물이나 건초를 보관하는 창고다.
이곳에 살던 사람들은 놀랍게도 흙 반죽이나 콘크리트 등을 사용하지
않고 판축기법을 사용했다. 대부분의 벽이 해를 거듭하면서 무너져 내
려 남아있는 건물들도 오래지 않아 완전히 사라질 것 같다.

미국의 어느 공원에 가더라도 주차할 공간이 있는 곳에서는 차를 세
우고 주변을 돌아볼 필요가 있다. 주차 공간 주변에서는 그림이건 유적
이건 반드시 무언가 가치 있는 것이 보인다. 여기서도 마찬가지다. 달리
면서 주차할 공간이 나오면 한번쯤 주위를 둘러봐야 한다.

이곳을 일컬어 세상에서 가장 큰 갤러리라고 한다. 과연 맞는 말이
다. 이곳에 산 사람들은 사냥은 포기하고 돌로 그림만 그렸나 싶을 정도
다. 약 사십 마일 동안, 가도 가도 끝없는 인디언 암각화가 눈길을 끈다.
기나긴 시간을 달려온지라 이제 이곳만 보고 그만 떠나야지 하다가 다
음 그림을 발견하고, 그 그림만 보고 떠나야지 하다가 또 다음 그림 앞
에 차를 세우기를 수도 없이 반복했다. 그림마다 새롭고 그림마다 이 깊
은 계곡에 있는 인간의 영혼을 느끼게 하여 그냥 돌아설 수가 없었다.
만일 이 그림을 모두 자세히 보려고 한다면 적어도 사나흘은 배낭을 메
고 돌아야 할 것이다.

나인마일 캐니언의 암각화 대부분은 서기 500~1300년에 이 지역에
산 프리몬트족이 만들었다. 그들은 풍부한 물, 야생동물과 식물을 따
라 이곳에 와서 기름진 땅에서 경작을 시작했다. 이 협곡은 서부의 다

대단한 완성도를 자랑하는 그레이트 헌터

른 지역에 비해 물이 풍부하고 경작하기에 좋은 조건이었다. 여기에 사
는 동안 프리몬트족은 절벽, 무너진 바위, 그리고 큰 바위에 자신들 생
활의 기록을 헤아릴 수 없이 많이 남겼다. 사람 모형, 기하학적인 그림,
가젤, 사슴, 엘크 등 동물 묘사는 물론 도마뱀이나 뱀처럼 작은 것까지
묘사했다.

　이 협곡은 사냥하는 그림이 많은 것으로 특히 유명하다. 그중에서도
특히 나인마일 캐니언에서 갈라져 우회전 한 뒤에 나오는 코튼우드 캐니
언에는 기다리는 사냥꾼들을 향해 가젤 떼가 다가가는 그림이 있다. 이
그림은 완성도가 매우 뛰어날 뿐만 아니라 보존 또한 대단히 잘 되어있

다. 가젤 떼의 중간에 뿔 달린 사다리꼴처럼 생긴 것이 있는데 이 가젤이 사냥의 성공을 뜻한다고 한다. 사냥의 성공을 기념하기 위해 그려졌다는 점으로 미루어 이 그림은 선사시대 사람들에게 중요한 정신적 의미가 있었을 것이다. 이 그림이 미국 남서부 암각화 중에서도 가장 유명한 작품 중 하나인 그레이트 헌트Great Hunt다.

거의 모든 인류 문명에서 전쟁이나 사냥에서 승리한 사람들은 전리품을 거두어 자신들이 숭배하는 조상이나 신에게 제사를 하고 기념비를 세웠다. 마찬가지로 이곳에 살았던 원주민들이 사냥의 승리를 이 그림으로 나타냈다는 것은 이 장소가 그들에게 매우 신성한 장소였음을 시사한다. 이 그림은 기독교의 물고기나 이슬람교의 초승달처럼 일종의 신앙적 상징에 해당했을 가능성이 높다. 사냥에 성공한 후 이 바위 주변에 모여 앉아 축제를 하고 그날 잡아온 사냥감을 나눠가졌을 것이다. 살아 있는 생명처럼 골짜기를 스쳐 달리는 바람에게 사냥의 승리를 자랑하고 흐르는 냇물에게 기쁨을 나눠주며 그들은 기쁨의 춤을 췄을 것이다.

그레이트 헌트 앞에서 꽤 오래 감상에 잠겨 있는데 40대 후반의 연인 한 쌍이 왔다. 하루 종일 이 계곡에 있었지만 오늘 만난 사람은 고작 다섯 명이다. 그나마 세 사람은 내가 절벽을 타며 그림을 감상하는 동안 찻길에 서서 망원경으로 그림을 관찰한 뒤 떠났다. 그러니 실제로 내가 만난 사람은 이들 둘뿐이다. 남자는 동부에서 서부까지 짐을 실어다 주는 대형 트럭 기사였다. 페르난도라는 이름을 가졌으므로 멕시코계 이민일 것이다. 자그맣지만 아주 사람 좋은 미소를 가졌다. 여자도 히스패닉이라는 것을 한눈에 알 수 있었다. 아주 후덕하게 생긴 여인이다.

미국을 횡단하는 데는 아무리 빨라도 5일, 넉넉하게 열흘은 잡아야 한다. 열흘 동안 왔다가 열흘 동안 돌아가야 하는 적지 않은 여로를 운전만 하기가 얼마나 힘들겠는가? 그래서 미국의 대형 트럭 운전자들은 웬만하면 둘이 교대로 운전을 한다. 설령 혼자 운전을 하더라도 이렇게 친구나 연인과 함께 다니는 경우도 있다. 이들에게 트럭은 일터일 뿐 아니라 주거 공간이기도 하다. 짐을 싣고 오며 일을 하고, 돌아가는 길에는 휴가를 즐기는 셈이다. 그렇게 이 아름다운 유적에 들렀다. 꼬불꼬불 이어지는 길과 개천을 넘어야 하는 험난한 자동차길^{그레이트 헌트에 가는 길에선 제}을 저 큰 트럭을 몰고 온 것이다. 사람들이 많이 찾는 유명한 관광지가 아니라 사람들이 거의 없는 이 깊은 유적을 보러 온 트럭 기사, 연인과 손을 잡고 일일이 선인의 흔적을 음미하는 그들이 참 멋졌다.

그레이트 헌트에서 개천을 건너면 빅 버펄로가 있다. 말 그대로 거대한 버펄로가 그려진 바위다. 단지 버펄로만 있는 것은 아니지만 워낙 버펄로 그림이 커서 그렇게 이름을 붙인 것이다. 버펄로 그림은 여느 유명한 화가가 그렸다고 해도 믿을 만큼 우아하다. 그레이트 헌트가 세밀하고 정교하다면 빅 버펄로는 웅장하고 힘이 넘친다고 할까.

그레이트 헌트와 빅 버펄로 사이의 거리가 약 50미터쯤 된다. 이 계곡은 다른 계곡에 비해 바람을 잘 피할 수 있는 지형이며 평탄한 광장이다. 따라서 이곳에서 원주민들이 회합을 하고 축제를 했을 가능성은 꽤나 높다. 때로는 여러 부족이 함께 이곳에서 축제를 했을 수도 있다.

이미 말했듯이 갈 길도 바쁘고 마음의 여유도 없는 여행자가 이곳, 그레이트 헌트까지 찾아오는 데는 상당한 인내가 필요하다. 비포장도로는 빨라야 시속 30마일로 달리며 그나마 오는 동안 내내 길가의 암각화

(각주) 그레이트 헌트에 가는 길에선 제법 깊은 개천을 자동차로 넘어야 했다.

빅 버펄로 암각화. 거의 실물 크기의 버펄로 암각화다

를 찾아보며 와야 하므로 상당한 시간이 소요된다. 하지만 분명한 것은 그레이트 헌트와 빅 버펄로 등의 암각화를 보기 위해 시간을 투자한 여행자라면 이를 위해 고생할 만한 충분한 가치가 있음을 깨달을 것이다.

이곳 나인마일 캐니언만이 아니라 암각화가 남아 있는 거의 모든 지역에는 동일 장소에 비슷한 그림들이 모여 있는 경우가 많다. 가령 발바닥이 있으면 발바닥이 여러 개 함께 있고 동물이 그려지면 동물들, 사람이면 사람, 기하학적인 그림이면 기하학적인 그림들. 그들은 틀림없이 누군가 보라고 그림들을 그렸을 것이다. 혹은 관객이 없으면 자기표현 혹은 자기만족으로, 그 자신이 보기 위해서 그렸을 수도 있다. 또는 모방 본능이나 경쟁의식으로, 남이 그리면 그 곁에 자신이 더 잘 그리고 싶은 욕망으로 그렸을 수도 있다. 혹은 대단한 사냥을 기념하기 위해서이거나 그 동네의 역사를 그림으로 남겼을지도 모른다. 절벽 어느 곳엔가는 아직도 누군가 바위에 엉겨 붙어 그림을 새기고 있을 것만 같다.

어떤 의도로 그려졌건 그림들은 비바람을 이기고 오래 이 계곡을 지키고 있다. 그 그림을 남긴 그들의 영혼은 아직 죽지 않았는지 모른다. 어쩌면 이 바위의 그림들이 다 이지러질 때까지 그들은 이 계곡을 지키고 있을 것이다. 나는 그림을 남긴 영혼들이 만족할 수 있을 만큼 충분히 그들의 발자취를 느껴야 할 것 같아서 결국 하루를 다 쏟아 이곳에 머물고 말았다.

버려진 이들과 참회하는 백인

구절양장 구부러진 길을 빠져 나오면 초원들이 제법 보이고 노니는 말이나 소떼도 볼 수 있다. 그러나 인가는 찾아보기 힘들고 수백 년 전 혹은 백여 년 전부터 인디언 농부들이 사용하던 무너진 집들이 군데군데 자리를 잡고 있다. 가끔씩 방목하는 가축들이 눈에 띄는데 자동차가 지나쳐도 비킬 생각 없이 한가롭게 풀을 뜯고 있다.

해가 질 무렵 속도를 조금 높였다. 하루가 길었고 어서 숙소도 잡아야 했기에 마음이 급했다. 시속 30마일로 달려도 빠르게 느껴지는 이 비포장도로에서 시속 35마일 정도로 속도를 낸다. 비포장도로가 거의 끝날 무렵 급회전하는 길에서 속도를 줄이지 않고 달렸는데 그 구부러진 길 끝에 집이 한 채 있었다. 그리고 그 집에 인디언 원주민 몇이 서있는 게 보인다. 그중 한 인디언 여인이 비명처럼 큰 소리로 외친다.

버려진 창고

"슬로 다운."

속도를 내서 달리는 나에게서 위협을 느꼈나 보다. 그래서 속도를 줄이라고 외마디 비명을 질렀으리라. 깜짝 놀란 나는 급하게 속도를 줄였다. 어쩌면 내가 속도를 내어 달리는 것도 이들에게 폭력일 수 있다는 생각이 들었다.

이 멋진 사적이 산재한 이 땅은 대량생산과 대량소비를 원칙으로 살아가는 현대 사회에선 척박하기 이를 데 없는 땅이다. 목초지나 농경지도 거의 없다. 저 사람들은 이곳에서 무엇으로 먹고 살아갈까? 인디언 시대엔 수렵을 했겠지만 이제는 야생동물도 거의 사라졌고 수렵으로 연명하는 시대도 아니다. 인디언 이주정책에 따라 쫓겨난 조상들이 이곳에 자리를 잡았기에 저들도 대대로 이 척박한 땅에 살아왔을 것이다. 버려진 땅으로 쫓겨난 채 살아가는 그들의 현실을 생각하면 내 마음이 더 답답하다.

미국 전역에는 현재 약 310곳의 인디언 거주지가 있다. 백인들이 인디언 이주정책이라는 미명하에 인디언을 내쫓기 시작한 것은 미국의 제7대 대통령 앤드루 잭슨Andrew Jackson이 집권했던 1820년부터이다. 그 후 1830년에 인디언 추방법The Removal Act을 시행하면서 인디언들은 철저히 이 사회에서 외면되었다. 19세기 황금알을 낳는 거위였던 철도 산업이 융성했을 무렵, 철도 건설을 위해 엄청난 중국인이 몰려올 때도 미국은 인디언들을 인력으로 고용하지 않았다. 인력으로 고용하기는커녕 그 순간에도 인디언들을 외곽으로 몰아내는 정책을 고수했다.

이들을 이 외진 곳으로 쫓아 보낸 백인들도 자신들이 저지르는 행위가 폭력이라고 생각하지 않았을 것이다. 단지 그들은 그렇게 사는 것이 자신들의 삶의 목표이고 자연스런 그들의 삶의 방법이므로 아무런 죄가 아니라고 생각했을지 모른다. 하나둘 남의 땅을 빼앗으면서도 그건 신이 준 땅일 뿐 신이 창조한 다른 피조물에 대한 폭력이라고는 생각하지 않았을 것이다. 알고도 저지르고 모르고도 저질렀던 그들의 폭력에 대하여 많은 세월이 흐른 지금 진심으로 조상의 죄를 뉘우치는 사람들도 있다.

1994년 캐나다 장로교회는 조상들이 인디언들에게 저질렀던 잘못에 대해 사과하고 앞으로 자신들이 인디언들과 형제로 살아갈 것임을 다짐했다.

1. 120차 캐나다 장로교 전체 회의는 하나님의 성령의 인도에 따라 우리가 지은 죄와 잘못을 인정한다.

2. 우리는 캐나다 정부가 원주민을 백인의 문화에 강제적으로 동화시키려 했으며 교회가 그 정책에 협조했음을 인정한다. 우리가 원주민에게 끼친 피해의 근원은 식민주의적 자세에 기인했으며 교회가 그 정책에 공범이 된 것에 대해 용서를 구한다.

3. 캐나다 장로교회 안에는 원주민들을 형제자매로 받아들이고자 하는 선한 회원들이 있었다. 그들은 식민정책에 저항했고 이를 막으려고 노력했지만 교회는 그들의 목소리를 듣지 않은 것에 용서를 구한다.

4. 캐나다 장로교회는 원주민들보다 더 우월한 존재라고 생각했던 것을 인정한다. 원주민들이 백인들처럼 되라고 강요했고 토착 문화를 이해하지 않음으로써 사랑의 예수 그리스도를 강요하는 존재로 잘못 전한 점에 대해 용서를 구한다.

5. 캐나다 장로교회는 정부의 정책에 협조한다는 의도로 원주민 아이들을 강제로 기숙사에 넣고 그들의 전통과 생활 방식을 박탈했음을 인정한다. 이로 인해 원주민들은 문화적인 정체성을 잃고 자신들의 삶에 대한 가치를 상실하게 되었다. 교회는 이런 잘못에 용서를 구한다.

6. 캐나다 장로교회의 선교활동과 목사들에 의해 삶에 깊은 상처를 받은 사람들이 있음을 참회하고 하나님의 용서를 구한다. 우리가 그들의 상처를 치유하는 데 도움을 줄 수 있기를 바란다.

7. 우리는 또한 원주민들에게 용서를 구한다. 원주민들에게 상처를

준 사람들도 이 사실을 인정하기 바란다. 우리는 앞으로 하나님의 뜻을 따라 원주민들을 도울 것이다.

기독교를 표방하고 신대륙을 개척한 이들이 죄를 짓지 않았어야 했다. 하지만 그것은 이미 저질러진 죄이며 되돌릴 수 없는 일이다. 따라서 비록 때는 늦었지만 캐나다 장로교회가 공개적으로 행한 참회는 상당한 의미가 있다. 기독교가 사랑의 종교, 희생의 종교라고 자처하려면 남보다 먼저 사랑을 실천해야 하고 남보다 먼저 잘못을 뉘우쳐야 하는데 캐나다 장로교회가 그 일에 앞장선 것이다.

그러나 이들의 고백으로 모든 게 용서되진 않는다. 더구나 그 고백이 형식적인 구호로 끝나고 만다면 그들의 조상들보다 더 큰 죄를 짓는 셈이다. 따라서 이런 선언적인 노력보다 중요한 게 실천적인 노력이다. 앞으로 캐나다와 미국 전역에서 버려진 삶을 사는 원주민들에게 무한한 사랑과 원조를 베풀어야 할 것이다. 백인들이 가진 것을 나눠주고 원주민들에게 저질러진 차별과 구조적인 불평등을 개선해야 한다.

세상의 권력자들과 종교지도자들은 서로 용서하고 사랑하고 화해하라는 말을 참 많이 한다. 하지만 이 말은 입장에 따라 그 의도가 상반되게 해석될 수 있다. 피해자가 그렇게 말할 때는 용서다. 하지만 가해자가 말할 때는 또 다른 폭력이다. 인간 사회에서는 잘못을 저지른 자가 피해자들에게 용서와 화해를 하라고 강요한 사례가 참 많다. 그것은 뻔뻔함의 극치를 보여주는 행위이다. 만일 용서하지 않으면 가만두지 않겠다는 또 다른 협박이 전제된 강요이기 때문이다. 잘못을 저지른 자가 진심으로 용서를 구하고 화해를 청할 때 용서가 되고 화해가 이뤄진다.

구하고 청한다는 것은 그렇게 되도록 빈다는 뜻인바, 잘못을 저지른 자가 용서를 구하고 화해가 되도록 빌어야 한다. 이는 잘못을 저지른 자들이 자신을 반성하지 않은 채 진정한 용서나 화해는 이뤄질 수 없음을 의미한다.

그렇게 빈다고 다 끝나는 것도 아니다. 그동안 상처받았던 이들이 그 청을 받아들여야만 용서와 화해가 된다. 상처받은 이들이 받아들이지 않으면 그들이 받아들일 때까지 빌어야 한다. 가해자들이 인내를 버리고 도중에 그 청을 거둬들이면 결코 용서와 화해는 이뤄질 수 없다. 가해도 제 마음대로 하고 용서도 제 마음대로 받을 수 있다면 그게 과연 진정한 평화의 길이 되겠는가? 이미 가해를 한 자라면 피해를 당한 자들의 굳어진 심장이 완전히 부드러워질 때까지 빌고 또 빌어야 한다. 그들이 용서하지 않으면 용서할 때까지 빌어야 한다.

수백 년 동안 자행된 백인들의 폭력을 갚기 위해선 수백 년에 이르는 반성이 있어야 한다. 그것도 뼈를 깎는 실천적 반성이 있어야 한다. 그럴 때만이 진정한 화해와 사랑이 꽃필 수 있다.

나인마일 캐니언을 빠져나오는데 잠시 비가 내리고 무지개가 떴다. 우리가 서로 용서하고 사랑할 시간이라는 말일까. 이 깊은 계곡까지 온 고대인들은 서로 사랑을 했으리라. 이곳에 그림을 남긴 사람들도 서로 사랑했으리라. 트럭을 몰고 유적을 찾아다니던 페르난도와 그의 여인도 사랑을 하리라. 우리가 사는 온 세상이 사랑을 해야 한다. 사랑만이 모든 문제를 푸는 열쇠다.

사랑을 하기 위해 내 곁에 있는 누군가에게 눈길을 주는 것부터 가장 먼저 시작해야 한다. 그 다음에는 손을 내밀어 그들의 체온을 느껴야 한다. 백인들도 원주민의 후손들에게 먼저 시선을 주어 그들의 필요가 무엇인지 깨달아야 한다. 그리고 차가워진 그들의 손을 쥐어 따뜻한 체온을 나눠 가져야 한다. 그 지점에서부터 새로운 내일이 시작되는 것이다.

주소: 9 Mile, Wellington, UT 84542
전화: 435-637-2572
홈페이지: http://www.9mileranch.com
머물 수 있는 가까운 도시: 유타주 웰링턴Wellington
방문하기 좋은 시기: 3월에서 10월
도로상태: 비교적 잘 다듬어진 비포장도로
찾아가는 길: 나인마일로드는 남쪽으로 웰링턴Wellington과 북쪽으로 마이튼Myton 사이에 있는 78마일의 비포장도로이다. US191번 도로의 마이튼에서 접근하는 방법과 US6번 도로의 웰링턴에서 접근하는 방법이 있다. 하지만 웰링턴에서 접근을 하더라도 최초의 인디언 유적은 12마일을 달려야 나오며 그 이후에도 30마일 정도의 비포장도로를 육안으로 잘 살피며 다녀야 하므로 웰링턴에서 접근하는 것이 바람직하다.

10

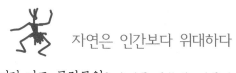

자연은 인간보다 위대하다

캐피털 리프 국립공원Capitol Reef National Park

근대사를 보면 미국 남서부의 많은 지역들은 미국이 멕시코에서 강탈하다시피 한 땅이다. 그중에서 유타나 뉴멕시코 같은 지역은 사실상 불모의 땅으로서 도대체 이 지역을 얻기 위해 미국이 왜 그런 희생을 치러야 했는가를 묻지 않을 수 없는 곳이기도 하다. 하지만 그 황량한 지역에 오늘날 미국의 관광 수익을 담보하고 여행객을 매료시키는 수많은 국립공원이 존재한다. 뿐만 아니라 상당한 양의 지하자원도 있다.

이런 경제적인 측면 못지않게 이 지역을 미국이 차지한 데는 매우 중요한 정신적 의미가 있다. 만일 이곳을 미국이 점령하지 않았다면 미국은 이 대륙을 완전히 지배하는 나라가 되진 못했을 것이다. 만일 이 지역을 인디언이 아직까지 소유하고 있다면 미국은 일부의 땅은 빼앗았을 망정 사상적 중심지를 얻지 못함으로써 절반뿐인 정복을 이루었을 텐데 이 지역을 모두 차지함으로써 사실상의 정복을 완성했다. 이는 물론 정복자 입장에서의 해석이다. 당연히 이 정복의 역사가 옳다는 것은 아니다. 하지만 이 땅을 정복한 미국의 입장에선 이 지역을 남겨 놓지 않았으므로 기존 역사의 뿌리를 완전히 제거하고 신세계 개척의 대미를 장식한 것이다.

미국이 이 험난한 지역을 끝까지 정복했다곤 하지만 아직도 다 지배하지 못한 곳들이 남아있는데 그런 지역 중 하나가 이 매력적인 캐피털 리프이다. 이곳은 다른 국립공원에 비해 사실상 미개발지에 가깝다. 따라서 이 공원의 일부 지역은 험한 길을 달릴 수 있는 사륜 구동차가 아니면 갈 수도 없다. 그럼에도 불구하고 이 공원의 매력은 무궁무진하다.

이곳은 미국의 여느 국립공원보다 훨씬 드라마틱해서 여행자의 도전 의지를 불러일으키는 곳이다. 캐피털 리프 국립공원을 돌다 보면 이런 척박하고 험난한 지형에서 살았던 고대인에게 경외를 느끼게 된다. 지금도 캐피털 리프의 워터 포켓 폴드^{Water Pocket Fold}의 동쪽과 대부분의 깊은 지역은 좀처럼 사람들이 여행을 하지 않는 땅이다. 도로조차 제대로 만들어지지 않아서 접근이 쉽지 않고 걷기에는 며칠이 소요되므로 미개발지가 아닌, 미개척지로 남아있다고 봐야 할 만큼 야생을 그대로 간직하고 있다. 거친 야생이 많으므로 여행객이 그만큼 많은 자유를 누릴 수 있는 곳이기도 하다.

바다에서 솟구친 야생의 땅

이 공원은 암벽이 많고 황량하며 거친 지형이다. 1억 년 전에 형성되었으며 옛날에는 바다에 잠긴 땅이었다. 이 사암 덩어리의 땅은 바다에서 솟구친 뒤 나중에 프리몬트강에 의해 침식되어 오늘의 모습으로 탄생했다. 고대 사람들은 이곳의 높은 절벽과 거대한 사암 주위에서 살았다.

고대 프리몬트강의 농부들은 서기 700년에 캐피털 리프 지역에 정착했다. 그들은 범람원의 야생 식물들에서 씨앗을 얻어 곡식을 재배했고 주로 북아메리카 사슴과 빅혼 양과 토끼를 사냥했다. 어려운 환경에도 불구하고 무려 600년 동안 이곳에 살았던 그들이 떠난 후 오랫동안 이곳은 폐허가 되었다.

캐피털 리프에서 더 넓은 지역으로 가면서 아주 적은 인디언 유적만 남아 있다. 20세기에 들어 공원 중심부에 길을 뚫고 채석을 하면서 이곳에 있던 유적들 대부분이 소실되었기 때문이다. 현대의 개발 이전에도 많은 유적들이 사람들에 의해 지속적으로 파괴되었다.

지속적인 파괴에도 불구하고 이곳에는 인간의 영혼을 느낄 수 있는 유서 깊은 흔적들이 남아있다. 그중 하나가 미국 남서부 전역에서 고루 발견되는 암각화이다. 암각화를 통해 인디언의 삶과 영혼을 느낄 수 있다고 하면 과장된 것일지도 모른다. 바위에 낙서처럼 그려진 그림이 대체 무엇을 말할 수 있을까? 하지만 절벽 높은 곳에 그려진 인간의 눈이나 움직이는 동물을 마음의 눈으로 가만히 바라본다. 세계적인 그림을 포함하여 모든 그림이 그렇듯이 보이는 눈이 아니라 보이지 않는 눈으로 그 그림을 봐야 한다. 인디언의 암각화도 마찬가지다. 마음의 눈을 뜨고 삶의 이야기를 충분히 듣다 보면 수많은 암각화들이 세계적으로 유명한 그림보다 더 감동적일 때가 있다.

암각화들은 명성이 있는 화가들이 가진 자들을 위해 그린 그림이거나 누군가에게 팔아서 생계를 유지하려던 절박한 화가의 그림이 아니다. 하지만 모든 예술은 형상화 못지않게 작가의 정열과 끈기 그리고 살아있는 현장감, 곧 진정성이 중요하다. 탁월한 진정성과 현장성이 있다면 형상화 따위는 아무것도 아닌 게 된다. 인디언들이 그린 그림은 자기 집단의 영혼을 담아 그림을 그렸으며 바위에 새기다 보니 여느 화가들의 그림보다도 훨씬 긴 기간의 인내를 요구했다. 또한 이 그림들은 여느 그림보다 뛰어난 현장성과 진정성이 있다. 막 잡아온 사냥감을 그렸고 심장 뛰는 자신의 이웃들을 그렸다. 누군가에게 보이려고 했거나 혹은 순수한 자기표현으로서 남겼거나 간에 이 그림들에는 삶의 진실이 담겨 있는 진정성 때문에, 그리고 그 진정성이 천년도 더 지난 지금, 전혀 다른 문화권에 산 나 같은 사람에게도 감동을 주고 있다는 점에서 대가들의 그림에 결코 뒤지지 않는다.

아쉽게도 이곳에 남은 암각화는 극소수이다. 푸리타 역사 지구^{Fruita Historic District}에는 손쉽게 볼 수 있는 암각화가 남아 있다. 비지터 센터에서 24번 도로를 타고 동쪽으로 몇 마일 가다 보면 절벽과 강을 낀 협곡이 있고 그 협곡 왼편에 주차장이 마련되어있다. 주차장에 차를 세우고 나무로 된 길을 따라가면서 맞은편의 절벽을 바라보자. 그곳에 사람을 닮은 암각화를 포함하여 빅혼 양이랑 북아메리카 사슴의 암각화 등 아주 훌륭한 암각화가 도열하고 있다.

이곳의 암각화가 프리몬트강이 흐르는 평지 건너편에 있는 점이 흥미롭다. 가까이에 수많은 절벽들이 있는데 사람이 가기 힘든 그곳까지 가서 그림을 그린 이유가 무엇이었을까? 발을 디딜 곳도 없는 수직의 절벽 중간에 어떻게 그림을 그렸을까 싶다. 이곳도 다른 지역과 마찬가지로 성스러운 의미가 있었을 수 있다. 사람들이 다니던 길목이었고 칠판이라도 걸어놓은 것처럼 거대한 벽이 길가로 뻗어있으니 누구라도 쉽게 볼 수 있는 곳이다. 게다가 그림이 정교하기도 하고 규모도 큰 걸로 보아 틀

비지터 센터 근처의 암각화

림없이 다수의 협력을 받아 그렸으리라 추정된다.

이 암각화를 지나 개천을 따라 동쪽으로 걸어가면, 풍화된 거대한 바위 아치인 힉맨 브리지^{Hickman Bridge}로 가게 된다. 주차장에서 언덕 하나를 오르고 수백 미터를 걸어서 가느다란 시내를 만난 다음 시내를 따라 50미터쯤 올라가면 자그마한 표지판이 나온다. 많은 사람들이 이곳을 무심코 지나친다. 이 표지판 주위에 아무것도 보이지 않기 때문인데 표지판 앞의 큰 바윗덩이 위에 아주 예쁜 유적이 하나 있다. 바위와 절벽이 만나는 곳에 크기가 딱 우리나라 공동묘지의 무덤 같기도 하고 에스키모의 작은 이글루 같기도 한 구조물이 하나 있다. 이곳은 옛날에 프리몬트 농부들이 사용한 창고인데 창고가 매우 작은 것으로 보아 주로 음식물을 저장했을 것으로 보인다. 지금은 입구가 열려 있지만 그 당시에는 사냥감이나 곡식 등을 넣은 뒤 나무로 입구를 막았음에 틀림없다.

유적 아래 바위에서 한 여성이 요가를 하고 있다. 한 발로만 서서 꼼짝하지 않고 여행객들이 사진을 찍어도 움직이지 않는다. 이 깊은 골짜기까지 와서, 삼십 도를 훌쩍 넘는 뜨거운 암벽 위에서 요가를 할 필요가 있을까 싶지만 한편으로 그 사람이 멋있다. 마구 쓸고 다니는 여행을 하는 사람이 있는가 하면 책을 들고 하루 종일 암벽에 누운 사람도 있고 나무 아래서 사람만 구경하는 사람도 있고 남의 시선엔 눈감은 채 둘이 엉켜 사랑을 나누는 이도 있고 이 여인처럼 요가를 즐기는 사람도 있으니 이래서 여행은 자유 아니겠는가?

살아있는 이야기로 만든 인디언 달력

캐피털 리프 국립공원에 여행을 오면 이 척박한 자연 환경을 보는 것 자체로 이들이 여름과 겨울을 어떻게 났을지 미루어 짐작할 수 있다. 공원 비지터 센터에서 동쪽으로 3마일 정도 가면 비허닌 캐빈^{Behunin Cabin}이라는 가로 3미터, 세로 4미터 정도의 오두막이 있다. 요즘 평수 넓은 집의 화장실보다 좁은 집이다. 두 사람이 머물기에도 비좁은 이 건물에서 백인 가족 열 명이 살았다는 기록이 있다. 열 명이 이 작은 오두막에서 살았다는 것이 좀처럼 믿기지 않는다.

하지만 인간은 어떤 환경이건 그 환경에 적응하며 살아가는 법이다. 더욱이 어려운 환경일수록 서로 돕게 되고 서로 돕는 사람들은 행복감이나 연대감이 더 커지게 마련이니까 아마도 열 명의 이 가족은 서로를 매우 사랑했고 매우 행복했으리라 짐작된다. 사랑은 얼마나 가졌느냐가

비허닌 캐빈

아니라 서로를 얼마나 위하느냐에서 그 위대함을 보여주므로.

가장인 일라이저 커틀러 비허닌은 1882년에 이곳에 집을 지은 후 한동안 경작을 하면서 이곳에 머물렀다. 방에 있는 침대에선 부부와 유아들이 자고 집 뒤의 암벽에 구덩이를 넓힌 데서 큰 남자 아이들이 자고 큰 여자아이들은 마차^{wagon box}에 침대를 만들어서 잤던 것으로 보인다. 집안에서 요리를 했으며 바깥마당에 테이블을 만들어서 식사를 했고 물은 근처의 개천에서 구했다.

이들이 생활 용품을 어떻게 지속적으로 공급했는지는 알려지지 않았으나 이 대자연을 안마당 삼아 살았던 이들에게 소모적인 도시인들처럼 많은 생활용품이 필요치는 않았을 것이다. 아침 햇살에 눈을 뜨고 해가 떨어지면 잠을 청하면서 살았던 이들은 어쩌면 고대 인디언의 생활에 가장 가까운 생활 방식을 체험했을 수도 있다.

공원 비지터 센터에서 멀리 떨어진 벤토나이트 힐스Bentonite Hills와 캐인빌 워시Caineville Wash와 캐시드럴 밸리Cathedral Valley 지역은 거칠고 험해서 그랜드 캐니언 같은 남서부 지역 국립공원의 느낌을 준다. 가볼 만한 가치가 있는 비경들이 그곳에 있지만 강력한 사륜구동 자동차가 없다면 이런 곳에 가기는 매우 힘들다.

나는 캐시드럴 밸리를 향해 차를 몰았다. 차 한 대가 겨우 갈 수 있는 비좁은 길이기도 하거니와 제대로 된 이정표도 없는 험준한 곳이다. 길바닥이 험해서 차 바닥이 텅텅거리며 돌멩이에 부딪치고 길바닥에 부딪쳐 차가 부서질 것 같다. 캐시드럴 밸리에 접근하자 붉은 사암과 황토의 멋진 계곡들이 거대한 파도처럼 땅위에 펼쳐진다. 하지만 계곡의 끝까지 갈 수가 없었다. 사륜구동이 아닌 차로 끝까지 가면 다시 돌아올 수 없을 것 같아서 중간에 차를 돌렸다.

비지터 센터 근방에는 과수원이 제법 있다. 계곡 사이의 분지는 온실 효과가 있어서 과육 좋은 실과를 키우기에 참 좋다. 게다가 주변의 산에서 물에 씻긴 양분이 모두 모여드는 시냇가의 비옥한 땅이다 보니 튼실한 열매가 열린다.

지금은 7월, 어떤 인디언 부족은 7월을 '나뭇가지가 열매 때문에 부러지는 달'이라고 표현했다. 7월이 되면 얼마나 풍부한 실과가 달렸기에 나뭇가지가 부러지기까지 했을까. 실제로도 부러졌겠지만, 부러질 만큼 좋은 과실이 열리기를 바랐던 인디언의 기원이 담긴 이름이 아닐까도 싶다.

인디언들은 사람의 이름, 계절의 이름, 방위의 이름 등 모든 이름을 동사화해서 불렀듯이 달의 이름도 동사화해서 불렀다. 이들의 달력은 우리의 태음력과 비슷했다. 이들은 달의 한 주기를 한 달로 삼았으므로 일 년은 열두 달이 아니라 약 열세 달이었다. 부족에 따라서는 달의 한 주기를 두 달로 나누어 일 년을 24개월로 나누기도 했다. 일 년을 달로 쪼개는 숫자가 달랐으므로 부족마다 달의 이름도 달랐다. 수많은 달 이름에도 살아 있는 의미가 보인다.

1월

해에 눈 녹일 힘이 없는 달: 어서 눈이 녹기를 바라는 마음이 들어있는 이름이다.

바람 속 영혼들처럼 눈이 흩날리는 달: 모든 사물에 영이 있다고 생각했던 이들은 바람에도 영이 있다고 생각했다.

짐승들 살 빠지는 달: 겨울 추위에 먹을 것이 부족했을 테니 살이 빠져도 많이 빠졌을 것이다. 짐승만이 아니라 인간들도.

그 외에 '중심이 되는 달', '엄지손가락 달', '호수가 어는 달' 등의 이름이 있다.

2월

홀로 걷는 달: 겨우내 먹을 것이 없어서 사람들의 움직임이 드물어지고, 집단적으로 하는 사냥조차 멈추어서 홀로 다니는 시간이 많은 달이었으리라.

먹을 것이 없어 뼈를 긁적거리는 달: 굶주려 살이 빠지다 보니 살이 적은 곳의 뼈들이 툭툭 불거졌을 것이다. 그 불거진 뼈를 만지작댄다. 한데 굶주림으로 괴롭다기보다는 뼈를 긁적거린다고 함으로써 부정적인 뜻을 피해간 것이 멋스럽다.

가문비나무 끝 부러지는 달: 건조한 겨울이 계속되자 마른 나무 끝이 부러졌을 테다.

토끼가 새끼 배는 달: 인디언들의 달 이름에는 이처럼 동물이 새끼를 배거나 새끼를 낳는 등 자연계의 순환과 관계되는 달 이름이 꽤 많다. 이들이 얼마나 자연을 세심하게 관찰했는지를 알 수 있는 부분이다. 인간이 시간이나 개월을 나누는 까닭이 생활의 기준을 삼으려는 것이었으므로 자연물의 변화를 달 이름으로 삼았다는 것은 자연의 변화가 곧 이들의 삶의 기준이 되었음을 짐작케 한다.

사람이 늙는 달: 우리말에 겨울 나면 노인이 죽는다는 말이 있다. 겨울 추위 나기가 얼마나 어려운가를 보여주는 말이다. 추위와 굶주림으로 한 계절을 보낸 사람들이 또 한 해를 맞으며 늙는다는 삶의 애환을 담은 이름이다.

'삼나무에 꽃바람 부는 달', '더디게 가는 달'도 2월의 이름이다.

3월

마음을 움직이게 하는 달: 봄바람은 인디언의 땅에서나 우리가 사는 땅에서나 똑같이 마음을 움직이는 힘이 있나 보다. 그래서 우리도 봄이면 처녀들이 바람난다고 했던가.

한결같은 것은 아무것도 없는 달: 여자 마음과 봄 날씨는 종잡을 수가 없다는 우스갯말이 우리에게도 있다. 날이면 날마다 변하는 날씨도 날씨지만 발가락을 꼼지락거리며 하루가 다르게 자라는 새싹이나 매일 생기를 더하는 풀의 빛깔, 그에 따라 변하는 대지의 빛깔까지 한결같은 것은 아무것도 없는 계절이 봄이다.

훨씬 더디게 가는 달: 무엇이건 기다림은 사람을 힘들게 한다. 같은 시간이라도 기다리는 시간은 더 더디 간다. 우리에게 허리를 접게 하는 보릿고개가 있었듯이 이들도 더 많은 먹을 것을 기대하는 달이 3월이었나 보다.

3월을 '강풍이 죽은 나무 쓸어가 새순 돋는 달' 혹은 '어린 봄의 달'이라고도 했다.

4월

머리맡에 씨앗을 두고 자는 달: 시골에 산 사람이라면, 특히 밭농사를 한 집에서 자란 사람이라면 누구나 겨우내 잠자리 곁에 씨앗을 말린 기억이 있을 것이다. 농사가 주요 생산 수단이었던 부족이 만든 이름이다.

잎사귀가 인사하는 달: 나뭇잎에 물이 올라 이제 아이 얼굴만큼 자랐다. 한 달 전에 움트던 싹들이 어느새 커버렸다. 잎새에 이는 바람결마다 사춘기 소녀처럼 갸웃한 고개로 쑥스러운 인사를 한다.

'큰 모래바람 부는 달', '네 번째 손가락 달'이란 이름도 있다.

5월

오래전에 죽은 자를 생각나게 하는 달: 이제 만물이 다 소생을 했다.

하지만 오래전에 죽은 자는 다시 돌아오지 않는다. 힘들고 어려운 계절이 지나고 마음의 여유가 생긴 이 계절은 그리움이 떠난 자를 불러오는 계절이다.

게을러지는 달: 날이 많이 따뜻해졌다. 먹고 살기 위해 겨우내 추위 속에서 힘든 사냥을 해야 했다. 하지만 이젠 만물이 자라서 가만히 있어도 여기저기 먹을 게 많아졌다.

5월을 '뽕나무 오디 따먹는 달', '기다리는 달'이라고도 한다.

6월

수다 떠는 달: 먹고 살 일에 바쁘면 마음의 여유가 없는 것은 인디언도 마찬가지였나 보다. 날이 따뜻해지고 게으름을 피워도 먹고 살만한 계절이니 삼삼오오 수다를 떨기도 한다.

6월은 '말없이 거미를 바라보게 되는 달'이며 '전환점에 선 달'이기도 하다.

7월

들소가 울부짖는 달: 버펄로들은 수백 수천 마리가 떼를 지어 몰려다닌다. 그 들소들이 달리는 소리만 해도 지축을 뒤흔들었을 것이다. 한데 이 들소들이 울부짖기까지 했다면 얼마나 시끄러웠을까.

열매가 빛을 저장하는 달: 열매가 양분을 저장해서 씨앗이 되고 다음 싹이 틸 날을 기다리는 달이었으리라. 한데 이들은 열매가 양분을 저장하는 게 아니라 빛을 저장하는 달이라고 한다. 빛에는 생명이 존재하는 법. 열매가 다음 해에 탄생하는 데 필요한 것은 사실 영양분이 아니라 빛이었다는 건 그들만의 비밀이었는지 모른다. 놀랍게도 나무도 열매도 다음 해가 되면 똑같은 빛으로 한 해를 살아가니까.

천막 안에 앉아 있을 수 없는 달: 햇빛이 너무 뜨거우니 버펄로 가죽으로 만든 천막 안에서 어찌 견딜 수 있겠는가.

7월은 '나뭇가지가 열매 때문에 부러지는 달'이다. 저장한 빛의 몸무게가 너무 무겁기 때문이다.

8월

많이 거두는 달: 우리의 음력 8월이나 마찬가지로 수확의 달이다. 조상의 은혜에 감사할지어다.

다른 모든 것을 잊게 하는 달: 우리는 때로 배가 부르면 모든 것을 잊는다. 그래서 배가 부르면 고뇌하는 소크라테스가 되기 어려운 것 아닌가? 이들도 풍요로운 계절 동안 모든 것을 잊는다. 철학이 잠시 휴가를 떠난 시기이다.

8월은 '옥수수가 은빛 물결을 이루는 달', '즐거움에 넘치는 달', '잎사귀가 벌써 생기를 잃는 달'이라고도 한다.

9월

소먹일 풀 베는 달: 이제 겨울을 준비해야 한다.

춤추는 달: 추수가 끝났으니 저무는 태양 아래 모여 모두 춤을 출 때 아닌가.

'검정 나비의 달', '사슴이 땅을 파는 달', '다 거두는 달'이 9월이다.

10월

추워서 견딜 수 없는 달: 우리 속담에 '꽃샘잎샘에 반늙은이 얼어 죽는다'는 말이 있다. 원래 첫 추위가 더 춥고 남은 추위가 더 추운 것 아닌가 한다. 추위도 인생 같아서 본격적인 겨울이 오면 차라리 덜 춥게 느껴진다. 무슨 일이건 적응기간이 가장 힘들고 끝물이 가장 힘들다.

양쪽이 만나는 달: 이 이름은 캐나다 위니펙의 아시니보인강과 레드강을 이르는 이름이다. 우리나라 양수리처럼 위니펙에서 두 강의 물길이 만난다. 강이 녹아 있을 때는 땅이 갈라져 있고 사람들도 갈라져 있지만 두 강이 얼어서 강 위로 걸을 수 있게 되면 양쪽의 사람들도 땅도 서로 만나게 된다.

내가 올 때까지 기다리라고 말하는 달: 우리의 수많은 고전 시에도 봄에 헤어진 임을 가을까지 기다리는 시구가 나온다. 가을이 되어도 오지 않는 임에 대한 원망을 노래한 시만 해도, 과장을 하자면 책 한 권을 엮을 정도로 많다. 반대로 가을에 떠났는데 봄이 돼도 돌아오지 않는 임을 기다리는 노래도 있다. 임과의 이별을 말하는 걸까? 이 부족은 떠나는 자연을 임으로 생각하지 않았을까? 그래서 지금 사라지는 사물들의 영혼이 내년 봄까지 자기를 기다려 달라고 말하는 것 아닐까?

10월은 단풍이 들어 '산에 불이 타는 달'이기도 하고 '긴 머리카락의 달'이기도 하다.

11월

모두 다 사라진 것은 아닌 달: '조금밖에 안 남은 달'이라고 하지 않고 '모두 다 사라진 것은 아닌 달'이라고 했다. 자연에 대한 애착과 긍정적인 사고를 엿볼 수 있는 대목이다. 비록 많은 것이 사라졌다 해도, 그래도 우리에게 아직은 기회가 있다. 비록 가진 것이 없다 해도 아직 우리는 살아있다. 비록 슬픈 일이 많다 해도 아직 우리를 행복하게 하는 많은 것들이 있다.

'아침에 눈 쌓인 산을 바라보는 달'이기도 하고 '어린 곰의 달'이며 '지난달과 별 차이 없는 달'이 11월이다.

12월

중심되는 달의 동생 달: 1월을 중심달이라 하고 12월을 동생달이라고 한 것은 우리 문화와도 흡사한 구석이 있다. 우리는 12월 마지막 날을 섣달그믐이라 하는데 이날을 달리 '작은 설'이라고도 한다. 1월이 형인 큰 설, 12월이 아우인 작은 설을 갖고 있다.

다른 세상의 달: 눈이 많이 내려서 하얗게 변해 버린 세상.

침묵하는 달: 이젠 먹을 것도 없는 기나긴 인내의 계절로 들어왔다. 모든 힘을 아껴야 한다. 심지어 말하는 것이나 생각하는 것조차. 말과 사고는 엄청난 에너지를 요구한다는 걸 이들은 알았을까? 길고 긴 겨울을 나기 위해 이들은 침묵해야 했다.

태양이 북쪽으로 다시 여행을 시작하기 전에 휴식을 취하려고 남쪽 집으로 여행을 떠나는 달: 과학이 발달하지 않은 시대에 살았던 사람들의 과학적 예지는 현대인이 도저히 이해하기 어려울 만큼 뛰어나다. 내 할머니는 어린 시절 불어오는 바람의 방향을 보고 비를 예언했다. 또 섬 주변에 있는 바위들 중에 어떤 바위에 물결이 많으면 며칠 뒤에 바람이 많이 분다는 것도 예언했다. 놀랍게도 할머니의 예언은 늘 일기예보보다 훨씬 정확했다. 인디언들도 태양 고도를 이해하고 있었다. 지구 주위를 도는 태양이 언제 더 높이 뜨고 더 낮아지는지를. 그들의 뇌에는 허블 망원경보다 뛰어난 망원경이 있었음에 틀림없다. 내 할머니에게도.

12월은 '무소유의 달', '늑대가 달리는 달', '늙은이 손가락 달'이었다.

비지터 센터로 되돌아 왔을 때는 약 삼십 분 정도 폭우가 쏟아졌다. 폭우가 쏟아지자 순식간에 작은 개천에는 물이 불었는데 물은 마치 붉은 물감이 내린 것처럼 붉었다. 진흙 반 물 반인 거대한 붉은 흐름이 되고 도로로 쏟아져 나온 빗물도 모두 빨간 색으로 변한다. 붉은 색이 아니라 시뻘건 색 투성이다. 비가 멎을 즈음 빗물이 튄, 지나가는 차들도 모두 붉은 색으로 변했다. 도로도 산도 사람도 붉어져서 공원 전체가 붉게 물들어 버렸다.

캐시드럴 밸리에서 빠져나오길 잘했다는 안도감이 들었다. 만일 이 비를 그 비포장도로에서 맞았다면 이 밤은 아무도 없는 그 황량한 들판에서 잠을 청해야 했을 것이다.

비갠 도로를 따라 공원 중심도로를 달리는데 시나브로 해가 저문다. 땅거미 질 무렵 이 공원이 불타오르기 시작한다. 산 전체가 벌겋게 타는 숯불이 된다. 쏟아지는 비에 쓸려 내려온 붉은 흙은 산의 붉은 바위가 깎여 내려온 것이다. 흙이 모두 붉으니 석양에 물든 산은 오죽할까. 산 전체가 도자기 가마처럼 활활 타오른다. 먹성 좋은 짐승이 먹이를 집어 삼키듯 불꽃 없는 불길이 온 산을 집어삼킨다. 이처럼 불타는 절벽은 다른 곳에서는 결코 보기 힘들 것이다. 이 불타는 절벽을, 신화를 믿고 신의 존재를 믿었던 고대인들은 어떤 마음으로 보았을까.

석양에 불타는 암벽

공원에서 행복한 시간을 보내는 여행객들과 불타는 사암 절벽과 사람들. 푸른 초원을 가로지르며 높이뛰기 실력을 유감없이 발휘하는 아메리카 사슴의 여유로운 저녁식사를 감상하다보면 내가 마치 태초의 어느 장소에 와있는 것 아닐까 하는 착각마저 든다. 누가 뭐래도 자연은 인간보다 위대하다.

주소: HC 70, Box 15 Torrey, UT 84775
전화: 435-425-3791
홈페이지: https://www.nps.gov/care/index.htm
머물 수 있는 가까운 도시: 유타주 토리Torrey
방문하기 좋은 시기: 5월에서 10월
도로상태: 포장도로와 비포장도로가 섞여 있는데 비포장도로의 경우 사륜구동 자동차가 아니면 달릴 수 없을 만큼 험악한 도로임.
찾아가는 길: 공원을 관통하는 UT24번 도로를 따라가면 비지터 센터가 나온다.

11

바람만이 답을 아네

내추럴 브리지스 내셔널 모뉴먼트Natural Bridges National Monument

내추럴 브리지스 모뉴먼트는 경치가 뛰어난 화이트 캐니언 안에 있으며 1908년에 루즈벨트 대통령이 내셔널 모뉴먼트로 지정했다. 모뉴먼트 지정 얼마 후에 아나사지 인디언의 유적 등 더 많은 유적을 보호하려고 이 모뉴먼트의 경계선을 확장해서 오늘날에 이르렀다.

이 공원 안에는 화이트 캐니언 워시^{개천}의 너비만 한 내추럴 브리지^{아치}가 세 개 있다. 거대한 사암 벽이 수천 년 혹은 수만 년 동안 냇물의 망치질에 의해 구멍이 뚫리고 그 구멍이 점점 커져서 마치 다리처럼 모양이 변한 바위가 내추럴 브리지다. 브리지 넓이가 냇물의 넓이와 같은 이유는 오랜 기간 물에 의한 침식으로 브리지가 만들어졌기 때문이다. 이들 브리지 이름은 호피 인디언 언어로 카치나, 시파푸, 오와초모로 명명했는데 이곳 인디언들의 권위를 높여주려고 지은 이름이라고 한다.

카치나^{Kachina}는 원래 푸에블로 인디언의 수호신 중 하나인 비의 신이나 여기에서는 인디언들이 만든 신의 모습을 딴 인형을 뜻하는 것으로

멋지게 서 있는 자태를
뽐내는 오와초모 브리지

보인다. 다리 위에 카치나 인형 모양의 암각화가 있기 때문이다. 시파푸 Sipapu는 탄생의 장소를 뜻한다. 따라서 이곳이 생명 탄생을 의미하는 매우 신성한 곳이라는 뜻으로 우주 만물이 이곳에서 시작한다는 믿음을 반영한 것이다. 오와초모Owachomo는 돌무덤이라는 뜻으로 내추럴 브리지의 지지대 모양을 일컫는 말이다.

나는 내추럴 브리지 모뉴먼트에 가기까지 쉽지 않은 과정을 거쳤다. 이 공원 주변의 어느 도시에서 접근을 해도 적어도 50마일 가까이 달려야 한다. 50마일이라면 80킬로쯤이지만 사실 미 서부에서 이 거리는 엎어지면 코 닿을 정도로 가까운 거리다. 마음만 먹으면 언제든 갈 수 있는 거리여서 계획을 했다가도 시간에 밀리면 다음 기회에 가겠노라고 미뤄 두기 쉬운 곳이다. 마음만 먹으면 언제든 갈 수 있다? 그건 마음 안 먹으면 못 간다는 말이고 마음먹기 쉽지 않다는 말이기도 하다. 살다 보면 이런 경우의 선택이 어려울 때가 많다.

"그거? 지금 안 해도 돼."

"걱정 마, 언제든 할 수 있어. 지금 당장이라도 할 수 있지만 조금 미루는 것뿐이야."

지금 꼭 해도 되고 안 해도 되는 일들. 언제라도 할 수 있고 안 하기는 무언가 꺼려지고 당장 하기에는 시간이 좀 아까운 일들이 있다. 그런 일일수록 빨리 해치우는 게 삶에 도움이 된다는 사실을 잘 알지만 내 게으른 천성은 이런 일들을 뒤로 미루어 낭패를 보곤 한다. 같은 실수를 반복하고 실패를 반복하는 나에게 용기를 주는 인디언 노래도 있다. 오지브웨족 인디언 노래이다.

때때로 나는 자신이 불쌍하게 여겨져.

하지만 그럴 때면 큰 바람이 나를 태우고

저 멀리 하늘을 건너가네.

바람의 노래를 들으라

나는 섬에서 태어나서 바람과 꽤나 친숙한 편이다. 더구나 예민한 감각을 천형처럼 안고 태어난 탓에 어린 시절부터 곧잘 깊은 상념에 잠기곤 했다. 조숙했달까, 초등학교 때부터 홀로 언덕에 올라 바람을 맞기도 했고 아무도 없는 바닷가 바위에 앉아서 끝도 없이 들이치는 파도를 보며 내 상념을 씻어내기도 했다. 그때나 지금이나, 아니 그때부터 지금까지 스스로가 불쌍해지고 우울할 때 나는 바람을 맞으며 위로를 받았고 하늘을 보며 삶의 의지를 다지곤 했다. 바람과 하늘은 변함없는 내 친구니까.

인디언들도 바람에 위로를 받으며 자신을 들여다보곤 했으리라. 시공간적 차이에도 불구하고 자연과 더불어 사는 인간이 갖는 공통점 아닐까.

내가 이 장소를 찾아올 때까지 꽤나 많은 기회를 놓쳤듯이 고대인들도 이곳에 오느라 꽤 많은 시간을 들였을 것이다. 바위산과 계곡을 따라 얼마나 걷고 걸어 예까지 흘러왔을까? 계곡 아래로 붉은 흙탕물이 흐른다. 저 물을 마시지 않고선 이곳에서 살 수가 없다. 이곳까지 오기도 힘들었지만 이곳에 터전을 잡은 다음 그들의 삶이 얼마나 힘들었을지 짐작할 만하다. 서부 개척시대에 이곳을 탐험하던 군인들이 물 문제로 심각한 고생을 했다는 기록도 남아있다. 이곳의 붉은 흙탕물을 마시고 이질에 걸린 병사들이 부지기수였다.

가파른 절벽과 아름답고 독특한 지형을 감상하는 것만으로도 방문할 충분한 가치가 있을 만큼 이 공원은 아름답다. 하지만 그보다는 더 가치 있는 선사시대의 방대한 기록이 이곳에 남아 자연과 벗 삼고 있다. 적어도 기원전 7000년에 계곡 벽면들 사이를 여행한 사람들의 이야기가 계곡 구석구석에서 여행객에게 옛이야기를 속삭인다. 시냇물 소리와 바람소리, 흔들리는 나뭇가지 소리를 통해 그들이 살아생전 사용한 석기시대 도구들과 남겨둔 삶의 흔적의 이야기를 들려주는 것이다.

원시인들이 이곳을 떠난 후 서기 100년경에 바스켓메이커 인디언이 이주해 왔다. 이들은 땅에 집을 지었다. 이 가옥들은 나뭇가지, 털, 그리고 풀 등으로 벽을 세운 뒤 지붕은 큰 기둥과 작은 막대기와 풀로 덮어 씌웠다. 마지막으로 어도비 벽돌 진흙^{멕시코 사람들이 집을 만드는 데 쓰는 흙}으로 덧입힌 후에 햇빛에 말렸다. 진흙으로 만든 기둥과 벽들은 햇빛에 말라 단단하고 강해졌다. 이 진흙 벽은 냉난방 효과가 탁월해서 험난한 환경에서 이들이 살아가기에 매우 적당했다. 우리 선조들이 사용했던 진흙 집이 탁월한 냉난방 효과를 거둔 것과 마찬가지다. 하지만 안타깝게도 이 집들은 오늘날 거의 볼 수가 없다.

서기 700년 이후 어느 순간에 바스켓메이커 인디언들이 다른 데로 가면서 수백 년 간 이곳은 주인 없는 땅으로 버려져 자연만이 주인으로 존재했다. 세월이 흐르고 대략 서기 1100년경에 물이 많은 이곳에 아나사지 인디언이 정착한다. 그들은 절벽 위 평탄한 꼭대기에 집을 만들어 거주했다. 또한 물가에 작은 농촌을 형성하여 농사를 지었는데 눈과 비가 내려 물 문제를 늘 해결해 주었다. 이 시점쯤에 사람들이 땅 위에 건물

시파푸 브리지 절벽 주름에 길게 자리잡은 호스칼라 유적

을 만들기 시작했고 이것들이 우리가 지금 감상하는 폐허와 유적이다.

이 아름다운 계곡에 지은 집들은 이제 폐허가 되고 말았다. 고대 인류가 남긴 주거지를 보며 내 삶의 방식이 옳은지 자문한다. 천정부지인 집값을 감당하느라 인생을 볼모로 잡힌 우리가 얼마나 어리석은가. 내가 사는 집도 세월이 지나면 저렇게 무너지고 말텐데. 세월이 지나면 내 몸도 흔적 없이 사라지고 말 텐데.

자동차 순환도로인 나인마일 브리지 뷰 드라이브^{Nine Mile Bridge View Dr.}는 계곡 가장자리를 스쳐 지나가는 일방통행로로 공원을 한 바퀴 도는 9마일 코스이다. 이 차도를 따라가면 세 개의 내추럴 브리지를 모두 구경할 수 있다.

그중 놓치지 말아야 할 두 곳이 있다. 첫째는 시파푸 브리지 전망대 Overlook에서 건너다 보이는 계곡의 절벽에 있는 호스칼라 유적Horsecollar Ruins이다. 이곳까지 걸어가는 데는 다소 시간이 소요되므로 걸을 시간이 없는 사람은 망원경을 준비하는 게 좋겠다. 절벽 틈새에 지어진 주거지가 멋들어지게 보존되어 있다.

둘째, 왕복 1킬로미터가 안 되는 아주 가까운 거리에 카치나 브리지가 있다. 이곳은 꼭 걸어볼 만한 곳이다. 브리지 아래의 암각화를 볼 수 있을 뿐만 아니라 이 브리지들이 어떻게 풍화되고 침식되었는지를 알게 해 준다. 브리지 아래에 이르러 왼편으로 모래 무덤을 밟고 올라가면 선사시대 주거지의 잔해와 곡물창고가 무너진 바위들과 함께 있다. 다양한 암각화들이 사방에 있으니 다리 주변을 꼼꼼히 둘러보는 것이 좋다.

가파른 절벽의 암벽에 난 길을 따라 카치나 브리지에 걸어서 내려가니 거대한 아치 아래 물이 흐른다. 우기임에도 불구하고 굶주린 아이의 깡마른 정강이처럼 가느다란 물밖에 흐르지 않는다. 이 물이 있던 곳에 인디언들이 삶의 터전을 잡았다. 불과 20센티미터 깊이도 되지 않는 개천의 물이 이 거대한 바위에 엄청난 구멍을 만들었다니 물의 힘이란 참 무섭다. 공룡 같은 암벽을 깡마른 물의 정강이로 차고 또 차기를 반복해서 마침내 커다란 구멍을 내 버렸다. 수만 년 전에는 거대했던 암벽이, 흐르는 물에 깎이고 깎여 지금의 거대한 자연 다리가 된 것이다.

인디언 속담에 '빗방울 하나가 곡식을 자라게 하지는 못한다'는 말이 있다. 맞는 말이다. 나는 너무나 약아서 늘 최소의 투자로 최상의 성과를 거두려고 한다. 비단 나에게만 해당되는 말은 아니겠다. 이게 자본주의 사회가 요구하는 효율의 원리 아닌가. 하지만 자연은 정직하다. 빗방울 하나로 곡식을 자라게 하지는 못하듯이 웬만한 자연의 노력으로는 이렇게 거대한 바위에 3층 혹은 5층 집채만 한 구멍을 낼 수는 없다.

그러나 만일 그 한 방울의 빗방울이 없었다면 곡식이 어떻게 싹이라도 틔울 수 있었을까. 모든 첫 걸음은 한 방울의 빗방울에서 시작된다. 바람조차 샐 틈이 없는 거대한 암벽에 집채만 한 구멍이 만들어지리라고 아무도 생각지 못했을 때 한 방울의 물이 이곳을 투과했을 테고 그 물방울을 따라 또 한 방울의 물이 같은 곳을 지나갔을 것이다. 그리고 다시 두 방울이 지나가고 세 방울이 지나가고, 가는 물줄기가 지나가고, 조금 더 큰 물줄기가 지나가고, 이렇게 해서 거대한 바위에 바람의 길을 만들어 마침내 그 두터운 암벽의 항복 문서를 받아낸 것이다. 처음 한 방울의 보잘것없는 빗방울이 없었다면 아무것도 이뤄지지 않았다. 빗방울 하나하나는 여리지만 그 여린 힘의 합은 위대한 것이다.

두드리라 열리리라, 두드리지 않으면 열리는 건 결코 없다. 시도하지 않고 이룰 수는 없다. 씨앗을 뿌리지 않고 꽃이 피기를 기다릴 수 없고 첫걸음을 떼지 않고 커다란 산을 넘을 수 없다.

카치나 브리지 아래에는 고대 인디언의 흔적이 많이 남아있다. 한데 이 다리 아래는 모래로 이뤄져있다. 모래를 밟고 위로 올라간 순간 어이쿠, 나는 넘어지고 말았다. 함정처럼 발이 몇 십 센티미터나 빠졌다. 인디언들은 모래에서 어떻게 생활을 했을까. 더구나 이 거대한 절벽 아랫부분을 손이나 도구로 파내고 그곳에서 생활을 했다는 점이 놀랍다.

침식으로 천공된 거대 절벽

카치나 브리지의 방과 벽에 남은 흔적들

바위벽에 꽤 많은 암각화들이 있는가 하면 절벽에서 부서져 나온 바위에도 암각화가 있다. 원래는 벽에 그린 암각화였는데 그 암각화 바위가 쪼개져 땅으로 떨어진 것도 있다. 과거 창고 정도로 쓰였을 폐허도 있다. 그 폐허 안에도 그림이 있고 갈색에 가까운 분홍빛 벽에는 우리의 안중근 의사 손바닥처럼 손바닥을 찍은 붉은 진흙 자국이 있다.

이 브리지를 오늘의 모습으로 만들었을 시냇물이 다리 아래로 흐른다. 그 물을 따라 가면 다리 뒤쪽에 또 다른 암각화들이 보인다. 그러나 사람들은 그곳에 잘 오질 않는다. 마침 백인 가족을 만났다.

"이쪽에 그림이 있으니 와서 좀 보시라."

내가 그렇게 권했으나 백인 가족은 싸늘하게 돌아섰다. 민망했다. 나는 순수한 뜻에서 내가 발견한 '좋은 것'을 권했지만 백인들은 듣도 보도 못한 피부 노란 동양인이 잘난 척 한다고 생각하지 않았을까? 인디언 교훈에 이런 말이 있다.

"'이걸 가져요'라고 하는 것이 '내가 줄게요'라고 하는 것보다 훨씬 낫다."

참 지혜로운 말이다. '내가 줄게요'라고 말하는 것은 자신이 시혜자의 입장에서 상대를 내려다보는 태도다. 그러니 '이걸 가져요'라고 하는 게 훨씬 좋지 않은가? 내가 우월해서 '주는' 것이 아니라 서로 동등하게 '나누는' 태도를 보이라는 말일 테니까.

나는 아무 말 하지 말걸 그랬구나, 후회했다. 돌이켜보면 나는 내 부족함에 대한 후회로 내 나이를 채웠고 후회를 양분 삼아 내 몸무게를 채웠다. 좀 더 현명하고 좀 더 후회하지 않는 삶을 살 수도 있었다. 그러나 나는 왜 그렇게 못 살았을까. 늘 경솔하게 허둥대며 살았다. 그런 나의 지난 시절에 대해 나바호 인디언들이 이렇게 충고한다.

"생각은 화살과 같아서 일단 밖으로 내보내면 과녁을 맞힌다. 생각을 조심하라. 그렇지 않으면 언제나 너 자신이 그것의 희생자가 될 것이다."

이 공원 주변의 폐가들은 미국 원주민들에게 아직도 중요한 정신적 의미가 있다. 이곳은 과거의 원주민들과 현재의 원주민을 연결시키는 중요한 연결고리이다. 게다가 이 고대의 유적들은 손으로 문질러도 바위 가루가 만져질 만큼 아주 약해서 조심스럽게 다루지 않는다면 아주 빠른 시일 안에 사라지게 될 것이다.

카치나 브리지 폐허의 분홍빛 바위에 손바닥을 찍은 진흙 자국이 있다는 말을 앞에서 했는데, 한 백인 아이가 아빠에게 묻는다.

"저 손바닥 자국은 어떤 의미에서 찍은 걸까요?"

"글쎄다. 나도 잘 모르겠구나."

목소리가 아주 멋진 아빠는 그렇게 대답했다.

지나가 버린 것들 대부분이 그렇듯 보통 사람의 역사는 그 의미가 잘 기록되지 않는다. 그래서 나도 알 수 없고 아빠에게 물어본 아이도 알 수 없고 목소리 멋진 아빠도 알 수가 없다. 어쩌면 그것은, 2016년에 노벨문학상을 수상한 음유시인, 가수 밥 딜런의 노랫말처럼 바람만이 아는 대답일지도 모른다.

진정한 사람이 되려면
얼마나 많은 길을 걸어야 할까
흰 비둘기가 백사장에 편히 쉬려면
얼마나 많은 바다 위를 날아야할까
영원한 평화를 찾으려면
얼마나 많은 전쟁이 일어나야 할까
친구여, 바람은 그 답을 알고 있지
바람만이 그 답을 알고 있다네

산이 씻겨 바다로 가기까지
얼마나 오래 서 있을 수 있을까
사람이 자유를 얻을 때까지
얼마나 오래 견뎌야 할까
사람들은 못 본 것처럼 하려고
얼마나 많이 고개를 돌려야 할까
친구여, 바람은 그 답을 알고 있지
바람만이 그 답을 알고 있다네

하늘을 느낄 수 있을 때까지
얼마나 많이 올려다봐야 할까
사람들의 울음소리를 들을 때까지
얼마나 오래 사람을 겪어야 할까
사람들의 죽음을 깨닫기까지
얼마나 많은 사람이 죽어야 할까
친구여, 바람은 그 답을 알고 있지
바람만이 그 답을 알고 있다네

– 밥 딜런Bob Dylan, 「블로잉 인 더 윈드Blowing in the wind」

주소: HC 60, Box 1 Lake Powell, UT84533-0001
전화: 435-692-1234
홈페이지: https://www.nps.gov/nabr/index.htm
머물 수 있는 가까운 도시: 유타주 블랜딩Blanding
방문하기 좋은 시기: 5월에서 10월
도로상태: 포장도로
찾아가는 길: 블랜딩 남서쪽 42마일 지점에 있다. UT95에서 UT275로 갈라진 다음 끝까
지 가면 입구가 나온다.

12

 바람 속의 먼지처럼

그랜드 캐니언 국립공원Grand Canyon National Park

아치스 국립공원에서 만났던 영화 「델마와 루이스」로 잠시 돌아간다. 영화 속의 두 여인 델마와 루이스는 여행 도중에 한 남자를 권총으로 죽인 뒤 일급 살인범으로 경찰에게 쫓긴다. 쫓기는 동안, 보잘것없었던 그들의 인생 같은 황량한 서부의 대평원을 지나고 비와 바람, 세월에 의해 깎여 내리는 사암 절벽을 지난다. 거대한 바위들은 시나브로 눈에도 띄지 않는 먼지가 되어 날린다. 눈에 띄지 않으면서 우리의 피부 곳곳에 달라붙는 그 모래 먼지처럼, 캔사스의 노랫말 '바람 속의 먼지Dust in the Wind'처럼 먼지 같은 존재였던 두 여인은 풍화된 바위들을 보면서 자신의 삶과 동일시하진 않았을까?

뚜껑이 없는 낡은 노란 캐딜락을 타고 바람에 날리는 먼지처럼 경찰들에게 쫓기고 쫓기던 두 여인. 여인들을 보며 나 같은 남자는 왜 눈물이 났던 걸까? 영화를 보던 중, 찰떡같이 끈끈한 어떤 덩어리가 목구멍으로 치밀어 오르고 있을 때 두 여인을 실은 캐딜락은 거대한 계곡 앞에 선다.

세월이 만든 붉고 거대한 계곡을 눈앞에 두고 둘은 서로에게 확인한다.

"준비 됐니?"

무엇이 준비되었다는 말일까 싶을 때, 그녀들을 조준한 경찰 헬리콥터가 괴물 잠자리처럼 굉음을 울리며 그녀들 뒤편에서 떠오른다. 두두두두, 프로펠러가 두 여인의 머리채를 잘라버릴 듯 엄청난 속도로 회전

소낙비가 쏟아진 뒤에 안개가 장식한 그랜드 캐니언의 아침

을 한다. 그 순간 두 여인을 실은 캐딜락은 거대한 계곡 아래로 돌진하
고 영화는 끝이 난다.

나는 눈을 감네
단지 한 순간 그 한 순간에 시리지네

12 바람 속의 먼지처럼 253

내 모든 꿈과 호기심은
내 눈앞을 스쳐 지나네
바람속의 먼지,
우리는 모두 바람속의 먼지네

오래된 노래는
끝없는 바다에 떨어지는 하나의 물방울일 뿐
우리가 하는 모든 것은
땅 위의 흙이 되고
우리가 외면해도
바람속의 먼지,
모든 것은 바람속의 먼지네

아냐, 기다리지 마
땅과 하늘을 제외하면 영원한 것은 아무것도 없네
그대가 가진 전재산으로도 단 일분의 시간도 살 수가 없네
바람속의 먼지,
모든 것은 바람속의 먼지네

— 캔사스^{Kansas}, 「더스트 인 더 윈드^{Dust in the Wind}」

　두 여인을 태운 노란 캐딜락이 하늘을 나는 한 마리 새가 되어, 햇빛
에 타올라 새빨개진 바위의 바다로 뛰어든다. 그 새빨간 바위들의 바

다, 그랜드 캐니언.

나는 「델마와 루이스」를 보기 전에도 본 뒤에도 그랜드 캐니언에 다녀왔다. 하지만 갈 때마다 이 협곡에서는 어떤 말도 할 수가 없었다. 말하는 자체가 불가능한 곳이라고 할까?

그랜드 캐니언의 역사는 고생대인 5억 5천만 년에서 2억 5천만 년 전까지 거슬러가야 한다. 이 거대한 계곡의 깎아지른 절벽 표면은 지나온 모든 역사를 저장한 컴퓨터 파일과 같다. 그러나 노출된 바위 층은 단지 캐니언의 지질학적 외관만 보여줄 뿐이다. 콜로라도강의 작은 물 한 줄기가 처음 대지의 표면을 흐른 뒤 오늘의 거대한 골짜기를 만들기까지의 지질학적 역사 말이다. 강물이 협곡을 가르고 바람은 봉우리를 깎아세워 드라마틱한 장면을 만들었다. 산재한 바위들은 수백만 년 전부터 형성된 고대 협곡 위에 여러 개의 탑을 이루고 있다.

이런 지질학적인 역사 못지않게 위대한 인간의 역사가 이 협곡에 숨어 있다. 고고학자들은 지금으로부터 약 6,000년 전인 기원전 4000년대 초에 첫 번째 인간들인 사막 유목민이 이곳에 도착했다고 믿는다. 이들은 야생 식물을 채취하고 동물을 사냥하면서 살았다. 그들은 인간이 살 수 있는 계절에 동굴이나 커다란 바위 아래 짧은 기간 머물 임시 주거를 지었다. 유목민인 이들은 한 곳에 정착하지 않았으므로 오늘날 그랜드 캐니언에는 그들의 흔적이 거의 없다. 그러나 큰뿔야생 양과 북아메리카 사슴 모양의 쪼개진 버드나무 가지로 된 입상들이 발견되었는데 이는 원시 유목민 기술자들에 의해 만들어진 것으로 해석된다. 이 매혹적인 유물들은 투사얀 유적^{Tusayan Ruins}에 장식되어 있었다.

어떤 종족도 이 거대한 협곡에서 정착할 엄두를 내지 않았다. 협곡의 여기저기에 있는 풀을 찾아 혹은 사냥감을 찾아 떠도는 게 더 경제적이었던 것으로 보인다. 수천 년간 유목민 문화가 이어지던 이곳에 서기 500년경에 바스켓메이커족이 협곡의 봉우리를 따라 정착하기 시작했고 야생의 땅에 농작물을 경작하기 시작했다.

겨울에 춥고 견디기 힘든 북쪽 봉우리보다 여건이 더 나은 남쪽 봉우리를 따라 먼저 작은 마을들이 건설되었다. 그러나 이후 3세기 동안은 농업 공동체의 집이 북쪽 봉우리 고원에 나타나기 시작했다. 북쪽 평원의 겨울나기가 힘이 들었더라도 북쪽 평원이 남쪽 평원보다 비옥하다는 사실을 이들이 깨달았을 것이다. 그 후 차츰 동굴 주거지는 부락 주거지 형태로 바뀐다.

여행객들은 일반적으로 그랜드 캐니언의 남쪽에 잠시 머물다 떠나고 만다. 사실 그곳까지 가는 것조차 만만찮은 것이 사실이다. 하지만 이름 그대로 이 거대한 협곡은 협곡 아래로 내려가 보지 않고선 그 진면목을 발견하긴 어렵다. 협곡으로 내려가는 게 힘들다면 북쪽 봉우리를 방문하여 그랜드 캐니언의 다른 얼굴을 볼 수도 있다. 인간의 왼쪽 얼굴과 오른쪽 얼굴이 다르듯이 남북의 봉우리는 제각각의 묘미를 간직하고 있다. 북쪽 봉우리가 남쪽 봉우리보다 험난한 만큼 여행자가 느낄 수 있는 감회도 더 깊다.

콜로라도강이 갈라놓은 협곡의 북쪽과 남쪽 봉우리는 조금 과장하자면 지호지간의 거리다. 남쪽의 대표적인 숙소인 캐니언 빌리지에서 북쪽 봉우리 숙소까지 직선거리로 불과 5마일밖에 되지 않는다. 콜로라도강까지 내려가서, 그랜드 캐니언의 남북을 잇는 유일한 다리인 카이밥 서스펜션^{Kaibab Suspension} 브리지를 건넌다면 불과 125미터만 걸어도 남쪽에서 북쪽으로 넘어갈 수 있다. 이처럼 짧은 거리이나 자동차로 이동하려면 200마일 남짓을 달려야 한다. 자동차로 쉬지 않고 달려서 최소 4시간을 달려야 북쪽 봉우리에 도달할 거리이니 서울에서 부산에 가는 것에 진배없다. 서울에서 부산까지 가다보면 다양한 지형을 볼 수 있듯이 남쪽에서 북쪽 봉우리로 가다보면 다양한 자연을 만날 수 있다.

북쪽 공원으로 들어가는 마지막 마을 제이콥 레이크^{Jacob Lake}에서 북쪽 봉우리로 향하는 67번 국도로 꺾어 들어온다. 북쪽으로 간다고 하지만 사실은 남쪽으로 꺾는 길이다. 그랜드 캐니언 영역의 가장 북쪽으로 갔다가 역으로 내려오는 길을 타야 하기 때문이다. 남쪽으로 꺾어 들어오자마자 울창한 침엽수림과 대평원이 등장한다. 직선거리로 30마일을 조금 넘는 거리에 울창한 침엽수와 아름다운 초원이 어우러져 있다. 종종 등장하는 야생동물이나 자동차가 아니라면 그 길은 조금은 지루하고 가도 가도 끝날 것 같지 않은 평원이다. 우리가 보고 듣고 알고 있는 그랜드 캐니언이 건장한 남성의 근육질이라면 북쪽의 평원은 따뜻하고 생명력 있는 어머니의 젖가슴이다. 수십 마일의 평화로운 초원이 나른한 오후의 낮잠처럼 누워있다. 초원에는 낮잠 속의 달콤한 꿈처럼 고운, 각양각색의 들꽃이 만발하다.

"어머니 땅이 비를 필요로 하면, 꽃가루를 뿌리며 우리가 땅으로부터 나올 때 우리에게 주어진 기도문을 사용한다. 그러면 아버지 하늘이 비를 내린다."

나바호 인디언들이 비를 바랄 때 드린 기도다. 그들이 수천 년 동안 뿌려둔 꽃가루가 그랜드 캐니언 북쪽 들판의 드넓은 초원에 누워 있다. 아름다운 들꽃이 피기만 하면 비가 내릴까? 그렇다. 그랜드 캐니언 북쪽 초원에 들꽃이 가루처럼 뿌려지면 매일 오후 스콜성 비가 내린다. 하얗고 노란 꽃이 가루처럼 필 때면 자주 비가 오는 것을 그들은 알고 있었던 것이다.

이런 아름다운 초원이 있음에도 불구하고 그랜드 캐니언 양쪽 봉우리의 겨울 기후는 매서운 바람으로 폭군처럼 잔인하게 변할 때가 있다. 그래서 사람들은 겨울의 가혹함으로부터 도망치기 위하여 협곡 아래로 내려가기도 했고 어두운 협곡 멀리까지 개척하기도 했다. 서기 1050년쯤 고대 인디언^{아나사지}들, 바스켓메이커 문화의 자손들이 완전히 정착하여 봉우리 양쪽에서 농사를 지었다.

데저트 뷰 포인트^{Desert View Point}와 캐니언 빌리지 사이의 사우스림 로드^{South Rim Road}에 있는 투사얀 유적 ^{Tusayan Ruins}은 크기가 작지만 인디언의 삶을 이해할 수 있는 매우 유익한 박물관이다. 투사얀은 작은 푸에블로 부락의 구조를 가지기도 했고 주거지가 상당한 크기의 키바^{Kiva, 인디언의 지하실 큰 방, 종교의식 등에 쓰였음}에 근접하기도 했다. 전문가들은 두 구조물 모두 1100년경 사람들이 잠시 거주했을 때 지어졌다고 주장한다. 농경지는 대개 주거 지역에 가까이 있으므로 키바 근처의 공간에 있었을 것이다.

사우스림 로드에 있는 또 하나의 역사적 장소인 브라이트 엔젤 유적 ^{Bright Angel Ruins}은 그랜드 캐니언에서 발견된 더 오래된 유적의 하나다. 오늘날 우리가 보는 캐니언 내 대부분의 유적은 존 웨슬리 포웰^{John Wesley}

노스림의
평화로운 들판

투사얀 유적

Powell이라는 탐험가가 발견했다. 이 유적도 1869년에 콜로라도강을 탐험하러 내려가기 시작했던 포웰이 두 번에 걸친 탐사 중에 발견한 곳이다. 이 유적은 강의 북쪽 언덕에 위치해서 초기 주거의 증거들을 보유하고 있다. 아마도 서기 1050년경 소규모 주민들이 점유했을 것이다. 이곳에서 볼 수 있는 작은 푸에블로 구조물의 잔재들은 서기 1100년경에 건설했다. 초기 거주자들이 그들의 주거지를 비운 후에 풍부한 물과 일할 만한 경작지에 매력을 느낀 새로운 거주자들이 이 지역으로 이주했다고 고고학자들은 주장한다. 그들은 이주해 오기 전에 50년 혹은 60

년간 거처를 한층 개선해서 이곳을 차지했다.

선택한 트레일 코스에 따라 7에서 9마일의 매우 가파르고 힘겨운 길을 걸으면 브라이트 엔젤 유적에 도착한다. 계곡의 길이 험난해서 물과 음식이 부족할 것이므로 길을 떠나기 전에 상당한 양의 음식을 준비해야 한다. 여행에서는 늘 노력할 만한 가치가 있는지 묻지 않을 수 없다. 그런 질문을 하고 싶다면 이곳에 꼭 한 번 가보는 게 좋겠다. 그랜드 캐니언의 장대한 길을 걸어서 이곳에 살았던 사람들의 과거를 볼 수 있다는 것은 이곳으로 걸어간 사람들만의 특권이 될 것이다.

월할라 유적Walhalla Ruins은 북쪽 봉우리의 월할라 글레이드 전망대 Walhalla Glades Overlook 근처에 있다. 이 작은 구조물은 선사시대에 한 가족이 살았던 것으로 보인다. 그 사람들은 인접한 곳에 작은 정원 같은 뜰을 돌보며 이곳에 살았다. 엄청나게 거대하다고 이 계곡 위에서 나약한 인간 일가족이 살면서 자연의 위대함에 대한 겸손을 배우지 않았을까.

오늘날, 캐니언 북쪽 지역에 사는 남부 파이우트족Paiute*과 하바수 개

---

*
남부 파이우트와 북부 파이우트로 나뉜 인디언 부족이다. 유트어를 사용하는 남부 파이우트족은 한때 유타 남부, 애리조나 북서부, 네바다 남부, 캘리포니아 동남부에 걸쳐 살았다. 16~17세기에 스페인 사람들이 이들의 영토를 장악했을 때나 미국 정부에 영토를 빼앗기고 강제로 보호구역에 수용된 19세기에도 남부 파이우트족은 백인들과 심한 마찰을 일으키지 않았고 많은 부족민들이 백인의 목장이나 백인 정착지에서 일했다. 지금은 인디언 보호구역 여기저기에 흩어져 있다.
북부 파이우트족은 초목의 뿌리를 캐는 것 때문에 디거Digger라고도 했다. 예전에는 캘리포니아 중동부, 네바다 서부, 오리건 동부에 살았으며, 이들의 일파인 배녁족은 아이다호 남부에서 쇼쇼니족과 함께 들소를 사냥하며 살았다. 1840년 이후 백인 금광 채굴자와 농부들이 모여들면서 모자라는 식량을 빼앗아가자 총과 말을 구해 백인들과 전투를 벌이기도 했다. 하지만 1874년 이후 모든 영토가 미국정부에 귀속되고 말았다.
남부 파이우트족이 약간의 농사를 짓기도 했지만, 전통적으로 파이우트족은 주로 식물의 씨앗, 송과松果 등을 채집하거나 작은 짐승을 사냥하여 생활했다. 오늘날 파이우트족은 5,000명이 채 남지 않았다.

천^{Havasu Creek} 지역에 거주하며 성장한 농민들인 하바수파이족은 그랜드 캐니언의 더 먼 곳까지 점령하고 있다. 이 원주민들은 호피족^{Hopi**}과 주니족^{Zuni***}인데 그들의 조상이 태초에 그랜드 캐니언 밑바닥을 통해 세상으로 처음 올라왔다고 그들은 믿는다. 따라서 그들에게 이 땅은 성지이다. 이 협곡을 버리고 떠나갔던 원주민들이 이제는 이러한 믿음을 좇아 그들의 정신적 유산을 기리며 협곡으로 되돌아오고 있는 실정이다.

**
푸에블로 인디언 일파인 호피족은 나바호 인디언 보호구역 중앙부와 페인티드 데저트 가장자리, 곧 애리조나주 북동부에 해당하는 지역에 산다. 쇼쇼니어를 사용하는 호피족은 돌과 어도비 진흙으로 만든 전형적인 계단식 푸에블로 가옥에서 산다. 독립된 부락을 많이 이루고 있으며, 대부분의 거주지는 메사mesa(꼭대기가 평평한 봉우리) 위에 세워져 있다.

호피족의 정확한 기원은 알려져 있지 않으며, 이들이 많은 독립공동체를 이루고 사는 이유에 대해서도 알려져 있지 않다. 이들의 고유 신화는 그 조상이 키바kiva라는 4개의 지하공간을 통해 지상으로 올라왔으며, 지금의 거주 지역에 정착하기 전에 여러 지역에 살았다는 이야기를 전할 뿐이다.

호피족은 농사를 짓고 양을 사육하면서 생계를 유지했다. 주식은 옥수수였으나 콩·호박·멜론 등을 비롯해 다양한 채소 및 과일을 재배했다. 다른 푸에블로 인디언들과 마찬가지로 호피족은 평화적이었으며 일부일처제를 행했다. 이들은 급격한 문화적 변화를 겪으면서, 정체성을 유지하는 대신 백인들과 융화를 시도했다. 그 결과 오늘날 호피족의 전통문화는 점차 해체되고 있다.

***
주니족은 미국의 애리조나 주와 접하는 뉴멕시코주 중서부에 사는 북아메리카 인디언이다. 이들의 기원과 초기 역사에 관해서는 알려져 있지 않다. 신화에서는 주니족의 조상들이 땅 밑에서 출현하여 현재의 거주 지역으로 옮겨왔다고 한다. 16세기에 스페인인과 처음 접촉했을 때, 이들은 5, 6곳의 마을에 흩어져 살고 있었다. 17세기말 스페인인들이 푸에블로 인디언의 반란을 격퇴한 후, 주니족은 여러 층의 석조 건물로 된 한 부락으로 몰려들었다.

다른 푸에블로 인디언과 마찬가지로 주니족은 평화적이며 신앙심이 깊고 복잡한 제례조직을 갖추고 있다. 이들은 모계 씨족 사회를 형성했으며 남자들은 주로 옥수수 농사를 짓고 일부는 은과 터키석의 뛰어난 세공기술을 가졌다. 여자들은 바구니 짜기와 도기 제조를 맡았다.
주니족은 현대의 미국 생활에 상당히 많이 동화되었지만, 아직도 일부 전통문화가 남아 있다. 인구는 20세기 말에 5,000명 남짓한 것으로 조사되었다.

그랜드 캐니언의 홍수 설화

세상에 사람이 생기기 전에 이 땅에는 쌍둥이인 두 명의 신이 존재했다. 한 신은 선의 신 토차파^Tochapa이고 다른 한 신은 악의 신 호코마타^Hokomata이다.

선의 신 토차파에게 푸케에^Pu-keh-eh라는 딸이 있었다. 그녀는 살아있는 모든 것의 어머니가 되기를 바랐다. 하지만 악의 신 호코마타는 푸케에가 살아있는 것들의 어머니가 되는 일만은 발생되지 않도록 막아야한다고 생각한다. 푸케에의 번식은 자신의 생존을 위협하는 행위였기 때문이다.

하여 호코마타는 거대한 홍수를 일으켜 지구를 뒤덮었다. 온 땅이물에 잠기자 선의 신 토차파는 딸을 구해야 했다. 그는 한 그루의 거대한 나무를 쓰러뜨려 나무의 속을 파내서 배를 만든 다음 그 배에 푸케에를 태웠다. 홍수가 지구를 덮어 온 세상이 물에 잠겼지만 그녀는 아버지가 만들어준 배에서 목숨을 건질 수 있었다.

기나긴 홍수 끝에 마침내 물이 빠지고 산의 봉우리들이 나타났고 산봉우리 사이 낮은 곳으로 강이 만들어졌다. 수많은 강들 중 하나는 엄청난 물줄기로 땅을 갈라내 커다란 협곡을 형성했다. 그 협곡이 그랜드 캐니언이다. 그리고 그 물줄기가 때론 부드럽게 때론 격렬하게 그랜드 캐니언 밑바닥을 흐르는 콜로라도강이 되었다.

통나무배로 목숨을 건진 푸케에는 물이 빠진 새 세상 위로 나왔다. 그녀는 눈앞에 펼쳐진 텅 빈 새 세계를 바라보았다. 육지가 완전히 마른 후 거대한 황금 태양이 동쪽에서 떠올라 땅을 따뜻하게 데웠다.

땅은 그녀의 뱃속에 아이를 주었고 시간이 흘러 그녀는 건강한 남자

아기를 낳았다. 이번에는 폭포가 그녀에게 새 생명을 주었고 다시 시간이 흐르자 아름다운 여자 아기를 낳았다. 아버지가 다른 이들 오누이는 잘 성장을 했다. 성인이 된 두 남녀가 결합하여 세상의 모든 사람들의 조상을 탄생시켰다. 그 첫째 자녀가 하바수파이^{**}였다.

선의 신 토차파가 그 후손들에게 말했다.

"너희에게 항상 순수한 물이 풍성히 있을 것이다. 아름다운 땅 이곳에서 영원히 평화스럽게 살라."

하바수파이족이 사는 땅에는 하바수파이 폭포가 있다. 옥색 물이 사시사철 흐르는 이 폭포가 세상에서 가장 아름다운 폭포라는 칭송을 받는다. 선의 신 토차파의 축복이 이렇게 아름다운 폭포를 만들었을 것이다.

그랜드 캐니언 탄생 설화는 기독교 성경에 나오는 노아의 홍수 이야기와 유사한 측면이 있다. 노아의 홍수 이야기는 전 세계적인 설화의 화소로 다양한 형태의 이야기로 여러 곳에 전해지고 있다. 이처럼 다양한 지역 다양한 민족에서 홍수 이야기가 전하는 것을 근거로 모든 인류가 노아의 후손이라는 사실과 공통된 문화적 배경을 가지고 있다는 사실을 지지하는 기독교인들도 있다. 그들의 주장이 옳건 그르건 이처럼 동일한 설화의 존재는 인류의 역사가 단일 줄기에서 출발했을 가능성을 늘 열어두게 한다.

사람들은 이 거대한 계곡을 탐험하려고 갖가지 수단을 동원한다. 기

---

^{**} 하바수는 청록색 물(blue-green water), 파이는 사람(people)이라는 뜻이다.

차, 배, 비행기, 헬리콥터, 말, 노새를 이용하기도 한다. 그런가 하면 며칠을 걸어서 이 협곡을 뒤지기도 한다. 어느 날 밤길에서 마주친 수많은 사슴 떼의 푸른 눈동자와 암흑이 추억이 될 수도 있고 이 협곡에서 사망한 사람들 이야기가 관심을 끌기도 한다.

실제로 이 협곡에서 사망 사고는 심심찮게 발생한다. 첫째 원인은 기아와 갈증, 둘째는 낙상, 셋째는 방울뱀에 물리는 게 주원인이다. 이 거대한 그랜드 캐니언의 크기에 압도당한 것보다 더 흥미로운 기록도 있다. 일 년에 미국인이 먹는 아이스크림의 양이 그랜드 캐니언의 다섯 배라는 사실이다.

이 공원에는 아직도 인간의 발이 닿지 않은 공간들이 무궁무진하다. 그런 공간에 가려면 위험을 감수해야만 한다. 그렇기에 공원의 미개척지에서 캠프를 하려면 허가와 예약이 요구된다. 공원에 있는 팬텀 랜치Phantom Ranch에서 자세히 안내를 받을 수 있다.

계곡에서 일어나는 세 번째 사망 원인, 방울뱀. 나는 남쪽 봉우리 야바파이 포인트Yabapai Point로 가다가 실제로 방울뱀을 밟을 뻔했다. 그날은 스포츠 샌들을 신고 있었는데 멀리 경치에 취해 콧노래에 맞춰 어깨까지 들썩거리며 걷다가 우연히, 정말 우연히 시선을 길바닥에 떨어뜨렸다. 방울뱀이 똬리를 틀고 불과 20센티 앞에서 나를 노려보고 있었다. 아, 정말 아슬아슬했다. 만일 그때 물렸다면? 아찔하다. 그랜드 캐니언을 비롯하여 미국 남서부 지역에선 가능하면 발목까지 오는 신발을 신으라고 권하고 싶다.

계곡에서 일어나는 두 번째 사망원인, 낙상. 그랜드 캐니언에 가면 여행객들이 깎아지른 절벽 끝에 아슬아슬하게 서 있거나 앉아 있는 경우

절벽 끝에 선
사람이 위태롭다

를 종종 본다. 절벽 위에 서 있는 사람은 좁쌀처럼 작다. 정말이지 손톱으로 통 튕기면 튕겨나갈 것 같다. 실수로 절벽 아래로 떨어지는 상상만으로도 아찔하다. 그런데 내 상상을 종종 바람이 실천에 옮긴다. 언제 바람이 불지 모르고 풍화된 바위가 언제 무너질지 모른다. 그러하니 절벽 끝에 서 있을 때 바람이나 발 밑을 조심해야 한다.

가장 큰 사망 원인, 기아와 갈증. 사람들이 기아와 갈증으로 죽는다는 사실은 이채롭다. 이런 사건이 발생하는 이유는 이 협곡의 독특한 지형 때문이다. 산을 오를 때는 체력의 한계를 느끼거나 갈증과 배고픔을 느끼면 되돌아 내려오면 된다. 하지만 협곡에 내려가는 사람들은 별 준비 없이도 쉽게, 마치 소풍가듯 내리막길을 따라 걸어갈 수 있다. 그런데 이 협곡은 내려갈수록 엄청나게 온도가 올라간다. 게다가 사람에게 제공할 만한 식음료는 전혀 없다. 내려갈 때는 쉽게 내려갔지만 반대로 이 절벽을 오를 때는 굉장한 오르막과 갈증, 더위, 배고픔과 싸워야 한다. 따라서 사람들은 예기치 않은 사고에 처하곤 한다. 협곡으로 내려갈 사람은 반드시 물과 빵을 챙겨야 한다.

그랜드 캐니언 아래로 걸어 내려갈 사람은 별로 없겠지만 시간을 만들어 내려가 보길 권하고 싶다. 협곡 아래에서 올려다본 경관과 느낌은 협곡 위에서 보는 느낌과 사뭇 다르다. 위에선 자연을 눈 아래로 볼 수 있지만 내려가서 보면 자연이 얼마나 위대한지 반드시 올려다봐야만 한다. 비좁고 위태롭고 건조한 길을 걷다보면 냄새나는 화장실의 고마움도 느낄 수 있고 황막한 자연에 사는 야생동물과 대화할 기회도 온다.

그랜드 캐니언을 가장 제대로 볼 수 있는 여행법은 래프팅이다. 콜로라도강을 따라 고무보트로 일주일 동안 흘러가는 여행으로 대자연을

쓰레기 등의 짐을 나르는 마부

가장 확실히 느끼는 방법이라고 한다. 그러나 이런 긴 시간을 투자하기가 쉽지는 않으므로 여행객들에게 가장 인기 있는 투어는 뮬^{mule}, 노새 여행이다. 노새를 타고 협곡 아래까지 내려갔다가 되돌아오는 투어이다. 미국 서부에서 나바호 인디언을 완전히 굴복시켰던 키트 카슨은 서부의 척박한 환경에서 말을 타는 것은 어리석다고 했다. 노새는 적은 물로 오랜 시간을 걸을 수 있어서 건조한 기후에 가장 적합한 이동수단이다. 이 투어는 대단히 인기가 높아서 약 2년 전에는 예약을 해야 제대로 여행 계획을 잡을 수 있다.

자연 그대로의 북쪽 협곡에 펼쳐진 아름다운 초원과 깎아지른 절벽에서. 그리고 그 크기를 가늠할 수도 없는 남쪽 협곡의 광활함에서 인디언들은 신께 경배를 했을 것이다. 나도 그들처럼 경건한 마음으로 이 협곡을 내려다본다.

많은 사람들이 산에 올라 산 아래를 내려다보며 자신이 산을 정복했다고 생각한다. 하지만 나는 이 협곡을 내려다본다고 해서 결코 그런 생각을 할 수가 없다. 노새에 짐을 싣고 하루 종일 협곡을 오르내리는 마부들과 인간이 가지 못하는 곳에 뙤약볕을 받으며 존재하는 야생동물들, 그리고 해가 저무는 동안 불타오르는 바위. 바위 밑바닥을 영겁의 시간 동안 훑어 내려온 강물. 이곳에서 내가 대체 무엇을 생각할 수 있으며 무엇을 말할 수 있을까? 내가 도대체 무엇을 정복할 수 있을까. 이 협곡을 구석구석 뒤지는 이들은 또 무엇을 발견하고 깨달을 수 있을까. 참 아득한 일이다.

그들도 내 인생도 다 바람 속의 먼지와 같아서.

 주소: P.O Box 129 Grand Canyon, AZ 86023
전화: 928-638-7888
홈페이지: https://www.nps.gov/grca/index.htm
머물 수 있는 가까운 도시: 남쪽 계곡은 윌리엄스Williams와 캐니언 빌리지에서 머물 수 있고 북쪽 계곡은 제이콥 레이크Jacob Lake와 캐니언 롯지가 있다.
방문하기 좋은 시기: 5월 중순에서 10월 중순
도로상태: 포장도로
찾아가는 길: 북쪽 계곡은 제이콥 레이크에서 AZ67번을 타고 끝까지 44마일을 달린다.
남쪽 계곡은 I-40 윌리엄스에서 US180(AZ64)를 타고 57마일을 달린다.

13

땅이 가르치는 것처럼

우팟키 내셔널 모뉴먼트 Wupatki National Monument

우팟키 내셔널 모뉴먼트는 56평방마일의 울퉁불퉁하고 높은 사막지역에 자리 잡고 있다. 여기에는 2,000개 이상의 고고학적 유적이 있다. 우팟키 모뉴먼트는 인디언의 선사시대 단칸방으로부터 백 개의 방을 가진 거대한 집들까지 보존하고 있다. 모뉴먼트 주위와 버디 밸리^{Verde Valley} 지역은 워낙 많은 유적을 보유하고 있어서 문화의 용광로라고 불려 왔다. 이곳의 지형은 외관상 인류가 지배하기에 부적당하지만 나바호족과 호피족, 주니족의 발자취가 우팟키 내셔널 모뉴먼트 지역에 광범위하게 흩어져 있다.

11,000년 전쯤 리틀 콜로라도강과 샌프란시스코 봉우리^{캘리포니아 서해안에 위치한 매력적인 도시 샌프란시스코가 아니라 애리조나주에 있는 산이다} 주변 지역에 당도한 사람들이 우팟키 지역의 첫 방문자였을 것이다. 이러한 추정은 이 지역을 배회했던 팔레오 인디언^{Paleo Indian} 시대의 클로비스 포인트^{Clovis Point, 북아메리카 최초로 부싯돌을 사용한 문화}를 발견하면서 가능해졌다. 그러나 이 사람들은 유목민

이어서 그들의 흔적을 별로 남기지 않았다.

이후 서기 500년까지의 원시 주거지들과 노동현장과 고대인들이 남긴 몇몇 특성들이 이 지역에 사람이 정착한 첫 기록이다. 사람들이 이곳을 지배하면서 들판에 물을 대고 그 땅에 농사를 짓기 시작했다. 그들은 작은 경작지에 옥수수와 콩과 호박 등을 재배했고 경작지 근처에 집을 지었으며 건조한 땅을 가로질러 농경지를 확장시켰다. 근면한 농부들인 이들을 고고학자들은 시나구아족^{Sinagua}*이라고 명명했다. 스페인어로 신^{sin}은 '없이'의 뜻이고 아구아^{agua}는 '물'을 뜻하는 합성어로, 적은 물로 살 수 있는 사람들이라는 뜻이다.

이 사람들은 들판에 수로를 만들어 저수지를 만들었음은 물론 작은 샘으로부터 흐르는 물과 계절적인 강우, 녹는 눈까지도 모아서 활용했다. 시나구아인들은 오늘날 선셋 분화구로 알려진 원뿔 모양의 화산이 지형을 바꿀 때까지 400년이 넘도록 이 척박한 사막에서 생존했다.

화산이 남긴 천년의 흔적

우팟키 공원 남쪽지역은 선셋 크레이터^{Sunset Crater} 즉 분화구 지역이다. 이곳에 가면 천 년 전에 화산이 어떻게 이 지역을 장악해버렸는지 생생하게 확인할 수 있다.

분화구 주변은 꽤 넓은 지역이 검은 모래로 뒤덮였다. 모래라기보다는 화산재라고 하는 게 정확한 말일 테지만, 천 년 전에 터진 화산의 잔

---

*
서기 500년부터 1425년 사이 미국 애리조나주 북동부에 살았던 인디언 부족으로 호피 인디언의 한 갈래에 속한다.

선셋 분화구 지역에 강물처럼 흐르다 굳은 용암

재가 아직도 모래처럼 화산재로 남아있다니, 믿을 수가 없다. 하지만 그 곳에서 밟을 수 있는 흙은 대부분 화산재이거나 흩어진 현무암들이 풍화된 잔재다.

분화구까지 가는 길바닥도 온통 부서진 검은 모래들이고 용암에 타서 쓰러진 나무들이 군데군데 누워서 천 년의 잠을 자고 있다. 그런가 하면 화산이 분출하기 전에 개천이나 계곡이던 지역을 따라 검은 현무암 덩어리가 끝도 없이 누워 있다. 천 년 전에 거센 급류로 흐르며 역동적으로 굽이치던 용암이 그대로 돌이 되었다. 이처럼 흐르다 굳어진 현무암을 나바호 인디언들은 전설 속 거인 이엣소Yietso의 뼈라고도 한다.

서기 1064년부터 1065년까지 무려 일 년 가까이 이 지역은 천연 용광로가 되었다. 엄청난 화산 폭발로 화산재가 하늘을 뒤덮고 뜨거운 용암과 유독가스가 이 지역 전부를 전쟁터처럼 만들어 버렸다. 이곳에는 사냥이나 채집을 하던 유트족 같은 사나운 부족이 산 게 아니라 아나사지 인디언들이 살았다. 아나사지 인디언은 정착생활을 했으며 유순하고 평화로운 사람들이었다. 그들은 진흙으로 만든 공동주택을 사용했으며 금욕적인 문화를 가진 사람들로 알려져 있다. 지각을 뚫고 분출하여 급류로 흐른 용암은 이 온화한 인디언들이 모여 살던 평화로운 마을들을 산산이 파괴했을 것이다.

첨단 과학이 발달하고 놀라운 예측시스템을 갖춘 오늘날도 화산 폭발에 의해 희생되는 사람이 많다. 하니 경험과 직관적 판단만으로 기상을 예측해야 했던 천 년 전의 상황은 어땠을까? 화산이 분출하는 동안 이 지역은 말 그대로 아비규환이었을 것이다. 상상만으로도 소름이 돋는다.

천만 다행, 이 고대인들은 꽤나 명석했다. 화산이 폭발하기 직전 상당수의 사람들이 대피했다. 이들이 화산 폭발의 징후를 어떻게 알아챘는지는 알 수 없다. 하지만 그들이 화산이 폭발할 것에 대비해서 일시적으로 샌프란시스코 봉우리 주변 지역으로 떠난 것은 틀림없는 사실이다.

주민들은 이곳을 떠났지만 대부분의 시나구아 유적들은 폼페이의 최후와 같은 멸망을 당했다. 용암이 강물처럼 흘러 땅을 뒤덮었고 그 지역에 살아 있는 모든 동물과 식물, 인간의 흔적을 묻어 버렸다. 아깝게

용암에 쓰러진 채 누워 있는 거대한 나무들

도 고대 유적은 검은 땅 아래 어딘가로 잠적해 버렸다. 두껍고 검은 화산재는 폭발 지점으로부터 800평방마일에 거쳐서 검은색 눈이 되어 땅에 뿌려졌다. 이때의 용암과 화산재가 천년이 지난 지금까지도 너무나 선명하고 현장감 있게 이 들판에 남아있는 것이다.

살면서 심심찮게 '하필이면 왜 그 사람이?' 라는 질문을 던지곤 한다. 이 지역에서도 그런 질문을 하게 된다. 왜 하필이면, 다른 종족을 괴롭히는 파괴적인 종족이 아니라 그와 같이 평화로운 사람들이 분노한 자연의 희생물이 되어야만 했을까? 이런 질문을 하다보면 '섭리'라고 설명되는 자연의 질서는 때로 꽤나 무질서하다는 생각을 아니 할 수 없다. 자연이 만든 모든 것은 타당성 여부를 묻기 전에 질서가 되고 법칙이 된다. 자연은 심술꾸러기다. 그러나 인간은 그 심술꾸러기의 질서와 법칙에 순응하며 살아갈 수밖에 없다.

"자, 따라와. 내가 가는 곳이 길이야."

길이 분명하지 않은 무너진 집터라든지 분화구 주변을 걸으면서 나 혹은 다른 사람들이 밟은 곳이 곧 길이라고 인간들은 생각을 한다. 하지만 그 길들은 바람에 쓸려가고 눈비에 쓸려가고 심지어 온 땅을 뒤집어 버리는 화산 활동 같은 것들을 통해 모두 자취도 없이 사라져 버릴 것이다. 애달프지만 인간이 만든 길은 법칙도 질서도 될 수 없다. 세계의 지배자는 오직 심술쟁이 자연일 뿐이다.

자연의 가르침만이 진정한 가르침이고 자연이 던진 질문만이 질문이다. 자연이 주는 질서만이 질서이고 자연이 주는 깨달음만이 진정한 깨달음이다. 자연이 주는 선택만이 참된 선택이고 자연이 열어준 길만이 참된 길이다. 그래서 인디언들은 이런 기도를 했다.

풀잎들이 햇볕 속에 있듯이
땅은 우리에게 침묵을 가르치네
오래된 돌들이 기억으로 고통 받듯이
땅은 우리에게 고통을 가르치네
꽃들이 겸손히 피어나듯이
땅은 우리에게 겸손함을 가르치네
어머니가 아이들을 돌보듯
땅은 우리에게 보살핌을 가르치네
나무가 제 홀로 섰듯이

땅은 우리에게 용기를 가르치네
땅에 기어가는 개미처럼
땅은 우리에게 한계를 가르치네
하늘을 지배하는 독수리처럼
땅은 우리에게 자유를 가르치네
가을에 죽음을 맞는 떨어지는 잎처럼
땅은 우리에게 이별을 가르치네
봄에 새싹을 틔우는 씨앗처럼
땅은 우리에게 부활을 가르치네
눈이 녹으면서 자아를 버리듯
땅은 우리에게 버리는 법을 가르치네
마른 들판이 비에 젖듯이
땅은 우리에게 감사를 가르치네

폭발 후 시간이 지난 뒤 시나구아들은 우팟키로 되돌아와 다시 자리를 잡기 시작했다. 귀환 후 경작을 했는데 역설적이게도 미네랄이 풍부한 화산재가 대단히 우수한 거름 역할을 했다. 이것도 자연의 '섭리'일까? 기후 변화도 이들의 삶을 도왔다. 건조했던 땅에는 화산 폭발이 만든 산으로 인해 더 많은 지형성 비가 내렸고 하늘이 내려준 비를 따라 샌프란시스코 봉우리 주변과 리틀 콜로라도강에 현저하게 인구가 많아졌다. 시나구아에게 자연은 심술쟁이치고는 쓸 만한 심술쟁이였다.

전문가들은 카엔타 아나사지^{Kayenta Anasazi} 사람들이 북쪽으로부터 이 지역으로 이주해 와서 동쪽의 윈슬로 아나사지^{Winslow Anasazi}와 서쪽의 코호니나^{Cohonina}를 연결한 것으로 믿는다. 호호캄^{Hohokam**}과 모골론^{Mogollon} 사람들은 남쪽에 있는 그들의 고향으로부터 이곳으로 이주했다고 본다. 서로 다른 문화를 가진 이들은 시나구아와 신속하게 뒤섞였고 새 공동체는 훌륭하게 호흡을 맞춰 오늘날 우팟키 내셔널 모뉴먼트에 발견되는 인상적인 푸에블로 마을을 건설하기 시작했다.

우팟키 부락의 동쪽에 우코키 푸에블로^{Wukoki Pueblo}가 있다. 사막 한가운데 동떨어진 이 푸에블로는 커다란 바위 위에 우뚝 서 있어서 마치 요새 같다. 미니 성채 같은 담벼락 어딘가에 인디언들이 매복하고 있을 것 같다. 내가 다가가면 화살이나 창으로 공격하지 않을까. 상상 속의 인디언은 나오지 않았지만 상상은 늘 여행을 더 흥미롭게 해 준다. 바위 위에 지은 집이 참 독특해서 외관부터 한 바퀴 둘러본다. 이 인상적인 주거지는 우팟키보다는 단순하지만 훨씬 더 건축학적인 매력이 있다. 바위에 솟은 건물을 지은 까닭에 폭우에서 주거지를 보호할 수 있었을 것이다.

그 외에도 성채 푸에블로, 날라키후^{Nalakihu} 푸에블로, 박스 캐니언^{Box Canyon} 주거지, 그리고 로마키^{Lomaki} 푸에블로 등이 있다. 이들은 대부분 US89 도로와 이 공원의 북쪽 출구가 만나는 방향의 순환 도로 입구에 있다.

** 미국 애리조나주 지역을 중심으로 형성된 고대 아메리카 원주민들의 문화로, 남서부 고고학(미국의 콜로라도, 애리조나, 뉴멕시코, 유타, 네바다 등 서부 지역과 멕시코 북부 지역의 소노라주와 치와와주를 중심으로 연구한다)에서 미국 남서부 지역과 멕시코 북부 지역의 4대 주요 문화 중 하나이다.

우코키 부락

땅이 가르치는 것을 기억하라

초원으로 뒤덮인 들판 위에 놓인 채 마음껏 매력을 발산하고 있는 거의 유적들이 과거로의 시간 여행을 하는 여행자들의 마음을 설레게 한다. 하지만 아무리 매력을 발산하고 있다 해도 이 유적은 오늘날 사라져가는 사람들의 흔적일 뿐이다. 아름다운 들판에서 바람과 비에 무너지고 있는 폐허들이 오늘을 사는 인디언의 삶을 나타내는 것만 같다. 미국이라는 나라에서 소외되고 외면당하면서 살아가는 인디언들의.

소외와 차별이라는 화두는 꽤 무거운 이야기지만 오늘의 인디언이 피할 수 없는 삶의 문제이기도 하다. 미국에는 인종 차별 금지법과 같은 차별을 금지하는 실질적이고 꽤 강력한 법이 있다. 그럼에도 불구하고 미국에서 주류가 아닌 히스패닉이나 인디언들은 상당한 차별에 희생되고 있는 게 현실이다. 그래서 어떤 인디언 청년은 취직을 할 때 자신이 인디언임을 속인 적이 있다고 한다. 어딜 가서도 인디언이 아닌 척해야 했다고도 한다. 혹시 누군가 인디언을 향한 뒷공론을 하더라도 못들은 것으로 하고 지나쳐야 했다. 또 동족 인디언이 부당한 일을 당하더라도 그 일을 모르는 척해야 했다.

미국 사회가 차별을 허용하지 않는다는 표면의 주장에도 불구하고 이들에 대한 실질적인 차별이 엄청나게 자행되어 온 게 사실이다. 그리고 이러한 차별에는 근거도 없고 정당성도 없다. 따라서 이런 차별은 폭력이다. 모든 차별이 폭력적이지만 특히 근거 없는 차별은 더욱 큰 폭력이다. 게다가 물려받은 것으로 인한 차별과 물려받은 것에 대한 차별은 폭력 정도가 아니라 만행에 해당한다.

인디언들은 자신의 핏줄과 고향을 버려야 하는가의 문제로 고뇌하고 눈물을 흘려야 했다. 내가 존재하도록 해 준 조상과 고향을 부정하면서 이 세상의 질서를 따르도록 하는 것보다 더 큰 폭력이 어디 있단 말인가? 인디언들은 그런 폭력을 당하면서 살았다. 이력서에 자신의 출신 성분을 말하지 않았다. 가능하면 부모가 누구인지 말하려 들지 않았다. 학교에서 친구들과 대화할 때 자기가 인디언인 것을 속여야 했다. 심지어 낯선 사람들만 있는 슈퍼마켓에서 물건을 살 때도 자신들은 인디언이 아니라 히스패닉이나 동양인인 것처럼 행동해야 했다.

히스패닉은 미국 사회에서 주류가 아니다. 동양인도 미국 사회의 주류가 아니다. 그들도 마찬가지로 차별의 대상이다. 하지만 인디언들이 볼 때 적어도 동양인이나 히스패닉은 인디언보다는 나았다. 나치 통치 하에서 유태인들이 종종 폴란드인 행세를 했다는 기록이 있다. 왜 그랬을까? 폴란드 사람도 독일인과 동등한 대우를 받진 못했지만 유태인보다는 나은 대우를 받았으니까.

비록 차별을 받더라도 덜 받는 쪽을 택해야만 했던 그들의 아픔을 누가 알며, 그들의 눈물을 누가 보상할 것인가? 이런 차별들은 구성원이 상처받게 하고 그 상처는 갈등을 유발하는데, 사회는 그 갈등을 해소하기 위해 막대한 비용을 들여야 한다. 따라서 차별로 인한 사회적 비용 문제가 고스란히 구성원 자신들의 부채로 되돌아온다.

그들이 사는 사회는 노예제 사회가 아니다. 이른바 가장 잘 사는 나라이며 가장 자유로운 나라라고 하는 미국에서 인디언들은 부모와 고향, 자신들의 조상을 부정하면서 살아야 했다. 부정하진 않더라도 자신의 뿌리에 대해 절대로 침묵할 것을 요구당하면서 살아야 했다. 때론 침묵보다 부정이 차라리 속 편한 일일 수 있다. 겉으로는 평등을 내세우면서도 보이지 않는 강요가 존재하는 것이 더 힘든 일이다. 눈에 보이는 것은 피할 수 있지만 눈에 보이지 않는 것을 피할 방법은 없다. 날아오는 매는 피할 수 있겠지만 보이지 않는 차별과 소외를 피할 방법은 없다. 그래서 나는 인디언이 아니라고 부정해 버리고 자신의 뿌리를 부정해 버리는 길을 택한 사람들이 있었을 것이다.

그들에게 침묵을 요구하는 사회 구조 때문에 추마쉬족Chumash** 추장은 이런 말을 했다.

"사람들은 비가 오지 않아서 가뭄이 왔다고 한다. 하지만 내가 흘린 눈물을 한 곳에 모은다면 이 땅은 결코 가물지 않을 것이다."

참으로 뼈아픈 고백이다. 피를 짜낸 눈물이다. 이런 눈물을 겪어 보지 않고선 도저히 이들의 심정을 이해할 수 없다. 겪어보지 않은 자가 이들의 아픔을 폄훼하는 경우도 있다. 그런 정도의 아픔은 별 게 아니라고. 그 정도도 견디지 못하느냐고. 이런 태도는 더 더욱 큰 폭력이기도 하다.

큰 이변이 없는 한 앞으로도 미국은 발전할 테고 앞으로도 오랫동안 부유한 나라로 살 것이다. 그 축적된 부와 발전이 어떤 형식으로든 인디언들에게도 분배될 것이다. 그래서 인디언들의 삶이 오늘보다 더 나은 삶이 될 수도 있다. 하지만 그렇게 배부른들 무슨 의미가 있을까? 억압받는 인간이 남몰래 흘린 피눈물을 어떻게 경제적 가치로 바꿀 수 있다는 말인가? 아무리 많은 돈으로도 인간이 흘린 피눈물과는 결코 바꿀 수가 없다.

사람들은 땅이 가르치는 것들을 기억해야 한다. 인간이 아닌 오래된 돌들조차 기억으로 고통받는다는 것을. 겸허한 꽃들을. 제 홀로 선 나무와 가을 잎의 의연한 죽음과 봄 새싹의 힘찬 부활을.

사람들은 땅이 가르치는 것을 배워야 한다. 하늘을 지배하는 독수리처럼 우리는 자유로워야 하며 눈이 녹듯 자아를 버리면서 서로를 사랑해야 한다는 것을.

***
역사상 캘리포니아 중앙 지역과 남부 해안지역—현재 샌루이스오비스포, 산타바바라, 벤추라, 로스엔젤레스 자치주—에 거주하고 북으로는 모로만Morro Bay까지, 남으로는 말리부까지 뻗어나간 인디언 부족이다. 추마시는 '산타크루스Santa Cruz의 섬사람'이라는 뜻이다.

주소: 25137 N Wupatki Ln, Flagstaff, AZ 86004
전화: 928-679-2365
홈페이지: https://www.nps.gov/wupa/index.htm
머물 수 있는 가까운 도시: 애리조나주 플래그스태프Flagstaff
방문하기 좋은 시기: 모든 계절
도로상태: 포장도로
찾아가는 길: US89의 플래그스태프와 카메론Cameron의 중간에 위치.

14

 그 방향으로 나아가라

월넛 캐니언 내셔널 모뉴먼트Walnut Canyon National Monument

미국 남서부에는 실로 많은 인디언 유적이 있다. 햇살과 물과 풀이 있는 땅 어디엔들 사람이 안 살았으랴. 한 개 주만 해도 한국보다 큰 땅들이 수두룩하니 이 땅에 헤아릴 수 없이 많은 유적이 있는 것은 당연한 일이다.

욕심을 버리자, 여행할 때마다 욕심껏 일정 짜는 것을 반성하며 계획을 잡지만 결국 또 욕심을 내고야 만다. 여유로워야 할 여행인데 늘 허겁지겁 쫓긴다. 월넛 캐니언 모뉴먼트에 가려고 플래그스태프에 도착하고 보니 예상보다 많이 시간이 지났다. 이러면 또 고민 시작이다. 그냥 지나쳐버릴까? 유명하고 볼거리 많은 유적지가 한두 군데가 아닌데 시간에 쫓기면서 굳이 이 유적을 봐야 하는 건가? 세계적인 관광지도 아님은 물론 우리 여행객들에겐 이름조차 알려지지 않은 곳인데! 넉넉잖은 시간을 고무줄처럼 늘일 방법은 없나? 여행을 떠난 사람은 어쩔 수 없이 시간의 채찍질을 받을 수밖에 없다. 어떤 면에서 여행은 시간과의 줄다리기다. 그래도 여기까지 왔는데 보고 가자. 눈 딱 감고 한 번만 시간을 용서하기로 하자.

결론적으론, 천만다행이었다. 이 협곡에 오지 않았으면 후회할 뻔했다. 미국 서부의 거대한 협곡들을 보다가 이곳을 방문하면 참 아담하다고 해야 할까? 엄청난 규모의 메사버디 국립공원을 모두 걷는다는 것을 상상하기는 좀 어려운 반면 이 아름다운 협곡은 흙의 얼굴 위를 걸으면서 발바닥에 닿는 고대 유적을 감상하기엔 최적의 장소다. 거대한 부족의 삶이 아니라 작은 골짜기 하나를 차지하고 살았던 이들의 삶을 낱낱이 살필 수가 있다. 인디언들이 살았던 흔적을 구석구석 들여다보고 그들이 파낸 절벽 아래 앉아 햇살을 피하면서, 맞은 편 절벽을 보며 그들의 삶을 상상하기에 안성맞춤이다.

"방향을 가리키지만 말고 그 방향으로 나아가라."

망설이지 말고 실행하라는 인디언의 교훈이 이럴 때 딱 들어맞는 말이다. 이곳에 오기를 참 잘 했다.

절벽을 긁어내고 그 안에 집들을 지어 생활했다는 점에서 유적의 형태는 메사버디와 매우 흡사하다. 지붕은 둥근 암벽이고 암벽 아래가 움푹 파인 모양이 마치 토실한 송이버섯 같다. 절벽을 깎고 돌담을 쌓은 집이 있는가 하면 그 돌담 안쪽으로 다락방을 만들어놓은 집도 있다. 절벽을 깎아 다락방을 만들다니, 그래서 다락방치곤 어둡고 비좁다. 한 채의 집이 있는가 하면 여러 채의 집이 연달아 남아있기도 하다.

제임스 스티븐슨^{James Stevenson}이 1880년대에 워싱턴 스미소니언 연구소의 지원으로 월넛 캐니언에 있는 절벽 주거지를 조사하러 왔다. 그를 안내한 사람은 당시 애리조나주에 살면서 고고학으로 널리 알려진 제

아직도 생생하게 남아 있는 고대 가옥

절벽을 파내서 지붕을 삼았다

시 월터 퓩스^{Jesse Walter Fewkes}였다. 이들은 월넛 캐니언의 고고학적 가치를 높게 평가하여 이를 상부에 보고했고 이로부터 당국의 관심을 받아 1915년에 이 협곡이 내셔널 모뉴먼트로 지정되었다.

이와 같은 노력에도 불구하고 월넛 캐니언의 유물은 유물 수집가들의 탐욕으로부터 거의 보호되지 않았다. 그런가하면 계곡에 있는 유적들은 무관심과 약탈로 거의 파괴되기에 이르렀다. 다행스럽게도 1993년부터 애리조나 사람들이 헌신적인 노력을 하여 이 문화재들을 일부 복원했다. 이후 유물 보존에 관심을 기울여 역사적 가치에 응당한 대우를 받게 된다.

이곳에서 불과 50마일도 떨어지지 않은 우팟키 내셔널 모뉴먼트에 살았던 시나구아족이 월넛 캐니언의 영구적인 주민이었다. 그들은 서기 600년대 초에 계곡 봉우리 꼭대기에 있는 울창한 숲에 공동체 주택을 짓기 시작한다. 남쪽과 북쪽 봉우리를 살펴보면 214개의 고고학적 장소가 있다. 정원과 테라스를 갖춘 집과 작은 뜰을 갖춘 집은 물론 공동 부락 같은 구조도 다수 발견된다.

이들 장소 중 상당수는 세월에 의해 무너진 그대로 남아있기도 하고 워낙 가파른 절벽과 미개척지에 있어서 상당한 장비를 갖춘 전문가가 아니면 갈 수 없는 곳에 있기도 하다. 하지만 비지터 센터를 중심으로 1마일 남짓 걸으면서 볼 수 있는 훌륭한 유적이 있어서 그 어느 곳에서보다 생생하게 고대인의 삶을 체험할 수 있다.

비지터 센터에서 출발한 직후 급격한 내리막길을 100미터쯤 걸어가면 평탄한 길이 나온다. 이 길이 두 갈래로 나뉘는데 왼쪽이나 오른쪽 중 어느 쪽을 선택하더라도 갈림길 지점으로 돌아올 수 있는 순환도로

이다. 순환도로 전체가 아주 평탄한 길이므로 힘들이지 않고 고대 유적지를 볼 수 있어서 마치 풍성한 밥상을 받은 기분이 든다.

길은 한 사람만 갈 수 있을 만큼 비좁다. 두 사람이 마주치면 한 사람은 비켜서 기다려야 할 정도다. 그래서 여행친구와 나란히 걸을 수 없는 길이다. 나란히 걸을 수 없는 길은 늘 좀 아쉽다. 동반자에 대한 유트족의 생각에는 이런 이야기가 있다.

"내 뒤에서 걷지 말게. 난 그대를 인도하고 싶지 않네. 내 앞에서 걷지 말게. 난 그대에게 끌려가고 싶지 않네. 다만 내 옆에서 걷게. 그러면 우리는 하나가 될 수 있을 테니."

이들은 지배와 피지배의 관계를 거부한다. 함께 걷는 자는 나의 인도자도 아니고 추종자도 아니다. 함께 걷는 자는 다만 나와 같은 너, 혹은 너와 같은 나만이 존재할 뿐이다. 그래서 함께 걷는 자는 늘 '너'와 '나'가 아니라 '하나인 우리'이다. 그게 부부이건 친구이건 부모와 자식이건 심지어 전혀 낯선 사람이건 간에 함께 길을 걷는다는 것만으로도 하나인 우리로 살아가려 했다. 그래서 이들의 세상은 나는 너이고 너는 나인 세상이다.

이런 세상에선 결코 인간을 이용하거나 인간을 차별하는 행위가 있을 수 없다. 모두가 한 몸으로 길을 가는데 하나의 몸인 손이 어떻게 발을 차별할 수 있으며 머리가 가슴을, 가슴이 얼굴을 어떻게 차별할 수 있겠는가? 세계는 모두 하나가 되고 세계는 모두 평등해지며 그 누구도 너가 아닌 나로 존재하게 된다.

나는 그들이 살았던 돌담 곁에 서 보기도 하고 그들이 걸었던 길을 따라 걷기도 한다. 그들이 일용할 음식을 얻으려고 불을 지피던 아궁이를 구경하거나 집의 안쪽으로 이어진 통로를 따라 곡식을 저장해놓은 창고에도 갔다. 방 안쪽에서 바깥쪽을 내다보면 건너편 절벽이 보인다. 건너편 절벽에 있는 폐허들에도 사람이 살았을 텐데 아침저녁으로 서로를 바라보며 이들은 무슨 대화를 했을까?

이 절벽과 저 절벽에 사는 부락 사람들끼리 결혼도 했을 것이고 농사 지을 땅을 공유하기도 했으며 계곡 바닥에 흐르는 물을 함께 나눠 쓰기도 했으리라. 아침에는 건너편 절벽에 햇살이 비쳤을 테고 저녁이면 이쪽 절벽에 햇살이 비쳤을 것이다. 모든 것을 '나'의 것이 아닌 '서로'의 것으로 공유했던 이들은 내리쬐는 햇살조차 다정하게 나눠가지려고 마주 뵈는 절벽에 집을 지었던 것일까?

시나구아의 흥망성쇠

시나구아Sinagua 사람들은 약 800년 전에 월넛 캐니언의 석회암 절벽에 부락을 형성하고 거주했다. 시나구아라는 이름은 우팟키 내셔널 모뉴먼트에서 설명했듯이 적은 물로 산다는 뜻이다. 적은 물만으로 살았던, 부지런한 이 사람들이 외관상 사람이 살기 힘든 건조한 이 땅에서 번영하여 점점 협곡 깊은 곳으로 나아갔다.

이 시대 사람들은 놀이로 사냥을 하고 숲 바닥에 번성한 풍부한 식물들을 모았으며 가족 경작도 시작했다. 그들은 계절적인 비와 눈이 녹은 물을 숲 바닥의 물의 흐름을 따라 그대로 모아 저수지로 만들었다. 이렇게 축적된 물을 작은 뜰에 공급하여 옥수수와 콩과 호박 등을 재배했다. 경작지가 늘면서 물의 가치는 점점 중요해졌는데 이는 곧 조만간 물 부족 현상이 나타날 수 있으며 부족한 물이 생존의 장애가 될 수 있음을 암시하기도 한다. 실제로 인구의 증가는 물 부족이라는 심각한 문제를 야기했다.

모든 문명은 탄생 성장 쇠퇴의 길을 걷는다. 미국 남서부 여행을 하면 인디언 문명의 성장과 몰락에 공히 적용되는 공식이 있음을 알 수 있다.

그곳에는 애초에 야생의 자연이 있었다. 얼마 후 유목민이 그 땅에 들어온다. 유목민은 그 땅에서 먹을 만한 동물과 식물을 사냥이나 채집을 통해 획득한다. 이 천연의 양식들이 떨어질 무렵 그 땅을 떠난다. 유목민이 떠난 다음 한동안 그 땅은 다시 야생으로 돌아간다. 야생으로 돌아간 땅에는 다시 동식물이 자리를 잡는다. 인간이 사라지면 자연은 다시 제자리로 돌아오는 것이다.

시간이 지나면 이번에는 새로운 주민들이 찾아온다. 이들은 유목민이 아니고 정착민이다. 어디선가 흘러온 이 정착민들은 땅을 일구고 밭을 갈아 농경문화를 창조한다. 땅은 최초로 누군가의 소유가 되거나 자연 상태가 아닌 인위의 상태로 변한다. 농경에 성공한 사람들은 그곳에서 상당한 문화를 꽃피운다. 문화가 융성하면서 인구는 기하급수적으로 증가한다. 인구 증가로 인해 함께 살던 사람들은 커다란 힘을 갖게 되고 경제적 문화적 전성기를 구가한다. 발전이 지속되면서 이 지역은 땅이 도저히 감당하지 못할 만큼 인구가 증가하고 인구 증가에 따라 상당한 환경이 파괴된다. 한창 환경 파괴가 심각해질 즈음 절묘하게 때를 맞춘 자연재해가 발생한다. 이 자연재해라는 결정적인 타격을 받은 문명은 그대로 몰락의 길을 걷는다.

거의 모든 문명이 바로 이러한 길을 밟아왔는데 흥미로운 점은 자연재해가 문명의 전성기에 늘 때를 맞춰 나타난다는 것이다. 문명이 가장 발달했을 때 어김없이 나타난 자연재해로 인해 그 문명이 몰락의 길을 걷는다.

그러나 그것을 역으로 볼 수 있지 않을까? 농경이 시작되고 문명이 싹을 틔울 때부터 전성기에 이르는 수세기 동안 치명적인 자연재해가 전혀 없었을까? 그렇진 않을 것이다. 자연재해는 늘 있어왔지만 문명의 성장기에는 그 자연재해에 순응하거나 자연에 호응해서 살 수 있었다. 하지만 정작 인구가 늘어 여러 가지 사회문제며 환경 문제가 나타나기 시작한 전성기에는 상황이 달라진다. 이미 감당할 수 없을 만큼 환경파괴를 한 이들은 자연재해가 닥쳐왔을 때 이미 자연과 호응해서 살 수 있는 능력을 잃어버린 것이다.

자연재해가 문명을 멸망시켰다기보다는 문명 발전이 멸망을 초래했다고 봐야 한다. 인류 문명의 발전은 그 자체로 축복이기보다는 멸망으로 가는 지름길이 될 수 있음을 수천 년 혹은 수만 년의 인류 역사가 보여주는 셈이다.

이 지역은 다른 곳의 자연재해에 비해 아주 특별한 재해이긴 하다. 가뭄이나 흉년과 화산의 폭발은 질적으로 다른 재해이다. 그럼에도 불구하고 매우 절묘하게도 이곳 주민이 폭발적인 발전을 할 때 어김없이 재해가 일어났다.

서기 1064년경에 선셋 분화구 화산이 폭발해서 이 지역에 두텁고 검은 화산재와 화산암이 뒤덮였다. 이 대재앙은 월넛 캐니언 사람들의 삶을 뿌리째 뒤흔들었지만 우팟키 사람들이 그러했듯 이곳 시나구아족도 폭발의 조짐을 깨달았으며 혼란기 동안 멀리 이주했던 것으로 보인다.

시나구아족이 월넛 캐니언으로 돌아왔을 때는 제2의 영농 전성기였

협곡 너머로 보이는 주거지들

다. 땅을 뒤덮은 화산 물질이 주변지역의 생명력을 고양시켜서 농사짓기에 더 좋게 만들었고 농업에 필요한 연간 강수량도 크게 증가시켰다. 재앙이 오히려 더 좋은 삶의 조건을 만든 역설이 작용한 것이다. 또한 그들이 떠나 있는 동안 이주했던 지역에서 새로운 농업 기술도 배워서 이를 영농에 적용했다.

결과적으로 시나구아 문화는 서기 1065년에서 1200년 사이에 꽃을 피웠다. 그들은 계곡 바닥보다 위쪽의 사암 절벽 우묵한 곳에 들어가 집을 지었다. 오늘날 우리가 볼 수 있는 절벽의 주거지가 이들이 번영기에 지은 건축물이다.

이들의 역사는 아주 빠른 성장을 한만큼 빠르게 사라졌다. 서기 1250년경 월넛 캐니언 주변에 있는 절벽 주거지와 테라스 뜰은 버려진 다. 전성기를 구가한 후, 유목민이 아닌 농경문화를 가졌음에도 불구하고 이들이 어떤 이유로 이 땅을 버렸는지 알려주는 단서는 없다. 이곳을 떠난 시나구아족은 멀지 않은 땅, 오늘날 호피족의 본거지인 플래그스태프 남서부 고원으로 이동을 한다.

전통 사회에서 십 리 길은 꽤 먼 거리였다. 십 리가 4km이므로 자동차로 5분도 채 걸리지 않는 거리지만 두 다리로 걷는 이들에게 십 리는 결코 짧은 거리가 아니다. 시나구아족이 이동한 거리가 짧다고 하지만 그 거리도 결코 짧은 거리가 아니다. 교통수단이 발달하기 전에 말이나 노새 등을 이용하지 않고 단지 걸어서 이주한 그들은 상상할 수 없는 고통을 겪으면서 '먼 길'을 걸었을 것이다.

캐니언 드 셰이 국립공원에서 언급했던 보스케레돈도 수용소는 원래 수용을 위한 시설은 아니었다. 1860년대 당시 뉴멕시코 미군 사령관이었던 제임스 헨리 칼턴James Henry Carleton 장군이 보스케레돈도에 공동 주거지를 짓고 4년 동안 나바호 인디언 9,000명의 주거지로서 실험을 했지만 그곳에 이주한 인디언 중 500명 이상이 사망을 하고 나머지 사람들도 극심한 굶주림과 추위, 질병에 시달린다. 결국 이 실험은 실패로 돌아가고 4년 후 나바호 인디언들은 원래 자신들이 살던 고향 땅으로 되돌아오게 된다.

애리조나주 캐니언 드 셰이 근방에 있던 나바호들이 보스케레돈도까지 가는 300마일, 약 500km에 이르는 거리는 인간이 걸어가기에는 너무나 먼 거리여서 이 거리를 수천 명이 이주하게 하는 것은 곧 살인행위나 다를 바가 없었다. 칼턴 장군은 애초에 인디언을 몰아낼 계획이라기보다는 인디언들에게 새로운 삶의 터전을 만들어주겠다는 의도로 이 계획을 시행했다. 그는 인디언들을 멸종시킬 생각이 아니라 인디언의 저항을 줄일 생각이었으며 그들이 새로운 땅에서 온순하게 살아주기를 바랐다. 칼턴은 새로운 이주 지역에 막대한 자금을 지원했고 눈물겨운 노력을 기울였다. 이곳에서 인디언들이 반드시 훌륭한 삶을 영위할 수 있도록 하겠다는 강력한 사명감을 갖고 있었다. 하지만 잘못된 사명감은 때론 치명적인 오류와 실수를 범한다. 아쉽게도 칼턴이 선택한 그 땅에서는 어떤 작물도 성공적으로 재배되지 않았다. 농사가 되질 않으니 먹을 게 없었고 먹을 게 없는 그 땅으로 데리고 간 칼턴의 사명감은 헛된 사명감이었음이 증명되었다.

뿐만 아니라 수천 명의 인원이 건조하고 황량한 길을 먹을 것도 마실 것도 거의 없이 이동하는 것 자체가 살인 행위였다. 이 고통의 길을 걸어 새로운 마을로 이주하던 나바호 인디언들이 이 길을 일컬어 '먼 길 Long Walk'이라고 했던 것이다.

그들은 오늘날 고향으로 돌아오거나 또 다른 인디언 보호 구역으로 떠나서 살고 있지만 미국이라는 나라에서 소외된 이들의 삶의 길 또한 아직은 '먼 길'이다. 그리고 이들이 다시 역사의 중심이 되어 이 땅에 사는 것도 아마 '먼 길'이 될 것임에 틀림없다. 그렇다고 그 조상들이 살았던 고대의 삶으로 돌아가는 것은 더더욱 '먼 길'임은 두말할 나위 없다.

세네카 인디언은 여행에 대해 이렇게 말한다.

"얼마나 더 걸어야 하느냐고 물을 때마다 너의 길은 점점 더 길어질 것이다."

멀고 먼 길을 달려온 아메리카 인디언의 후예들은 오늘날 이렇게 물을 것이다. 우리가 얼마나 더 이 길을 달려야 하느냐고. 얼마나 더 달려야 끝이 보이며 얼마나 더 달려야 인간의 존엄성이 인정되느냐고. 얼마나 더 달려야 자기의 조상들이 누리던 자유를 누릴 수 있느냐고. 기다림은 시간을 길게 늘이는 고무줄 같다. 세네카족의 충고대로 기다리는 것은, 애타게 기다리는 모든 것은 더디 온다. 심지어 애타게 기다리는 것은 영원히 오지 않을 수도 있다.

그게 어디 인디언의 삶에서만일까. 우리 삶에서도 기다림은 길다. 긴 기다림이 끝나는 날이 있다면 그나마 다행이다. 불행하게도 아무리 기다려도 내가 원하는 끝이 오지 않는 경우도 있다.

순환도로를 다 돌아 비지터 센터로 오는 언덕에서 바라보는 협곡의 풍경이 참 신비롭다. 협곡 여기저기 사람의 발길이 닿지 않는 곳에 자리 잡은 고대 폐허들. 절벽 끝 마른 나뭇가지에 새 두 마리가 앉아 있다. 새처럼 날 수 있었다면 인디언들이 그렇게 먼 길을 걷지 않아도 됐을 것이다.

평원 인디언들은 시체를 장대나 나무 위에 매달아 새 먹이가 되게 하여 망자의 영혼이 하늘로 날아가게 했다고 한다. 바위 들판에서는 무덤을 파기가 힘들었기에 그렇게 시신을 처리하는 것이 가장 자연을 닮은 장례일 수도 있었겠다.

이들은 조상들의 영혼이 새가 된다고 생각했을까? 혹은 새가 신의 영령이라고 생각했을까? 그랬다면 이 언덕에서 저 언덕으로 오가는 새들은 이들에게 지혜를 일깨워주는 존재였을까? 새가 되고 싶었던 그들의 욕망의 일단을 보여준 것일까? 아니면 유한한 인간의 몸에 갇힌 영혼이 죽음을 통해 자유를 얻는다는 뜻이었을까?

그렇게 자유를 얻을 수 있다면 여행지를 떠도는 나 같은 사람도 죽어서 새가 되어야 한다. 더 먼 곳으로, 더욱 더 먼 곳으로 훨훨 날아다니기 위해.

 주소: 3 Walnut Canyon Rd, Flagstaff, AZ 86004
전화: 928-526-1157
홈페이지: https://www.nps.gov/waca/index.htm
머물 수 있는 가까운 도시: 애리조나주 플래그스태프
방문하기 좋은 시기: 5월에서 10월
도로상태: 포장도로
찾아가는 길: 플래그스태프에서 I-40 동쪽으로 7마일 가서 월넛 캐니언 출구(204)로 나가 우회전하여 남쪽으로 3마일 가면 된다.

15

돈을 먹고 살 수 없다

페트리파이드 포레스트 국립공원Petrified Forest National Park

"신분증 주세요."

내가 애뉴얼 패스^{annual pass}를 제시하자 공원 관리인인 아리따운 백인 여성이 신분증을 요구한다. 나는 여권 대신 국제 운전면허증을 제시했다. 면허증을 보더니 희색만면, 얼굴에 환한 미소를 짓는다. 여긴 공원의 남쪽 출입구다.

"한국에서 왔어요?"

"네, 서울에서 왔어요."

"어머나 세상에. 정말 반가워요. 캥."

내 이름 KANG을 미국인들은 늘 캥으로 읽는다. 내 이름의 영문자는 사실 좀 기분이 안 좋다. KANG YOUNG KIL. 성은 깡패^{GANG}같고 이름 끝자 KIL은 살인자^{KILLER} 같다. 번번이 캥이라고 부르는 이들에게 '난 캥이 아니고 강이다.' 이럴 수는 없는 노릇, 나도 여자에게 영문도 모르는 채 인사를 한다.

"나도 반가워요, 그레이스."

딱히 반가울 게 없을지라도 상대가 반갑다고 하면 일단 반갑다고 마주 인사를 해야 예의다. 아름다운 그레이스는 시키지도 않은 수다를 하기 시작한다.

내 조카가 부산에서 학원 강사를 한다. 한국엔 봄에 갔다. 가서 처음엔 매일 전화가 오더니 요즘은 좀 뜸해졌다. 우리 언니는 매일 전화를 기다린다. 나도 종종 메일을 보낸다. 이번에는 친구들과 사진을 찍어 보냈더라. 사진 속 한국은 정말 아름답더라. 넌 한국에서 언제 왔냐. 왜 왔냐. 언제 돌아갈 거냐. 부산은 가본 적이 있냐. 주저리주저리.

미국인들은 서로 대화 거리가 없으면 눈웃음 정도로 지나가지만 공통의 화제를 발견하기만 하면 뒤에 누가 기다리건 말건 자기 할 말은 다한다. 그렇게 몇 분 동안 수다를 떨더라도 뒤에서 빵빵대거나 큰소리를 지르지 않는다. 정히 급한 사람은 정중하게 이야기를 하는 정도다. 미국 사람들이 상스럽다고 욕하는 한국 사람들이 많지만 실제로는 우리가 그들보다 더 예의바른 사람이라고 말하긴 어렵다.

내가 내민 애뉴얼 패스는 일종의 회원권이다. 미국에는 전국의 국립 공원을 자유롭게 이용할 수 있는 패스가 몇 가지 있다. 그중 애뉴얼 패스를 사면 내셔널^{National}이라는 말이 들어가는 모든 공원 즉 내셔널 파크^{국립공원}, 내셔널 모뉴먼트^{국가기념물}, 내셔널 히스토릭 파크^{국립역사공원} 등에 구입 날짜로부터 1년간 자유롭게 출입할 수 있다. 이 회원권을 산다 해도 모뉴먼트 밸리나 주립 공원에서는 사용할 수 없지만 나머지 모든 국립공원에 자유롭게 출입할 수 있다. 이 패스는 2010년부터 2017년까지 변함없이 차량 한 대당 80달러이다. 언젠가 가격이 오르겠지만, 가격이 오른다 해도 이 카드를 구입하는 것이 좋다. 국립공원 입장료가 제아무리 저렴해도 차량 하나에 10달러 근처이고 인기가 많은 공원은 25달러까지 가격이 치솟아 있는 현실을 감안하면 회원권은 매우 저렴한 편이다.

미국 국립공원 입장료는 시쳇말로 참 착하다. 한 명이 들어갈 때야 좀 가격이 부담될 수 있지만 일곱 명이 들어가도 한 차로 들어가면 차량 한 대 가격만 받는다. 게다가 입장권은 일반적으로 일주일간 유효하다. 주차료를 따로 받지도 않는다. 그러니 애뉴얼 패스를 사면 거저나 다름없다.

이 패스는 모든 국립공원에서 살 수 있으므로 공원 입구 매표소에서 공원 관리자들에게 물어서 사면 된다. 패스를 산 사람은 공원 입구에서 항상 회원권과 신분증을 제시해야 한다. 신분증이 없더라도 웬만하면 그냥 통과를 시키긴 하지만 엄격한 관리인은 신분증 없이 통과를 허용하지 않는 경우도 있다.

5분 정도 자기 조카 이야기며 자기 집안 이야기를 늘어놓던 그레이스가 잘 구경하라고 한다. 이 먼 땅에서 내 조국을 알아봐 주는 사람이 있고 나에게 친근한 대화를 시도하는 사람이 있으니 기분이 참 좋다. 나도 그레이스에게 언젠가 한국에 오라고 말하고서 공원으로 들어섰다.

돌이 된 나무 이야기

허허벌판. 이 공원에 도착하자마자 받은 첫 느낌이다.

이곳이 국립공원이야?

미국 국립공원은 눈동자가 지칠 만큼 볼거리가 아주 풍성하다. 입이 쩍쩍 벌어지는 눈요기가 사방에 있다. 한데 이게 뭐람, 허허벌판뿐이다.

도로를 제외하면 울퉁불퉁한 들판만 있고 눈에 들어오는 산이나 바위 하나 없는 이곳이 왜 국립공원이지? 황량하기조차 하다. 사람도 적어서 가뜩이나 황량한 공원이 더욱 더 스산하다. 특별한 게 대체 무엇이람?

그러나 실망할 필요가 없었다. 미국 국립공원 대부분이 그 공원만의 장점을 갖고 있듯이 이 공원도 그랬다. 돌이 된 거대한 나무들이 무너진 건물의 잔해처럼 여기저기 흩어져 있다. 특히 나무가 수정으로 변한 화석들은 일억 년 이상 과거의 한 시기와 나를 만나게 하는 아주 특별한 경험을 제공한다.

페트리파이드petrified는 '석화石化된'이라는 뜻이다 포레스트 국립공원 주변지역 역사는 2억 8백만 년에서 2억 4천 5백만 년 전, 지리학적으로 트라이아스기 시대로부터 시작된다. 2만 년도 아닌 2억 년 이라니, 도대체 2억 년이라는 게 가늠이나 할 수 있는 시기이겠는가만 이 땅의 역사는 그렇게 오래전에 시작된다.

이 지역은 원래 바다였다. 시간이 흐른 뒤 바다가 물러나고 지역 전체에 강한 침식이 일어나면서 범람원을 만들었다. 침적토를 함유한 채 범람한 물의 흐름이 제방을 깎기 시작했다. 제방이 침식되면서 뿌리 기댈 곳을 잃은 거대한 나무들이 넘어졌다. 넘어진 키 큰 나무들이 물에 휩쓸려 낮은 지대로 내려가서 물에 젖은 진흙탕 깊은 곳에 잠긴 채 멈추었다.

늪지대처럼 묽은 진흙탕에서 나무들이 가라앉아 땅속에 묻히자 산소 공급이 차단되면서 이 나무들은 거의 부패가 진행되지 않았다. 말 그대로 생매장된 채 땅속에 잠긴 것이다. 이런 환경에서 풍부한 광물질을 가진 규토가 나무의 섬유에 점진적으로 스며들었다. 조직이 살아 있는 나무였으므로 다양한 양분을 빠르게 흡수했을 것이다. 1억 년이 넘도

석화된 나무들이 흩어진 광활한 들판

록 광물질이 스며들었다. 시간이 지나면서 진흙은 돌처럼 굳었고 나무
도 돌처럼 단단해졌다. 단단해진 나무의 섬유질은 사라지고 광물질이
그 자리를 대신하면서 수정으로 바뀌기 시작했다. 다시 시간이 흘러 땅
속에 묻혔던 나무 아닌 나무들이 세상 밖으로 나왔다. 묻혔던 나무들이
오색찬란한 수정으로 변모해서 오늘날 페트리파이드 포레스트 국립공
원을 아름답게 장식하고 있다.

이 공원은 광활한 벌판에 누워있는 수정 나무들과 함께 인간의 역사
도 간직하고 있다. 사람들은 지난 일만 년 동안 이 지역에 계속해서 거
주했다. 돌이 된 나무의 이야기는 호피족과 나바호족의 전설 속에도 살
아있다.

수정이 된 나무

　　고대 나바호 전설에 의하면 이곳 땅에 흩어진 나무는 거인 이엣소 Yietso의 뼈라고 한다. 우팟키 모뉴먼트에서는 돌이 된 용암을 이엣소의 뼈라고 했다는 점에서, 모든 설화가 그렇듯이 이엣소에 대한 전설은 여러 형태로 전해지고 있음을 알 수 있다. 이엣소는 디네의 최초의 조상이 새로운 세계의 표면에 처음 도착했을 때 죽인 거인이다. 호피족에 전래되는 이야기에서는 돌이 된 나무가 고대 천둥의 신 시나브 Shinuav가 던진 거대한 화살의 잔재라고 한다. 두 이야기 모두 나바호족과 호피족이 이 공간에서 오래 살았다는 근거가 되는 전설이다.

　　학자들은 고대인들이 단단해진 수정을 사용해 유리 같은 물질로부터 날카로운 도구와 무기를 만들었으리라고 믿는다. 불운하게도, 유목민의 생활 스타일로 인해 고대인의 유적은 극소수만 남아있다. 원시인들은 이 지역을 계절에 따라 방문하여 일시적인 주거지로 활용했을 것이다. 따라서 그들의 문화적 발자취를 더듬을 수 있는 고정된 주거지를 설립하진 않았으므로 오늘날 그 잔재를 찾을 순 없다. 고대 사냥꾼들은 오랜 기간에 걸쳐 아나사지 인디언 등과 같은 더욱 진보된 사회들로 교체되었다.

이 지역에는 주거지 앞마당의 단순한 쉼터들, 록 아트 절벽이나 바위, 적어도 75개 이상의 방을 가진 복잡한 주택 구조물까지 남아있다. 아나사지 것으로 보이는 유적도 300개가 넘게 발견되었다. 대다수의 유적지가 그렇듯 이곳의 유적들도 비교적 먼 거리까지 발품을 팔아야 볼 수 있다. 따라서 발견된 유적을 보기 위해서는 충분한 양의 물을 준비하고 오래 걸을 마음의 준비를 해야 한다.

플랫톱 빌리지Flattop Village는 이 공원의 남쪽 한 부분에 있는데 중심도로를 벗어나서 먼 곳까지 대략 25개의 선사시대 주거 구조물이 흩어져 있다. 숨겨진 주거지는 사암 판을 따라 늘어서 있다. 벽과 지붕들은 곱향나무 막대기로 만든 돗자리로 노출되어 있으며 튀어나온 것들은 두꺼운 진흙층으로 칠해져있다. 플랫톱 빌리지는 이 공원에서 가장 오래된 학습장인데 발굴된 폐허는 꽤 넓은 지역에 띄엄띄엄 놓여있어서 유적을 보는 데 약간의 인내심이 필요하다. 이렇게 흩어진 주거지는 이 당시만 해도 집단 거주를 하지 않았음을 알게 한다.

서기 500년에서 800년 사이의 거주지였던 트윈 뷰트Twin Butte는 서로 인접한 복합적인 건물로 15개의 개인 주택으로 이뤄졌다. 고고학자들은 이것들이 확대 가족이나 씨족을 위한 공동체 건물이었던 것으로 믿는다. 트윈 뷰트에 있는 건물은 플랫톱 빌리지 건물과 달리 사람들이 지붕에 있는 작은 창구를 통해 내부로 들어갔다. 집 안에서 다시 구멍을 뚫어 지하에 침실이나 창고를 만들었는데 지붕에 난 출입구는 지하 주거지와 난로 주변의 공기를 환기하는 기능을 했다.

트윈 뷰트 지역에서 발굴한 유적들은 이곳에 산 사람들이 무역을 중시했음을 알게 한다. 이 지역에서 발굴된 도기류의 절반 가까이가 이웃하는 모골론 문화^{Mogollon Culture}*에서 만들어졌다. 이 유물들은 트윈뷰트의 주민들이 규화목^{硅化木} 곧 수정 나무^{페트리파이드 우드}와 이곳에 있는 모골론의 갈색 도기들을 교환했을 거라고 추정하게 한다. 이 땅 어느 곳에나 있는 돌을 도기류와 교환한 셈이니 이들이 천연 자원을 경제재로 만들어 자신들에게 유리한 무역을 한 최초의 사람들 중 하나인 셈이다.

푸에르코 유적, 홀로 선 것들의 아름다움

비지터 센터 근처에는 아가테 하우스^{Agate House}가 있다. 아가테 하우스에는 주차장이 없으므로 비지터 센터 주차장에 차를 세우고 걸어가야 한다. 8개의 방을 가진 푸에블로 구조 아가테 하우스는 오늘날 레인보우 포레스트^{Rainbow Forest}라고 불리는 지역의 작은 언덕 꼭대기에 있다. 레인보우 포레스트라는 이름은 실제로 이곳에 숲이 있기 때문이 아니

---

*
미국 남서부와 멕시코 북부의 주요 선사시대 남서부 문화 분파 중 하나이다. 서기 200년부터 1450년(또는 1540년), 스페인인들이 도래하던 때까지 이들의 고대 문화는 융성하였다. 조 벤 위트 Joe Ben Wheat에 의하면 모골론 문화는 다섯 시기로 나뉘어 볼 수 있으며, 오늘날 모골론 문화 중 도기 제조와 건축, 석재 도구 설계 등의 독특함은 인정되고 있다.

라 수정 나무들이 많이 쓰러져 있기 때문에 붙인 이름이다. 이곳은 서기 1000년에서 1300년에 점유된 것으로 보인다. 표면 주거지는 점토 회반죽의 두꺼운 층으로 된 토지에, 돌이 된 나무 판과 조각으로 지었다.

푸에르코 푸에블로Puerco Pueblo는 각기 다른 두 집단의 고대인들이 사용했을 것으로 판단한다. 그 부락을 처음 형성한 사람들은 서기 1000년에 거주했고 1세기 동안 사용했다. 이후 알 수 없는 이유로 거의 모든 것을 버려두고 떠나버린다. 그들이 떠난 자리에 곧 새로운 사람들이 찾아오지만 1200년대 초, 엄청난 가뭄이 미국 남서부를 휩쓸어 대재앙을 일으켰다. 수분의 부족은 사람들이 물을 쉽게 구할 수 있는 공간으로 이동하게 만들었고 이로 인해 이곳에서 살던 사람들의 공동체는 붕괴되기에 이른다.

이 마을을 떠난 한 집단은 푸에르코강의 제방으로 이주해서 그곳의 비어있는 부락을 차지했다. 그 마을은 중앙 광장 주변에 여러 방을 정렬시켰고 서기 1300년에서 1400년까지 60에서 70명의 농업을 하는 주민 공동체가 집을 짓고 살았다. 부락 안에 영적인 것에 대한 관심의 증가를 시사하는 축제용 키바들이 여럿 건설되고 있었다. 아마도 사람들은 긴 가뭄 동안 신의 자비를 호소하며 기우제를 올렸을 것이다. 푸에르코 부락의 강기슭 지역에는 이들 외에도 아나사지족이 백년이 넘도록 이곳에 거주하며 힘든 가뭄을 견뎌 냈던 것으로 보인다.

북쪽 입구에서 멀지 않은 곳에 있는 푸에르코 부락은 일견 평범하다. 대단하지 않은 유적 같아서 그냥 지나쳤는데 인디언 영혼이랄까, 아니면 직감이랄까, 보이지 않는 무언가가 자꾸 뒷머리를 당긴다. 왠지 보지 않으면 후회할 것 같다는 석연찮은 마음에 차를 돌렸다. 차에서 내리니

푸에르코 유적의 집터

광활한 들판 위에 우리나라 어디에나 있는 돌담 유적만 조금 있었다. 그냥 갈 걸 괜히 돌아왔구나 후회하면서 유적 주위를 한 바퀴 돌았다. 기왕 내린 것, 무엇 하나 건질 게 없을까 싶어 다리품을 팔기로 했다. 도로 반대편 부락 끝에 이르렀을 때 응달진 바위 아래 숨어 있는 수많은 비밀들이 나를 기다리고 있었다.

쓰러지고 흩어진 바위의 어두운 부분에 수백 년 혹은 수천 년 전에 이곳에 살았던 사람들이 남겨놓은 이야기들이 수다를 떨고 있다. 셀 수도 없이 많은 암각화들이 자리 잡고 있었던 것이다. 다른 지역의 암각화들이 대부분 그늘이 있는 절벽이나 물이 있는 계곡, 혹은 비옥한 평원 등 살기 좋은 조건들을 끼고 있는데 반해 이곳에는 나무도 물도 없는 황량한 곳, 흩어진 돌들에 그림이 새겨져 있다. 물론 이곳이 지금은 마른 땅이지만 과거에는 강의 주변이었을 것이다. 이 그림들을 가까이 접근하지 못하도록 줄을 쳐 둔 탓에 근거리에서 볼 수 없다는 점이 아쉬웠다.

한 가지 특기할 점은 바위의 암각화 곳곳에 총탄의 흔적을 발견할 수 있다는 점이다. 서부 개척 시대에 뉴멕시코 곳곳에서 인디언과 스페인군, 인디언과 인디언, 미국인과 인디언, 미국인과 멕시코인, 남부군과 북부군 사이의 전쟁이 오랫동안 이어졌다. 그 전쟁이 암각화 주변에 총탄 자국을 만든 것이다. 인간의 손으로 그린 매력적인 그림과 무기로 만든 구멍들은 모양은 물론 그 느낌이 너무나 다르다. 고대인의 소곤대는 이야기와 고대인의 심장 박동이 총탄에 맞아 쓰러진 채로 남아 있어 가슴이 아프다.

푸에르코 유적으로부터 남쪽으로 내려가는 길 오른편에 뉴스페이퍼 록Newspaper Rock, 이 바위는 이 책의 다른 장에 있는 뉴스페이퍼 록과는 다른 것이다이 있다. 뉴스페이퍼 록의 암각화는 다른 곳에서 볼 수 있는 암각화들 보다 훨씬 정교하며 완성도가 높다. 이 바위도 또한 상당한 거리에서 관찰해야 한다. 자세히 보고 싶다면 망원경이나 성능 좋은 망원 렌즈를 준비하는 게 좋다.

공원 입구에서 만난 그레이스, 그녀는 이곳에 한국인이 거의 오지 않기 때문에 어쩌다 만난 한국인인 나에게 관심을 주었을 수도 있다. 하지만 이 사람과 나는 전혀 다른 세계에 사는 이질적인 존재들이다. 둘 사이에는 한국에 있는 조카라는 매개가 없었다면 남다른 소통을 하진 않았을 것이다.

그레이스와 나 사이에 그녀의 조카가 매개였듯이 이곳 바위의 그림들, 나는 그 그림들을 매개로 이곳에 살았던 고대인의 숨결을 느낀다. 그들이 살았던 땅에 내 발을 딛고 서서 그들이 남긴 그림에서 그들의 삶의 온기와 향기를 느끼고 있다. 남겨진 그림을 통해 천년이 넘는 시공간을 넘나들며 나와 고대인들이 소통을 하는 것이다.

한동안 바위에 앉아 그들이 느꼈을 햇살과 바람을 피부로 느껴본다. 인디언들은 이런 노래를 불렀다.

마지막 나무가 잘려나간 다음에야
마지막 강물이 더럽혀진 다음에야
마지막 물고기가 죽은 다음에야
여러분은 깨달을 것이오.
돈을 먹고 살 수 없다는 것을.
돈을 먹고 살 수 없다는 것을.

크리족^{Cree}**의 노래다. 우리는 누구나 돈을 먹고 살 수 없다는 사실을 안다고들 한다. 그렇게 아는 척을 하면서도 우리는 돈만 먹고 살아야 하는 사람들처럼 돈 외에는 아무것도 중요시하지 않는다. 나는 청년 때 이런 깨달음을 얻고 비장한 각오를 했었다.

** 캐나다에 200,000명이 넘게 거주하는 북미에서 가장 큰 규모의 아메리칸 인디언 부족 중 하나이다. 캐나다 내 거주하는 크리족의 비율은 슈페리어호수의 북쪽과 서쪽, 온타리오, 매니토바 등에서 살고 있으며, 약 38,000명이 퀘백에 거주한다. 미국에서는 알곤퀸어를 사용하는 사람들이 역사적으로 슈페리어호수 서쪽 방향에서 살았다고 한다. 오늘날 그들 대부분은 오지브웨족Ojibwe과 인디언 보호 구역이 겹치는 몬태나주에서 살고 있다.

'그래, 나는 돈을 먹고 살진 않을 거야.'

나이가 든 지금은 이런 말을 듣고 깨달음을 얻기보다 외면하기에 급급하다. 오히려 어떻게 하면 내가 남보다 더 많은 돈을 가질까 집착한다.

나도 과거엔 그렇게 생각했어. 나도 그렇게 살아봤어. 하지만 살아보니까 그건 아니더라고. 마치 자신이 얻은 경험이 절대 진리라는 듯. 그게 절대 진리이므로 그렇게 살지 않는 것은 어리석은 짓이라는 듯. 심지굳은 사람이 돈을 먹지 않고 사는 걸 볼 때는 아직 철이 들지 않은 거라고 쩍쩍 혀를 차 대며. 온갖 가면을 다 쓴 내 겉모습이 슬프다.

공원의 북쪽 출입구로 나오는데 공원 관리인이 묻는다.

"공원에서 돌이나 나무 같은 것을 가지고 나가십니까?"

내가 대답한다.

"아무것도 안 가져왔는데요."

다시 관리인이 묻는다.

"좋은 시간 보냈습니까?"

"네. 아주 좋았습니다."

"그럼 안녕히 가세요."

가져온 것 없다고 했더니 잘 가라고 한다. 공원에는 워낙 화석이 많아서 여행객들이 그것을 주워갈 수도 있다. 주워 오다 걸리면 크게 벌금을 물어야 한다. 나는 그곳의 화석을 가져올 생각을 하지도 않았지만 공원 관리인들도 내 차를 뒤져볼 생각조차 하지 않는다.

미국이라는 전체 사회가 폭력적이라고 비판받을지라도 미국인 개인의 삶은 정직성을 기반으로 다져진 것은 부정할 수 없는 사실이다. 정직

개척시대에 버려진 자동차

한 사람들에게는 서로간의 신뢰가 있게 마련이므로 굳이 자동차를 뒤
지는 일이 없어도 된다고 믿는 것이다.

일억 년을 버텨온 화석이 된 나무들과 그 나무들을 지켜온 땅, 그리
고 천년이 넘도록 바람을 이긴 채 버텨온 인디언 유적들 앞에서 거짓된
행동을 한다면 나는 얼마나 초라한 존재가 되겠는가? 그렇게 초라해지
지 않아도 나는 돈을 먹고 살 수 있다고 생각하는, 아주 보잘것없는 존
재인데.

40번 고속도로 근처, 공원 북쪽 입구에 왔을 때 100년 전 쯤에 버렸

을 성 싶은 녹슨 자동차 한 대를 발견했다. 오래전 이곳에 발을 디딘 서양인들이 버렸을 자동차. 아무것도 없는 들판에 벌겋게 녹이 슨 채 하루 종일 햇볕을 받으며 홀로 서 있다. 그것은 녹슨 게 아니라 햇볕에 그을린 구릿빛 피부일지도 모른다는 생각이 들었다.

쓸쓸한 들판에 눈이 오나 비가 오나 꼼짝없이 앉아있을 자동차 한 대. 나는 홀로된 것들에 매력을 느낀다. 홀로 된 것은 무엇이든 나의 자화상이다. 길지 않은 세월을 살아온 내내 나는 홀로 된 자, 버려진 자였다. 아무도 없는 들판에서 때론 비를 맞으며 때론 눈을 맞으며 때론 따가운 햇볕 아래서 때론 거센 바람 속에서, 때론 군중 속에서 때론 복잡한 도시 안에서. 그 자리에 저물도록 서 있는 녹슨 차, 그 또 다른 나를 남겨둔 채 나는 그 곳을 떠나왔다.

주소: 1 Park Road, P.O Box 2217, Petrified Forest, AZ 86028
전화: 928-524-6228
홈페이지: https://www.nps.gov/pefo.index.htm
머물 수 있는 가까운 도시: 애리조나주 홀브룩Holbrook
방문하기 좋은 시기: 모든 계절
도로상태: 포장도로
찾아가는 길: 홀브룩에서 I-40을 타고 북동쪽으로 가면 25마일에 공원 입구가 있다.
US180을 타고 동쪽으로 19마일을 달려도 된다.

16

 산의 그림자로 만든 집

반델리어 내셔널 모뉴먼트Bandelier National Monument

뉴멕시코의 8월은 가장 살기 좋은 계절이다. 하늘은 푸르고 높은데 땅은 용광로처럼 더울 때다. 그러나 오후가 되면 매일 흡족한 비가 내려주는 날씨가 이 건조한 지역 사람들에게는 축복처럼 느껴졌다. 아침에 호텔 식당에서 뉴멕시코주 출신의 할머니를 만났다. 오늘 비가 오겠느냐고 물었더니 당연히 와야 한다고 대답을 한다. 당연히 와야 한다는 말이 비가 내리는 것이 자연의 순리라는 말로 들렸다. 자연의 순리에 따라 사는 일이 어디 쉽겠는가마는 반델리어 모뉴먼트에 살았던 사람들만큼 자연의 순리에 따라 살았던 인류를 찾기도 쉽지 않을 것 같다.

한편으론 험난하고 한편으론 비옥해 보이는 이 프리홀레스^{Frijoles} 협곡에서 가장 눈에 띄는 것은 이들의 주거형태이다. 절벽을 따라 들판에 지어진 집이나 넓은 평지에 지어진 거대한 집터들도 대단한 유적이지만, 특별히 절벽 안에 지어진 이들의 집은 다른 곳에서는 거의 볼 수 없는 매우 독특한 형태이다. 화산활동으로 절벽에 공간이 생겼는데 그 공간

풍화된 암벽을 이용한
주거들

이 넓으면 그곳을 집으로 삼았고 공간이 좁은 곳은 넓게 확장시켜 거주했다.

마치 고깔모자처럼 생긴 거대한 바위산들이 끝없이 줄을 서 있다. 그 바위의 표면이나 중턱에 있는 방들은 얼핏 보기에는 마치 로마에 있는 기독교인들의 지하 주거지 카타콤베를 절벽에다 옮겨 놓은 모습이다. 혹은 터키 가파도키아의 절벽 주거와도 흡사하나 가파도키아에 비해선 훨씬 자연에 순응한 주거다. 절벽에 듬성듬성 뚫린 공간마다 사람의 흔적이 남아 있고 그 흔적 주변에 암각화들도 있다.

반델리어 내셔널 모뉴먼트는 아돌프 반델리어^{Adolph F. Bandelier}라는 저명한 인류학자이자 역사가의 이름에서 유래된 것이다. 그는 1880년에 미국 고고학 연구소의 지원으로 뉴멕시코에 왔다. 그는 고대인들이 이 지역으로 이주한 경로를 역추적하여 미국 남서부 원주민들의 생활양식과 고대의 전통과 사회적 관습을 연구했다. 반델리어는 미국의 뉴멕시코와 애리조나, 그리고 멕시코에서 모두 166개의 유적을 탐험했을 정도로 북아메리카 전체에 있는 유적이 얼마나 많은지는 헤아리기조차 힘들다.

롱 하우스, 절벽 위에 뜬 집

우리가 지금 이 독특하고 아름다운 협곡의 시냇가를 거닐기 만 년 전에 고대인들이 야생의 사냥감과 식물 등 음식을 찾아 이 시원한 프리홀레스 협곡으로 이주해 왔다. 그들은 유목민 생활을 하던 팔레오 인디언이었다. 다른 유적지와 마찬가지로 유목 생활을 한 인디언은 연구할 만한 자료를 거의 남기지 않았다. 이곳의 팔레오 인디언들도 마찬가지였다.

프리홀레스 계곡에서 발견된 가장 오래된 고고학적 흔적은 대략 기원전 2010년쯤에 사용된 것으로 추정되는 원시 야영장이다. 이 야영장 이후 역사는 다시 3천 년 가까이 흘러간다.

고대 아나사지들은 서기 1100년경에 이 지역에 도착해서 원래 이곳에 흩어져 있던 주거 공동체를 점령했다. 남서부에 있는 다른 고대 문명처럼 아나사지도 생존을 위해 옥수수와 콩, 호박 농사에 점점 더 치중했다. 사람들은 커다란 공동체 안에서 인력이나 물, 경작지 등을 나누며 점점 서로에게 밀착하여 살기 시작했다.

아나사지족은 높은 절벽 아래쪽 땅바닥에 집을 짓기 시작했다. 수천 년 전에 용암이 흐른 뒤 남겨진 자연 절벽을 기둥과 벽으로 삼아 땅바닥에 집을 짓는다. 공동주택은 개천을 따라 누운 땅들, 고대 농부들이 농사를 하고 정원을 꾸몄던 곳에 건설했다. 사람들은 덫사냥과 막대기 던지기로 작은 동물을 사냥하고 활과 화살을 이용해 북아메리카 사슴과 큰뿔야생 양, 검은 곰과 엘크 등을 사냥했다. 이들 공동체는 프리홀레스 계곡의 환경에 잘 적응했고 이곳에서 번영을 누렸다.

롱 하우스Long House는 방들이 연결된 구조이다. 계곡의 사암 절벽을 따라 800피트약 250미터 정도 길게 지어진 부락이다. 여러 층의 돌 구조물들이 고깔 모양 동굴과 연결된 곳까지 이어져 있다. 절벽 아래에서 집을 짓기 시작해서 절벽을 의지하여 2층, 3층의 구조로 지었는데 절벽 면에 동굴 공간을 만들어 침실이나 창고 혹은 집으로 이용했다. 이 동굴 주거 몇몇은 인위적으로 파기도 했고, 몇몇은 용암이 흐를 당시 절벽 안에 만들어진 공간을 방으로 이용하기도 했다. 집터만 남아 있는 절벽에는 적지 않은 암각화가 있는데 이것은 당시 인디언들이 지붕에 올라가

절벽 아래 롱하우스가 누워 있다

서 그렸거나 방안에서 생활하면서 뒷벽면에 그린 그림으로 보인다.

나도 철없던 시절 방의 벽지에 낙서를 했다가 어른들께 혼난 일이 있었다. 또 동네 담벼락에 낙서를 하기도 했고 뒷산 언덕 바위에 돌로 그림을 그리기도 했다. 그런 점으로 보아 방의 벽으로 사용된 절벽에 남아 있는 그림은 특별한 의미가 있는 것은 아닐 것이다.

그들이 생활했던 공간에 들어가니 안쪽이 제법 넓다. 이곳에 짚이나

계곡 중심에 자리잡은 추오니 유적

동물 가죽을 깔아 생활을 하면 겨울을 나기에도 전혀 문제가 없을 것 같다. 절벽 구멍에 있는 집에 들어가 바깥세상을 보니 들판의 전망이 일품이다.

자연을 모두 허물고 콘크리트로 집을 지은 우리들은 모순 속에 산다. 자연을 파괴한 뒤 자연이 그리워 전망 좋은 집을 찾고 전망을 보는 데에 상당한 비용을 지불하면서 만족한다. 그냥 그 자리에 변함없이 존재하는 자연을 부쉈다가 복원했다가 도망쳤다가 다시 돈을 들여 사들이는 등, 온갖 변덕을 부리며 사는 우리에 비하면 이곳에 살았던 사람들은 얼마나 멋진 삶을 살았는가. 화산이 만들어둔 절벽 공간을 집으로 삼았으니 집값이 들지도 않았고, 절벽 중간에 이처럼 자연스런 집이 있으니 고층 건물을 지을 필요도 없었다. 게다가 동굴 앞으로 펼쳐진 초원과 산의 능선은 아름다운 풍경을 연출하고 있다.

추오니 유적Tyuonyi Ruins은 아름답고 높은 절벽 아래 펼쳐진 계곡 바닥에 놓여 있다. 적어도 400개의 방을 가진 이층 원형 마을이다. 이곳 추오니 중앙 광장에서는 이 마을 사람들이 그들의 하루 중 가장 가치 있는 활동을 했다. 회의를 하거나 사냥감을 나누거나 혹은 조상이나 신께 기원을 드리는 일을 모두 이곳에서 했던 것이다.

일층 방들은 외부 문이 없고 오직 이층 방의 몇몇 지붕에 있는 승강구를 통해 안으로 들어갈 수 있었다. 이런 설계로 보아 이 건물은 방어 목적으로도 쓰였다. 추오니에 인접한 세 개의 축제용 키바가 이곳에 남겨져 있다. 세 개의 고리원형 키바로 연결된 키바는 이들이 거주한 롱 하우스의 동굴 주거보다 600년 이상 과거에 건설된 것으로 추정된다. 절벽 벽면에 형성된 주거지에서 내려다보면 추오니의 원형圓形 마을을 한눈에 볼 수 있다. 지금은 잔해만 남았지만 원형原型대로라면 꽤 아름다운 마을이었음을 짐작할 수 있다.

이 공원의 중심 도로를 따라 걷다 보면 산카위Tsankawi 부락으로 가는 길을 발견할 수 있다. 이 부락은 굴을 파지 않고 높은 지대에 만들었다. 이 부락은 반델리어 내셔널 모뉴먼트의 중앙 도로에서 다소 떨어진 곳에 자리잡고 있다. 산카위는 350개의 방을 가진 거대한 규모의 마을로 1400년대에 지어져서 1500년대까지 사람들이 거주했을 것으로 추측된다. 이 고립된 부락은 고원 위에서 깎아지른 계곡 아래를 내려다보고 있는데 이곳에 가기 위해서는 걸음품을 좀 더 팔아야 한다. 롱 하우스가 끝나는 지점에 고깔처럼 생긴 하얗게 풍화된 이국적인 바위가 나오면 그 바위를 따라 언덕 위로 1.5마일을 올라가면 된다. 이 길은 최근 여행객의 발자국이 만든 길이기도 하지만 오랜 세월 바람이 지나면서 만든 길이기도 하다.

남자 비로 만든 집, 여자 비로 만든 집

산카위 부락으로 가는 길로 가지 않고 중심도로를 따라 더 깊이 가다 보면 매우 인상적이고 매력적인 장소를 발견할 수 있다. 알코브 하우스 Alcove House라고 부르거나 페인티드 케이브Painted Cave라고 부르는 집이 절벽 중턱에 있다.

140피트약 40미터 높이를 4개로 나눠진 사다리를 타고 이곳에 올라가야 한다. 가파른 길을 인내심을 갖고 올라가 보면 절벽 안에 만들어진 거대한 동굴 광장과 키바가 나온다. 지하 저장고처럼 만든 키바는 창고로도 사용했다. 사다리를 타고 키바에 들어가 보면 이들이 겨울을 어떻게 났는지 알 수 있다. 알코브 하우스는 다른 지역의 절벽 주거와 마찬가지로 사람들이 절벽을 파서 공간을 넓혀 집을 지은 곳으로 내부가 매우 넓다. 그들이 거의 맨손으로 이 절벽을 파냈다는 것은 대단히 놀라운 사실이다.

이 동굴 주거는 남향으로 지어졌으므로 늘 따뜻한 햇살을 받을 수 있다. 그곳에 서서 보면 집 아래는 계곡이며 건너편은 산이다. 모자챙처럼 그늘을 만들어주는 동굴 주거는 자연 채광 덕에 분홍빛으로 빛난다. 동굴 안으로 들어오는 햇살은 사람을 들뜨게 하는 묘한 힘이 있다. 분홍빛 햇살 때문인지 시원한 공기 때문인지 허공에 떠 있는 감흥을 느끼게 한다. 말하자면 분홍빛 색상의 기분이랄까. 그렇게 흥분된 즐거움을 누리며 휴식을 취하는 기분은 이루 말할 수 없이 좋다.

인디언들이 만든 집은 상상을 초월할 때가 많다. 집이라기보다는 오랜 세월 자연과 함께 살다보니 자연스레 만들어진 주거지라고 하는 게 더 맞을 수도 있다. 집이면서 동시에 자연의 일부인 집들 말이다. 자연과 잘 어우러진 새의 집도 처음에는 작은 풀과 흙 한 입에서 시작했듯이, 이 아름다운 절벽 집도 처음 누군가 한 줌의 흙을 긁어낸 데서 만들어지기 시작했을 것이다. 처음 파낸 자그마한 자국이 이젠 100명쯤 들어가고도 남음직한 아름다운 공간으로 바뀌었다.

집은 원래 열린 공간이었다. 대문도 담도 없었다. 설령 대문과 담이 있었어도 완전히 문을 잠그는 기능은 없었다. 하지만 물질이 늘고 욕심이 늘면서 내 것을 지켜야 했다. 남에게 나눠 주던 것들을 이젠 자기만 가지려고 하면서 문을 걸어 잠갔다. 열린 공간이어서 가끔은 새도 들어오고 곤충도 들어오고, 바람도 들어오고 햇빛도 들어오고, 빗방울도

알코브 하우스 가는 길

알코브 하우스

들어오고 안개도 들어오고, 들꽃향기도 들어오고 친구도, 이웃도 들
어오던 그 공간이 닫혀버렸다. 현대에 올수록 집은 더욱 더 꼭꼭 닫혀
버렸다.

　어린 시절의 내 고향에서 문을 잠그는 사람은 거의 없었다. 우리 집도
그랬다. 문을 잠그지 않아도 도둑이 없었고 설령 열어둬도 우리 집엔 가
져갈 것이 없었다. 하지만 도시에서 사는 나는 하루에도 몇 번씩 문을

잠근다. 어딘가 열려 있으면 꼭꼭 틀어막는다. 바깥세상에서 안으로는 아무것도 들어오지 못하도록 막는다. 바람소리 하나 들리는 것조차 사람들은 참지 못한다. 그래서 잃어버린 것이 많다. 새들의 노래도 잃었고 바람의 부드러운 손길도 잃었고, 달빛의 미소도 잃었고 이웃과 친구들도 잃었다.

여행 중 남아프리카 공화국 원주민을 한 사람 만났다. 그 여행자에게 아프리카로 돌아가면 무엇을 할 것이냐고 물었다. 자기는 돌아가면 교사가 될 거라고 말했다. 그러면서 나에게 흥미로운 이야기를 해 준다. 남아프리카 공화국 사람들은 미래의 계획에 대해 묻지 않는단다. 그런 질문 자체가 없다는 거다. 자연이 인간을 어떻게 지배할지 모르기에 미래를 계획하는 것이 무의미하다고 했다. 하긴, 인간의 계획대로 할 수 있는 일이 얼마나 될까. 계획 없음, 이것은 자연에 순응하며 살기 위한 가장 합리적인 태도일지도 모른다.

우리는 욕망을 채우려고 자연을 버렸다. 자연을 버렸기에 계획하는 삶을 살아야 하고 문단속을 해야 하고 내일을 걱정해야 한다. 자연을 버리면서 우리는 더 넓어지려 하고 더 높아지려 한다.

새벽으로 만든 집
저녁 빛으로 만든 집
먹구름으로 만든 집

남자 비로 만든 집
짙은 안개로 만든 집

여자 비로 만든 집

꽃가루로 만든 집

메뚜기로 만든 집*

인디언들의 노래다. 남자 비와 여자 비가 있다는 이들의 인식이 참 흥미롭다. 모든 사물에 생명이 있다는 생각을 했으므로 비에 성별도 부여했으리라. 따라서 살아 있는 대상인 자연을 함부로 대하지도 않았음에 틀림없다. 그들은 빗방울 하나, 마지막 남은 사금파리 한 조각 같은 빛줄기조차 함부로 대하지 않았을 것이다. 이 노래는 자연의 노래요 무욕의 노래다.

새벽으로 만든 집은 대체 어떤 모양일까? 새벽 푸르스름한 하늘과 맑은 눈동자처럼 빛나는 별빛을 천장으로 삼았을까. 저녁 빛으로 만든 집은 어떤 집일까? 별이 보이는 창문은 있었을까. 날아가는 새 한 마리 노을과 함께 노래할 시간으로 대문을 만들었을까. 먹구름으로 만든 집은 어떤 집일까? 드물게 오는 손님처럼 빛이 찾아와 앉아 쉴 만한 대청마루는 있었을까. 안개로 만든 집은 어떤 집일까? 오랜 상념들을 모아 아궁이에 불을 지폈을까. 남자 비로 만든 집은 어땠을까? 얼마나 가녀린 여자가 이곳에 살까? 여자 비로 만든 집은 또 어땠을까? 밤이면 번개하나 잡아다가 호롱불을 만들었을까. 꽃가루로 만든 집은, 메뚜기로 만든 집은 또, 또 어떠했을까.

자연에서 사는 삶은 어쩌면 어떠한가라는 질문조차 쓸모없는 질문인지 모른다. 자연은 그냥 늘 그대로 있으며 자연은 그 자신이 법이요 질서이니까.

알코브 하우스까지 걸으려면 약간의 시간이 필요하고 체력도 요구된다. 그래서 이곳에 오르기 힘들다는 이유로 중간에 돌아가는 사람들도 있다. 하지만 노력하지 않고 가치 있는 것을 얻기 힘들다는 것을 우리는 잘 안다. 이르는 데에 힘이 들지만 일단 도착하면 더없는 만족감을 얻을 것이다. 이곳에서 산의 그림자로 만든 아름다운 테라스를 발견할 수도 있으니까.

공원을 가로지르는 시냇물은 햇살 조각을 담가둔 것처럼 투명하고 가을바람처럼 시원해서 사람들이 발을 담그기도 하고 손을 씻거나 세수를 하기도 한다. 아마 고대의 그들도 그랬으리라. 더운 날이면 이곳 그늘에서 물로 목을 축이며 쉬었을 것이다. 또 이곳에서 사냥한 짐승을 씻고 요리를 했을 것이며 들판에 물을 대서 농사를 짓기도 했을 것이다.

자연에 가장 가까운 주거지를 만들고 자연이 내린 아름다운 환경에서 맑은 계곡 물을 받아 사용하면서 이들은 최상의 영화를 누렸던 것으로 보인다. 현대를 사는 우리가 누리고 싶은 최상의 삶은 자연을 거스르는 삶이겠지만 이들이 누렸던 최상의 삶은 자연의 혜택을 듬뿍 받는 삶이었다. 이 점이 그들과 우리 삶의 가장 큰 차이 아닐까?

주소: 15 Enterance RD Los Alamos, NM 87544

전화: 505-672-3861/3517

홈페이지: https://www.nps.gov/band/index.htm

머물 수 있는 가까운 도시: 뉴멕시코주 화이트락White Rock

방문하기 좋은 시기: 5월에서 10월

도로상태: 포장도로

찾아가는 길: US285를 타고 산타페 북쪽으로 달리다가 NM502를 만나서 로스 알라모스 방향으로 들어간 후 계속 직진하여 NM4번 도로로 진입하면 공원 입구가 나온다.

17

 땅이 음식을 먹다

차코 컬처 내셔널 히스토릭 파크Chaco Culture National Historic Park

5월 초 이 협곡에 처음 도착했을 때 받은 충격은 말로 표현하기가 참 어렵다. 아침을 굶은 채 짧지 않은 비포장도로를 달려오니 먹을 곳도 잘 곳도 없는 을씨년스런 벌판에 눈발까지 휘날리고 있었다. 협곡이라고 하기에는 넓고 벌판이라고 하기엔 주변에 절벽이 둘러 있으니 그렇게 칭할 수도 없었다. 5월임에도 불구하고 여전히 겨울처럼 쌀쌀한 이 들판에서 지금까지 다녀본 어떤 곳에서도 느끼지 못했던 오묘한 기분을 맛보았다. 낯설다고 할까, 아니면 쓸쓸하다고 할까, 매력적이라고 할까. 어떤 함축적인 말로도 표현하기가 힘들었고 지금도 이 공원의 오묘한 매력을 적확한 말로 표현하기가 힘들다. 하지만 차코 컬처 내셔널 히스토릭 파크에 들어가면 절벽으로 둘러싸인 넓은 평원을 보면서 자신도 모르게 거꾸로 가는 시간 여행을 떠나게 된다.

지도에서 찾아보기도 힘든 곳, 여행객의 접근을 막기 위해 일부러 편의시설도 갖추지 않은 곳, 정말로 숨은 유적을 좋아하는 사람이 아니라

황량한 차코 협곡

면 굳이 여기까지 오지 않을 곳, 그러나 가장 멋진 유적이 여행객을 반기는 곳, 쓸쓸한 바람과 누운 들풀이 여행자의 등을 다독이는 곳. 뭐랄까, 여행자라면 바로 이런 곳에서 생을 마감하고 싶다는 표현이 어쩌면 가장 적실할 것 같다. 여러 면에서 차코 협곡은 마치 물을 빨아들이는 깔때기처럼 여행자의 가슴을 빨아들이는 매력이 있다.

1849년 8월 차코에 온 미국 정부군이 이곳에서 꽤나 큰 문화적 충격을 받았다고 하는데 그때 그들의 심정이 꼭 내 심정 같았을지도 모르겠다. 황량하기 짝이 없는 벌판에서 갑자기 엄청난 문명의 흔적이 나타났지만 그 문명의 주인은 아무도 없고 단지 바람과 쓸쓸한 들판, 그리고 어디선가 선사시대 사냥꾼들이 뿔피리를 불고 있을 듯한 절벽만이 늘어선 이곳.

차코는 나바호 말 체코에서 왔고 이것은 '협곡', 즉 '바위틈'이라는 뜻이다. 그렇게 보면 캐니언 드 셰이가 협곡이라는 말의 중첩이라는 점에서 차코 협곡도 캐니언 드 셰이와 같은 의미인 셈이다.

차코 협곡과 차코강은 타는 듯 더운 여름과 길고 가혹한 겨울을 견뎌야 하고 식물이 자랄 수 있는 계절은 짧고 늘 물이 부족하다고 알려져 있다. 그러나 이곳의 환경은 그리 단순하지만은 않아서 환경에 적응할 다양한 방법이 있었다. 부지런한 선사시대 사람들은 환경에 따라 그들의 공동체를 분산시켜 지었고 수백 마일 밖까지 그들의 문화적 영향력이 미치게 했다.

약 8,000년 전에 사냥꾼들과 채집인들의 무리인 유목민들이 이곳에 첫 번째 흔적을 남겼다. 그들은 반쯤 건조한 이 땅에서 다른 문화권 사람들과 무역도 하고 문화적 교류도 했다. 또한 이들이 옥수수 농사를 시작했다고도 여겨진다.

농업이 발달하면서 문화는 진보되었고 작은 집들은 커다란 부락 형식의 주거로 교체되었다. 이들은 농경을 통해 음식을 생산하면서 정착 생활에 더욱 잘 적응하였고 사회적 결속력도 더 강화되었다. 차코 협곡에 오늘날까지 남아있는 폐가의 두터운 돌담은 번영했던 위대한 차코 사회 말기의 역사적 유물이다.

차코 협곡에서 발견되는 집단 주거지는 이 지역이 인디언의 의식과 경제적 교역의 중심이었음을 시사한다. 협곡에서 시작된 고도로 발달한 도로 체계는 차코에 있는 부락과 먼 거리의 공동체를 연결시키고 남북을 직접적으로 연결시키는 교통로였다. 모든 길이 로마로 통한다고 했듯이 당대 이 주변 지역의 모든 길은 차코 협곡으로 통했던 것이다. 이런 사실로 보아 차코 협곡 외부 공동체에서 살던 사람들이 영적 의식과 교역에 참여하러 이곳까지 왔을 가능성이 높다.

'차코 현상'의 유래, 차코인의 흥망성쇠

대단히 진보된 이 사회는 대략 서기 920년부터 성장하기 시작했고, 서기 1250년 후의 어느 순간 작은 집단들을 이룬 사람들이 이 협곡으로부터 멀리 이동하면서 역사의 연극 무대에서 완전히 퇴장했다. 이들은 그릇, 샌들, 옷가지, 식품 등을 잔뜩 쌓아둔 채로 마치 잠시 소풍을 떠나듯이 어디론가 떠난 후 다시는 이 협곡으로 돌아오지 않았다.

차코 사람들은 터키석 가공술로 부를 축적했고 950년경 크게 번성했는데 이들이 성장한 기간은 채 1세기도 안 된다. 이는 북아메리카에서 가장 급속한 발전을 이룬 것인데 세계적으로 본다면 고대 이집트의 빠른 성장에 비견할 수도 있겠다. 이런 차코 문명의 빠른 성장 때문에 급속한 발전 현상을 '차코 현상'이라고 부르는 용어도 생겨났다. 한국 사회의 급속한 발전도 '차코 현상'이라 할 수 있다.

이 협곡에서는 아직도 수천 개의 고대 유물이 그들의 무너진 가옥들과 함께 해를 거듭해 발견된다. 이 유적들은 차코 협곡에서 사람들이 얼마나 역동적으로 성장했는지를 보여준다. 또한 이 협곡은 차코인의 영향력이 고대 아나사지족에게 얼마나 강력했는가를 보여주는 많은 열쇠를 쥐고, 여태까지 숨어 있던 비밀의 문을 지속적으로 열고 있다.

그러나 오늘날 우리가 협곡에서 볼 수 있는 유적들은 이 협곡에 존재하는 유적과 역사 전체에 비하면 빙산의 일각이다. 수백 혹은 수천의 구조물들이 계곡 바닥의 모래 더미 아래 아직도 묻혀 있다. 고고학자들은 이곳에서 발견된 유적들이 더 잘 해석되는 때를 기다리거나 후일 더 많은 연구를 할 목적으로 땅속에 남겨두기도 했다. 또한 발굴한 자료들을 잘 보존하기 위해 흙으로 되묻은 곳도 꽤나 많다고 한다. 따라서 차코 협곡의 흙을 함부로 밟는 것은 자칫 고대 유적을 손상시키는 일이 될 수도 있다.

이 차코 협곡을 몬테주마^{Moctezuma}의 부락, 쥐들의 푸에블로, 푸에블로 핀타도^{pueblo pintado, 스페인어로 '채색된 마을'}이라고 부르는데 핀타도는 차코에 있는 가장 동쪽의 건물로 미 서부에서 가장 장대한 선사유적이다. 실제로 이 협곡만큼 거대하고 발전된 고대 문명을 찾기는 힘들다. 이 협곡에서 가장 큰 건물은 푸에블로 보니타^{pueblo bonita, 스페인어로 '아름다운 마을'}인데 남북으로 뻗은 축이 지구의 남북 축에서 0.25도 이상 벗어나지 않은 것으로 보아 당시 천문이나 수학이 매우 발전했던 것으로 판단된다.

346

푸에블로 핀타도

그 외에도 주목할 만한 것은 절벽 위에 봉화대를 세워서 멀리 수백 킬
로미터 떨어진 곳에 소식을 전했다는 점이다. 이들이 번영한 동안 이 협
곡 주변에서 강력한 연대를 형성하고 있었음을 알 수 있는 부분이다. 봉
화대로 사용된 절벽 위에 올라서서 협곡을 내려다 보노라면 천 년쯤 거
슬러가서 내가 고대인들의 일원이 된 것 같다. 협곡 바닥에 아직도 묻어
둔 수많은 유적들의 어디선가 고대 사냥꾼들이 불쑥 솟구쳐 오를 것 같
은 착각이 들기도 한다.

이 공원은 반시계 방향의 순환 도로를 따라 유적을 감상하도록 되어 있다. 첫 번째 지점에 있는 유적이 우나 비다^{Una Vida}이다. 이곳은 150개의 방 구조물로 서기 700년에서 1100년 사이에 지어졌으며 다섯 개의 행사용 키바가 있다. 우나 비다를 처음 탐험했던 군인이나 탐험가 혹은 고고학자들은 차코 협곡에 존재하는 유적을 보며 이들의 발달한 문명에 적이 놀랐다. 그들이 야만인 취급하고 원시인 취급을 했던 이들이 자신들의 선조보다 더 뛰어난 유적을 갖고 있다는 사실에서 받은 충격은 상당했을 것이다.

우나 비다 유적 주변 절벽을 따라 정교한 암각화들이 있다. 근대 혹은 현대인들의 반복적인 낙서로 벽면이 많이 훼손되긴 했지만 이 그림들을 통해 과거 이들의 삶의 방식을 엿볼 수 있다.

암각화를 감상하고 암각화 주위에 있는 고대의 집들을 좀 더 감상한 후 주차장으로 내려와 준비해간 샌드위치로 요기를 하기로 했다.

들판에서 음식을 먹으려 하니 고향 생각이 절로 난다. 시골의 밭 한가운데에는 돌무더기가 있는데 이 돌무더기를 젯담이라고 한다. 젯담은 제사를 지내는 담장이다. 하지만 그 돌담은 제사상보다는 식탁에 가까운 용도의 장소다. 휴식을 취하거나 음식을 먹을 때면 어른들은 반드시 그 바위 아래 모였다.

젯담 가에 모인 어른들은 광주리를 덮은 보자기를 걷는다. 안에는 밥과 김치, 된장에 상추와 풋고추가 전부였던 것 같다. 결코 푸짐한 음식이 아니다. 푸짐하긴커녕 정말 초라하기 그지없는 식단이다. 하지만 노동 끝에 먹는 밥이라 진수성찬이 따로 없다.

배는 고프고 침은 넘어가고 뱃속에선 꼬르륵 대는 소리가 냇물처럼

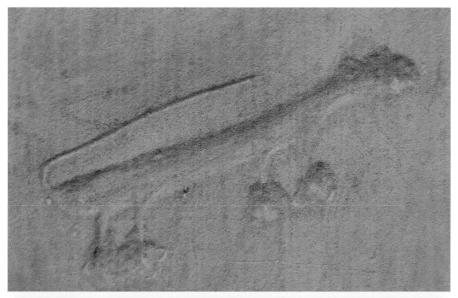

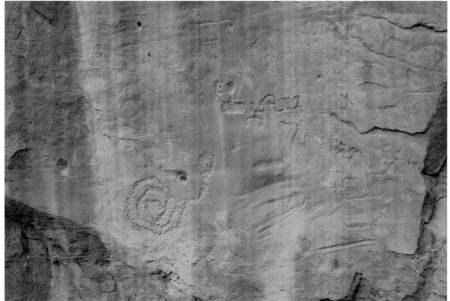

절벽 암각화

들리는데 할머니는 딴청을 피우신다. 할머니는 식사 전에 반드시, 단 한 번도 거른 적이 없이 마치 숭고한 의식처럼 하는 행동이 있었다.

"고시레."

당신이 마시기 전에 물 한 잔을 땅에 뿌렸다. 아니 그건 뿌린 게 아니라 땅에 바친 거다. 이번엔 밥을 한 술 정성스레 떠서 땅에 바친다. 그런 다음 한동안 기원을 하신다.

"조상님네. 신령님네. 이 음식 자시고 부데부데 복주십사. 지발 덕분에 올 농새 잘 되게 해 주시고 바람 쬐깜만 불게 해 주시고 아조 여무디 여문 농새 되게 해 주씨오 잉."

주로 자손에게 복을 달라는 내용이거나 땅에 풍성한 농사가 되기를 바라는 내용이었다. 할머니의 그런 기원은 일종의 신앙과 같은 것이었다. 어린 나는 할머니를 이해하지 못했다. 우리가 먹을 밥도 부족한데 아깝게도 왜 한 숟갈의 밥을 버리실까. 도대체 귀신이나 조상이 어디 있어서 할머니의 기도를 듣는단 말인가? 사방을 둘러봐도 돌담과 땅밖에 없지 않은가? 그러나 할머니는 손에서 호미를 놓으실 때까지 한 번도 이 의식을 거른 적이 없다. 지금은 그런 할머니를 이해한다. 그것은 땅에 신이 있건 없건 누가 듣건 듣지 않건, 할머니 당신의 숭고한 의지이며 스스로에 대한 다짐과 약속 같은 것이었다. 할머니의 정성 그 자체로 숭고한 신앙이었던 것이다.

우리 할머니만 그랬던 것은 아니다. 인디언들도 물을 마시기 전에 먼저 땅에 한 잔을 부었다. 그리고 음식을 떼어서 땅에 바쳤다. 그것이 땅에 대한 감사의 표시였다. 놀라울 정도로 우리 할머니와 인디언의 의식은 똑같았다. 거기에서 우리가 같은 혈족이라는 필연성을 주장하는 것은 아니다. 핏줄이 어떠하건 우리 할머니와 인디언은, 땅과 하늘에 대한 감사라는 같은 마음을 갖고 있었다. 그런가 하면 물과 음식을 뿌리는 행위가 땅에 사는 생명체에 대한 배려이기도 했다. 땅에 사는 벌레와 미생물, 날아가는 새들과도 공존하려는.

나도 물병에서 몇 방울의 물을 땅에 떨어뜨리고 빵도 한 조각 뜯어서 땅에 바친다. 물도 귀하고 음식도 귀한 황량한 곳이지만, 이 땅에 살아 있는 생명들을 위하여. 이 땅에 묻혀 있는 영혼들을 위하여.

실제로 이 공원은 음식물이 귀하다. 공원 관리소가 있지만 그곳엔 여행객을 위해 제공되는 음식물이 없다. 음식을 구할 수 있는 가장 가까운 곳이 공원 동쪽 약 25마일 지점에 있는 마을인 나기지^{Nageezi}의 주유소다. 따라서 미리 물과 음식을 준비해야 한다. 또한 이 주변 지역을 여행할 때는 만약의 사태를 생각해서 늘 휘발유를 가득 채워야 한다. 자연이 여행객을 미워하는 날에는 하룻밤쯤 차 안에서 자야할 일이 생길 수도 있기 때문이다.

그레이트 키바

체트로 케틀^{Chetro Ketl}에 있는 건물은 서기 1010년경에 일층 구조로 처음 지어졌고 30년 동안 3에이커^{약 3,673평} 정도를 포함한 복합적인 건축물로 성장했다. 이것은 D자 모양의 2층 건물로, 적어도 16개의 키바를 가지고 있었고 500명이 거주할 수 있었으며 저장실들도 있었다. 현재는 서쪽 건물에 있는 체트로 케틀의 벽까지 볼 수 있으나 나머지 유적은 미래의 발견과 연구를 위해 유물들을 보호하려고 묻어두었다.

체트로 케틀에 사람이 많아지고 문화가 번성하면서 더 많은 부락과

과거의 영화를 짐작케하는 아로요 부락

가옥이 필요하게 되었다. 그래서 살아갈 범위를 아로요 부락^{Pueblo del}Arroyo, 스페인어로 아로요는 '냇물'이라는 뜻이다으로 확장한다. 이 건물은 280개가 넘는 방을 갖고 있고 20개의 제의용 키바를 더 갖고 있다. 서기 1075년 경 이곳의 중앙에 있는 무대가 건축되었고 북쪽과 남쪽 건물은 1075년부터 1105년 사이에 증축되었다. 부락의 서쪽 편과 중앙 광장은 3층 벽으로 된 커다란 구조인데 이 건축물의 마지막 단계에 지어졌다.

초기에는 1층에서 살았지만 사람들은 서로를 불신하고 불안해했다. 그 원인은 소유의 증가에 있었다. 가진 것이 많아지면서 내 것을 지켜야

체트로 케틀

했고 이로 인해 불신과 불안이 증가한 것이다. 불신과 불안이 증가하자 벽을 만들어 2층 이상으로 숨었고 주술의식 등으로 불안을 해소하려 했다.

동서고금을 막론하고 인간이 많아지고 문명이 성장하면 욕망과 불신, 건설과 파괴의 연속으로 결국 문명은 쇠퇴하게 된다. 이곳도 예외일 수 없었다. 1150년경 인구증가로 인한 환경 파괴와 가뭄, 불신과 갈등으로 차코 협곡은 급격하게 쇠퇴한다.

아로요 부락에서는 마코 앵무새의 뼈대 셋이 발견된다. 이 새는 중앙

아메리카에 서식하는 새들이므로 차코인들이 중앙아메리카에 사는 사람들과 교역을 하거나 교류했음을 짐작하게 한다. 마코 앵무새는 고대인들에게 고귀하고 중요한 물건이었다. 새의 밝은 깃털이 축제와 종교적 목적으로 사용되었기 때문이다.

차코인들은 아로요에서 또 한 번 영역을 확장시킨다. 순환도로의 다음 순서에 있는 킨 클레스토^{Kin Klesto} 유적이다. 이곳은 순환도로의 서쪽 끝에서 잠시 걸어가면 된다. 이 건축물은 두 단계로 지어졌다. 첫 번째 시작은 서기 1125년경이고 두 번째는 서기 1130년경이다. 부락의 큰집 Great House 은 100개가 넘는 방을 가졌는데 아마도 3층 높이까지 올라갔을 것이다. 벽돌 틈에 생긴 구멍들은 이들이 층을 올리기 위해 보를 사용했음을 알게 한다. 5개의 키바로 둘러싸인 킨 클레스토는 차코 협곡에서 사람들이 떠나기 전 마지막 기간의 한 시점에 지어졌다.

카사 린코나다^{Casa Rinconada} 부락은 계곡의 남쪽 편에 있다. 카사는 스페인어로 집이라는 뜻이고, 린코나다는 스페인 세비야 근처의 도시 이름으로 추정된다. 카사 린코나다는 차코 협곡에서 가장 큰 것으로 알려진, 지름 63피트^{약 20미터}의 그레이트 키바^{Great Kiva}를 갖고 있다.

주차장에서 잠깐 걸으면, 주거지였을 것으로 생각되는 몇 개의 작은 폐가를 지나게 된다. 학자들은 카사 린코나다에 있는 그레이트 키바와 인접한 곳에 적어도 300개의 주거 공간이 있었다고 추정한다. 키바는 1050년대부터 반세기 동안 건축되었다. 지상층 한쪽 끝에 입구가 있고 매우 큰 대기실과 다른 쪽 끝에 여러 개의 작은 방들이 있다. 작은 방들 중 하나는 개인적인 제의 의식을 위해 사용된 제단이 있던 것으로 보인다. 아마도 이들의 정신적 지도자가 사용했던 공간이었을 것이다. 원형의 한가운데 있는 방은 행사 때에 100명 이상이 앉을 수 있는 의자가 있는데, 이로 보아 당시에 수백 명이 한자리에 모여 축제나 제의, 혹은 회의를 했음을 알 수 있다.

전문가들은 차코 협곡 주변의 광범위한 지역에 산재한 그레이트 키바의 중요성에 관하여 궁금증을 제기한다. 차코인의 지배권이 미치는 먼 지역에 살았던 약 6,000명의 주민들이 종교적 제의를 위해 그들의 수도인 차코로 모여든 것 아닐까? 또는 단지 고대 건축학적 현자들과 전문가들의 걸작을 보여주는 것 뿐일까? 우리는 결코 알 수 없지만 차코인의 문화적 영향을 받은 대부분의 마을에서 키바가 발견되는 것으로 보아 무언가 의미 있는 장소였음은 부정할 수 없다.

행복하세요

나는 세 차례 이곳을 방문했는데 뉴멕시코주 나기지에서 공원으로 가는 길이 가장 좋다. 나기지에서 접근해도 약 15마일 이상의 비포장도로를 달려야 한다. 다른 방향에서 접근하려면 사륜구동 차를 가져가는 게 현명하다. 비포장도로의 상태가 좋지 않은 데다가 중간중간 냇물을 건너야 하기 때문이다.

이 협곡을 세 번째 방문한 날 오후 하늘이 잔뜩 찌푸렸다. 곧 폭우가 쏟아질 것 같았다. 비가 내리면 진흙길인 이곳을 빠져나가기가 여간 어려운 일이 아닐 것이다. 그래서 서둘러 공원을 빠져나왔다. 하지만 어쩌랴, 중간에 폭우가 쏟아지고 말았다. 다행히 생각보다 길은 덜 미끄러워서 안전하게 달릴 수 있었다. 공원에서 얼마나 나왔을까? 앞에 많은 차량들이 줄을 지어 서 있고 사람들이 차 밖으로 나와 있다. 뭔가 문제가 생겼구나 싶어 줄 맨 마지막에 차를 댄 뒤 차에서 내려 상황을 파악했다. 도로 중간에 냇물이 하나 있는데 폭우로 인해 물이 범람했다. 황토색 물줄기가 먹이를 낚아채는 악어처럼 온몸을 뒤틀며 내달리고 있다. 비는 멎었지만 불어난 물 때문에 수많은 차량이 길을 건너지 못한 채 물이 빠지길 기다려야 했다. 언제 물이 빠질지 기약 없는 기다림이다. 공원으로 되돌아가기도 겁난다. 아무런 시설이 없는 곳에서 하루를 보낼 수는 없으니까. 그래서 일단 물이 빠지길 기다리기로 한다.

좀처럼 상황이 호전될 기미가 안 보이자 차 밖으로 나온 사람들이 물가에 모여 이런저런 이야기를 나누기 시작한다. 물이 범람하지 않았다면 차를 타고 어디론가 떠나버렸을 사람들이 삼삼오오 모이고 모이다 보니 여행 이야기며 사는 이야기를 나누기 시작했다. 몇몇 사람들은 차에서 먹을 것을 가지고 나와 판을 벌였다. 서로 음식을 나누고 이야기를 나누다 보니 이곳에 있는 사람들 모두가 순식간에 이웃이 되었고 동지가 되었다. 이런 게 고난이 주는 교훈일까? 함께 고난을 겪으면 서로 친구가 되고 이웃이 된다는 것이다.

삼삼오오 모여 대화를 하다가 한국말을 제법 구사하는 백인 여성을 만났다. 그 여성은 본명은 밝히지 않고 자신은 백예슬이라고 자랑스레 이름을 가르쳐 준다. 연세대학교에서 어학연수를 했다는 이 여성은 한국에서 사람들과 어울려 밤새 소주를 마시고 놀던 기억이며 한국인의 친절함이 자기를 아주 행복하게 했단다. 앞으로 한국에서 사는 게 꿈이란다. 언어는 문화의 결정체이기 때문에 같은 언어를 쓴다는 것만으로도 상당 부분을 서로 이해할 수 있고 서로의 공통분모도 찾을 수 있게 된다. 이역만리에서 한국어를 사용하는 백인을 만나니 참으로 반갑

폭우로 끊긴 도로

고 뿌듯했다. 여행하다가 한국인을 만나서 반가이 인사를 했다가 외면 당하는 민망한 경험을 한 적도 있다. 그런데 인종과 국적이 다른 사람 이 한국인이라는 이유로 반가워하니 얼마나 기분이 좋은지 모른다.

백예슬 씨와 이런 저런 한국 이야기를 하다 보니 마음이 참 따뜻해졌 다. 내 조국이 있어서 참 행복하다는 생각을 했다. 그런데 내가 지금 떠 나 온 유적지를 남긴 인디언의 후손들은 이미 조국을 잃어버린 것 아닐 까? 조국을 잃어버린 그들은 적어도 행복의 한 요인은 잃어버린 것이다.

호피족 인디언은 이렇게 말했다.

오래 살고 싶으면 행복하세요.

걱정은 당신에게 병을 줍니다.

화를 내는 것은 나쁜 습관입니다.

사람이 순수하면 화를 내지 않아서 오래 삽니다.

나쁜 생각 때문에 당신은 병에 걸립니다.

행복한 그 자체로도 좋지만 건강에도 매우 좋습니다.

맞는 말이다. 행복하라는데 그렇게 살기가 쉽지는 않다. 조상의 땅과 정신과 문명을 잃어버린 인디언들이 행복하기란 더더욱 어려운 일이리라.

물이 줄었지만 아직은 차가 건널 정도는 아니다. 하지만 차체가 높은 사륜구동 차량들이 건너기 시작한다. 나도 용기를 내어 먼저 간 그들을 따라 물을 건넌다. 아주 아슬아슬하게 물을 건넜다. 내가 물을 성공적으로 건너자 물 양쪽에서 순서를 기다리던 사람들이 모두 환호를 하며 박수를 친다. 아직 물을 못 건넌 백예슬 양도 마치 자기가 건넌 것처럼 펄쩍펄쩍 뛰며 축하한다. 나도 그들도 하나가 되어 행복한 하루가 되라고 소리치면서 길을 떠난다.

고대인들도 이 길을 걸었고 이 냇물을 건넜을 것이며 이 길을 건너다 목숨을 잃기도 했을 것이다. 그 인디언들의 역사에 공감한 사람들이 아니라면 이곳에 오지 않았을 것이고 이 고생도 하지 않았을 것이다. 역사는 그 역사에 공감하는 사람들을 묶어 주고 사랑하게 한다. 역사에 대한 공감은 인류가 만든 사건들만이 아니라 그 땅에 존재하는 미생물과 동물, 들풀과 바람, 흙과 먼지에 대한 사랑이 공유될 때 가능할 것이다. 같은 공간에 살면서도 서로에게 공감하지 못하거나 공존하지 않는 것은 전혀 다른 역사의 세계에 살기 때문이리라.

 주소: P.O. Box 220, Nageezi, NM 87037
전화: 505-786-7014
홈페이지: https://www.nps.gov/chcu/index.htm
머물 수 있는 가까운 도시: 뉴멕시코주 크라운 포인트Crown Point
방문하기 좋은 시기: 5월에서 10월. 그러나 비가 오는 날은 피하는 게 좋다.
도로상태: 비포장도로
찾아가는 길: US550을 타고 가다가 카운티로드 7900으로 진입해서 5마일의 포장도로와 16마일의 비포장도로를 달리면 입구가 나온다.

18

 우리는 삶에 질문을 던지지 않는다

아즈텍 루인스 내셔널 모뉴먼트Aztec Ruins National Monument

스페인의 세고비아성*이나 프랑스의 카르카손성은 완벽에 가까운 모습을 하고 서 있다. 우뚝 솟은 이들 성채는 금세기에 볼 수 있는 성들 중에서 가장 아름다운 성임에 틀림없다. 하지만 전통주의 여행자들은 이들 성을 별로 좋아하지 않는다. 까닭은 이들이 너무 완벽하게 복원된 때문이다.

흔히 인생을 여행에 비유하곤 한다. 그런가 하면 여행은 삶의 연속이라고도 한다. 인간이 인간인 이유가 완벽하지 않기 때문이고 그런 면에서 보자면 여행도 어딘가 부족해야 여행이라 할 것이다. 유적도 세월에 닳아진 곳이 있고 부족한 곳이 있어야 유적의 맛이 있는 것 아닐까.

세고비아나 카르카손만큼 멋지진 않더라도 미국 남서부 인디언 유적 중에서 가장 잘 복원된 곳 하나가 이곳, 아즈텍 루인스 내셔널 모뉴먼트이다. 하지만 이곳은 세고비아성이나 카르카손성처럼 너무 화려해서 이질감을 갖게 하는 정도는 아니다.

웨스트 루인

1923년에 워렌 하딩Warren G. Harding 대통령이 아즈텍 유적Aztec Ruins을 내셔널 모뉴먼트로 지정하였다. 이 지역은 1966년에 국가 지정 사적지 National Register of Historic Places에 포함되었고, 이것은 다시 1987년에 차코 컬처 내셔널 히스토릭 파크에 이어 유네스코 문화유산 보호지역UNESCO World Heritage Site에 등재되었다. 복원된 건물들은 대부분 뉴욕에 있는 미국 자연사 박물관The American Museum of Natural History의 소유이다. 전체 유적 중에서 서쪽 유적인 웨스트 루인West Ruin의 유물들만 관광객들에게 공개된다.

아나사지족은 이곳 아니마스강Animas River 주변의 풍요로운 땅에 거대한 집들을 지었다. 광범위한 지역이 반半건조지대인 데 반해 아즈텍 유적 주변은 물이 적지 않았다. 매년 샌환산San Juan Mountains에서 엄청난 비가 내리고 눈이 녹아서 아니마스강에 물을 채우기 때문에 이 강에는 지속적으로 강물이 흘렀고, 주변 지역의 생태계에 좋은 영향을 미쳤다. 광범위한 지역이 기껏해야 초원지대인 데 반해 아즈텍 유적은 제법 큰 나무들이 있을 만큼 비옥한 곳이다.

오늘날 여기 남아 있는 건물들은 서기 1110년과 서기 1275년 사이에 차코인들이 만든 것이다. 인구가 급격히 증가한 차코 협곡에서는 식량을 해결하는 데 어려움이 있었다. 따라서 고고학자들은 아니마스강의 농업 공동체 곧 아즈텍 유적에 살던 사람들이 50마일 이상 남쪽의 차코 협곡에 음식을 공급해 줬다고 생각한다. 차코 협곡으로 이어진 도로를 통해 음식을 공급한 대신 목재, 보석, 도자기, 그리고 다양한 생활필수품을 가져왔다. 이 무역로는 차코 협곡을 중심으로 아즈텍, 살몬Salmon, 카사메로Casa mero, 침니 록Chimney Rock까지 서로 이어진 도로였다.

좋은 환경 덕에 강 주변의 인구가 많아졌으나 서기 1150년쯤 가뭄으로 인해 인구가 차츰 줄었고, 마침내 사람들이 이 동네를 버렸다. 그 후 아무도 살지 않던 아즈텍 푸에블로에는 1200년대 초반에 사람들이 다시 찾아와 살기 시작한다. 새 이주민은 콜로라도 메사버디에 있는 자신들의 집을 버리고 새로운 집을 찾아 남쪽으로 이주한 사람들이다.

메사버디의 사람들은 이곳에 정착한 뒤 오래된 푸에블로 건물에 몇 백 년간 살았고, 그들이 사는 동안 많은 방과 키바를 만들었다. 그들은 아니마스강 유역의 기름진 땅을 쓸모 있는 경작지역으로 변화시켰다. 하지만 전에 살던 차코인들처럼 메사버디인들도 여기를 버리고 샌환 남쪽과 서쪽으로 이주했다. 다행히 이들은 자신들이 떠난 자리에 역사적으로 훌륭한 보물과 유물들을 남겨서 자신들의 삶의 기록을 후세에 물려주었다.

아즈텍이라는 이름은 뉴멕시코의 북쪽에서 온 백인 농민들로부터 유래된 것이라고 한다. 그 사람들은 자신들이 발견한 낡은 푸에블로 건물들이 멕시코의 아즈텍에 대해 들은 것들과 흡사하다고 생각했다. 물론 근거가 없는 추측이었지만 어떻든 두 문명을 연결시켜 아즈텍이라는 이름을 지은 것이다.

제대로 된 사람은 남의 것을 빼앗지 않는다는 인디언 교훈이 있다. 우리에게도 물론 이와 같은 교훈은 있었다. 제대로 된 사람이 아니더라도 남의 것을 빼앗아선 안 된다. 개인만이 아니라 국가도 마찬가지다. 제대로 된 국가라면 남의 소유를 빼앗아선 안 된다.

그릇된 역사관을 가진 사람들은 침략이나 정복의 역사를 정당화하기도 한다. 그리고 모든 역사적 논리를 힘이라는 단어로 풀어가기도 한다. 만일 남의 나라로부터 침략당하고 싶지 않으면 스스로 힘을 키우면 된다는 주장이다. 이 주장은 힘 있는 나라가 힘없는 나라를 지배하고 침략하는 것은 정당하다는 논리를 내재하고 있다. 이런 역사관에 의하면 세계의 모든 나라는 힘의 논리에 의해 서열을 정해서 지배와 피지배 관계를 형성해야 한다. 이런 논리라면 세상에는 가장 힘이 강한 오직 한 나라만 존재해야 하므로 인간과 문화의 다양성도 인정될 수 없다.

우리 관용어에 억울하면 출세하라는 말이 있다. 이것은 울분에서 나온 말이기도 하지만 때로는 힘 있는 자가 자신의 힘을 과시하고 폭력을 정당화시키기 위해 쓰는 말이기도 하다.

개인도 국가도 힘의 논리로 약한 자를 괴롭혀선 안 된다. 어떤 개인이나 국가도 영원히 강할 수는 없다. 따라서 힘의 논리가 지배하는 한 뺏고 빼앗기는 역사는 반복될 수밖에 없다. 그런 역사에는 대등한 인간관계와 사회적 관계가 존재할 수 없으며 평화도 유지될 수 없다.

인디언들은 훔친 음식은 배고픔을 채워주지 못한다고 했다. 훔쳤다는 건 스스로 노력하지 않았음을 의미하거니와 자신의 욕망을 채우려고 남을 괴롭혔다는 말이기도 하다.

그러나 불행하게도 욕심 많은 백인들은 아즈텍 유적의 문화재를 수집해갔다. 어떤 집들은 부수고 분해해서 자신들의 집으로 재건축했다. 백인들은 인디언의 땅을 힘으로 강탈했고 유적을 파괴하고 문화재마저 훼손하는 만행을 저질렀지만, 다행히 그들과 다른 생각을 가진 사람들도 있었다. 과거의 건축에 관심 있는 사람들이 아즈텍 유적들을 살렸고, 이 유적을 보호하고자 했던 뜻있는 사람이 이곳을 사유지로 만들어서 상당 부분 복원, 보존하고 있다.

1916년에 서쪽 유적에서부터 발굴이 시작되었고 그레이트 키바를 거쳐 몇 개의 동쪽 유적들까지 발굴된다. 거대한 동쪽 유적 건물은 1층에 220개, 2층에는 119개, 3층에는 12개의 방이 발견되었다. 차코 문화의 영향을 받은 대부분의 공동체들은 의식을 위한 키바를 갖고 있었다. 아즈텍 푸에블로도 그레이트 키바를 포함한 29개의 키바를 건설했다. 잔해만 남았던 그레이트 키바는 발굴할 때 사용한 설계도를 이용해서 재건하였다. 지금은 방문객들에게 몇 백 년 전에 만들어졌을 때의 모습을 그대로 보여주고 있는데, 그 규모와 건축물의 완성도에서 볼 때 당대 인디언들의 건축술에 대해 찬사를 보내지 않을 수 없다.

유적을 다 돌아보고 나오는데 한 백인 남자가 입장료가 비싸다고 공원 관리인에게 투덜거린다. 국민의 세금으로 유지되는 공원이 이렇게 비싸도 되느냐고 한다. 하긴 입장료가 8달러이니 한국 돈으로 치면 만 원이나 된다. 왜 그 남자가 그렇게 불평을 했는지 공원에 들어가면 공감되는 면이 있다. 이곳은 규모가 작아서 한 시간도 채 걸리지 않아 모든 것을 볼 수 있다. 미국의 광대한 규모의 공원들에 비하면 이곳의 규모는 거의 장난감 수준이라고나 할까?

항의하는 그의 입장은 충분히 이해된다고 하더라도 이 공원에 들어온 사람이라면 후회하지는 않을 것이다. 완벽히 복원된 키바나 무너질 듯 서 있는 돌담과 그들이 사용했던 도구들을 보면서 흘러가 버린 역사 공부를 하는 것은 8달러와 바꿀 만한 가치가 있다. 특히 이 공원을 사유지로 매입해 복원했다는 점을 감안해야 할 것이다.

완벽히 복원된 키바

민초들의 삶을 복원하다

완벽하게 복원된 키바가 좀 인위적으로 보이긴 하지만 주변의 자연환경과 어우러진 돌담이나 집터의 흔적은 보는 이에게 고대인의 삶에 대한 이해를 도와주기에 부족함이 없다. 유럽의 성들이 귀족의 위용을 자랑하기 위해 복원된 것이라면 이곳은 민초들의 삶을 그대로 보여주려 했다는 점이 큰 차이가 아닌가 싶다.

　　동서고금을 막론하고 귀족의 문화는 인간을 놀라게 하고 부러워하게도 한다. 하지만 나는 귀족의 문화에서 심장이 고동치는 소리를 듣진 못한다. 그에 반해 민초의 삶의 흔적은 보잘것이 없지만 그들이 남겨 놓은 흔적들은 보는 이의 연민을 불러일으키고 심장을 잔잔하게 울린다.

우리와 다른 시대, 다른 공간에 살았던 인간들이지만, 빛도 없고 이름도 없이 역사의 뒷전에 사그라진 민초들의 역사가 오늘을 사는 우리 삶의 기반이 되었기 때문이리라. 그리고 나도 또한 그들처럼 빛도 이름도 없이 사라져갈 존재이기 때문이리라.

가진 게 많은 자들은 늘 자신의 소유를 걱정하느라 그들이 살았던 곳에 사랑의 영혼을 남겨두지 못했다. 중국의 진시황은 자신의 무덤을 사람들이 찾을 수 없는 곳에 숨겼고 이집트의 수많은 왕들도 무덤 속에 미로를 만들거나 독충을 통로에 두곤 했다. 가진 게 많은 그들은 자신이 죽은 다음의 세계조차 걱정해야 했다. 그들에게 사랑의 영혼은 없고 오직 두려움과 염려만 있었을까. 그들은 현재를 누리지 못할까 걱정하고 미래를 지배하지 못할까 걱정했던 것일까.

그러나 인디언들은 그들의 현재에 대해서도 다가올 미래에 대해서도 걱정하지 않았다. 이방인에게 빼앗긴 이 땅속에는 원래 주인의 영혼들이 잠들어있다. 그들의 후손은 소외된 채 이 부근에서 살고 있다. 조상의 영혼들은 어쩌면 후손의 미래를 낙관적으로 생각할지 모른다. 그들의 삶의 방식을 저 세상에서도 꿋꿋이 유지하면서. 후손들을 묵묵히 지켜보면서.

"우리 인디언들은 오직 살아갈 뿐이다. 우리는 어떻게 살 것이며 무엇을 할 것인가에 대해 질문을 던지지 않는다. 우리는 우리 자신과 세상을 지켜보면서 주어진 삶을 묵묵히 살 뿐이다."

키바 내부 구조

주소: 725 Ruins Road, Aztec, NM 87410
전화: 505-334-6174
홈페이지: https://www.nps.gov/azru/index.htm
머물 수 있는 가까운 도시: 뉴멕시코주 아즈텍Aztec
방문하기 좋은 시기: 모든 계절
도로상태: 포장도로
찾아가는 길: 파밍턴Farmington에서 NM54 도로 북쪽으로 14마일을 가면 아즈텍이 나
온다.

19

 일어나

메사버디 국립공원Mesa Verde National Park

세상에! 도저히 믿을 수가 없군.

이 계곡의 유적을 처음 보는 사람이라면, 아무리 여행을 많이 한 사람이라도, 아무리 유적에 담담한 사람이라도, 아무리 감수성이 죽어버린 사람이라도 이 한 마디 감탄사로 이 공원의 첫인상을 표할 수밖에 없을 것이다. 어떤 이는 한동안 아무 말도 못한 채 유적을 바라볼 수도 있다. 깎아지른 절벽면의 거대한 암벽을 동굴처럼 판 뒤 지어놓은 궁궐처럼 아름다운 집!

고대 문명인의 흔적이 거의 완벽하게 보존된 이 유적은 캐니언 드 셰이, 차코 컬처 내셔널 히스토릭 파크와 함께 가장 빼어난 3대 유적이다. 뿐만 아니라 이 공원은 도시에 가까이 있는 덕에 아치스 국립공원, 그랜드 캐니언 국립공원과 함께 가장 많은 사람이 방문하는 유적이기도 하다. 시즌 중에는 발 디딜 틈은 있을지 몰라도 주차할 공간은 찾기가 쉽지 않을 정도다. 유적을 돌다 보면 자신도 모르게 고개를 절레절레

여러 곳에 산재한 아름다운 유적

흔들게 된다.

　콜로라도주 남서쪽 코너에 위치한, 샌환산맥의 끝자락에 놓인 메사 버디는 약 4,000개의 고고학적 유적을 간직하고 있다. 유적들 중 600 개는 깎아지른 절벽면에 있는 집이고 나머지는 유물과 암각화 등이다. 1978년에 세계 문화유산으로 지정된 이 공원은 고고학적으로 매우 의미 있는 장소이며 찾아갈 때마다 다른 얼굴로 나를 맞아들인 곳이기도 하다.

약 십여 년 전 아직 눈이 녹지 않은 5월 초, 해발 2,500미터를 넘나드는 산을 오르는 동안 저 멀리서 개 한 마리가 나타났다. 입에 무언가 기다란 것을 물고서 느릿느릿 여유로운 걸음으로 이편으로 걸어오는 개를 보고 나는 이 높은 산에 어떻게 개가 있을까 궁금해했다. 가까이에서 보니 그것은 개가 아니고 새 한 마리를 입에 물고 있는 늑대였다. 깎아지른 절벽과 절벽을 감아 도는 급경사와 급커브의 길, 불에 타버린 수천 혹은 수만 그루의 나무, 그리고 5월이 되어도 녹지 않은 두터운 눈더미, 그 눈 더미 위를 여유롭게 거니는 늑대 한 마리, 이것이 메사버디의 첫인상이었다.

여행 중 나는 사슴 종류의 야생동물을 많이 보긴 했지만 사슴을 만난 것과 맹수인 늑대를 만난 느낌은 사뭇 달랐다. 평화로운 목초지대에 서식하는 사슴은 대단한 감동을 주진 못한다. 한데 이 황량한 벌판에, 그것도 눈이 쌓인 고지를 사냥감을 물고 가는 늑대, 그 녀석에게서 나는 자유를 보았다. 자유란 무엇일까? 나는 젊었을 때부터 인간이 사는 동안 진정한 자유를 얻을 수 있는가에 대한 의문을 삶의 주제로 안고 살았다. 그것은 평원이 내려다보이는 쓸쓸한 산줄기를 걷는 늑대다. 무엇에도 구속받지 않는 야생의 존재, 야생은 미개를 뜻하는 게 아니다. 무엇에도 구속받지 않는 야생이야말로 진정한 자유가 아닐까. 인간이 자유를 얻지 못하는 까닭은 물질에 집착을 해서라기보다는 야생으로 돌아가지 못하기 때문이리라.

두 번째 이곳에 방문했을 때는 이 공원 전역에 걸친 대화재가 일어났고 그로 인해 비지터 센터를 제외한 전역이 닫혀 있었다. 나를 맞이한 것은 불에 탄 새까만 땅뿐이었다. 그 검은 땅 위에는 마치 분노한 군중들이 죽창을 들고 섰듯 불에 타고 줄기만 남은 침엽수들이 하늘을 향해 솟구쳐 있었다.

세 번째, 네 번째 거듭 방문하면서도 이 유적의 규모에 경이를 표하지 않을 수 없었다.

경이로운 절벽 건축물

이 공원은 깊이를 가늠하기 힘든 수직의 협곡과 그 협곡 위의 고원으로 나눌 수 있다. 다른 유적지에서는 사람들이 고원 위에 살거나 혹은 계곡 아래 모여 사는 등 주거의 구분이 비교적 뚜렷했으나, 이곳에서는 수직의 절벽 틈에서도 고원 위에서도 상당한 양의 주거 흔적이 발견된다.

방문객들이 메사버디의 잘 보존된 유적, 암각화, 절벽에 있는 집들, 그리고 잘 발달되어있는 시스템 등 고고학의 보물들을 연구할 수는 없다. 하지만 이 공원을 돌아보면서 인디언들이 험난한 자연 환경을 어떻게 극복했는지 피부로 느낄 수가 있다. 아울러 그들이 살았던 공간을 보면서 상상의 날개를 펴고 천년 너머 인디언의 시대로 훌쩍 건너뛸 수 있을 것이다. 충격적일 만큼 상상을 초월한 공간에 삶의 터전을 마련했기 때문이다.

전문가들은 메사버디에 온 첫 번째 사람들이 10,000년 전에 이 지역 깊숙이 도달했을 것이라고 본다. 그 시대는 유목민이 콜로라도고원에 있는 평탄한 땅 위에서 사냥을 하던 시기이다. 기원전 15000년 경 지구는 빙하기의 마지막 시기여서 엄청난 추위로 인해 해수면이 150미터 이상 낮아졌고, 이로 인해 시베리아와 알래스카가 1,000 km 이상 육로로 이어진 시기였다. 학자에 따라 이 시기 이전에 건너왔다는 주장도 있고 이 기간에 건너왔다는 주장도 있지만, 이 시기 전후에 사람들이 유라시아에서 북아메리카로 이주한 것은 사실이다. 그로부터 약 7,000년 후 메사버디에 유라시아 이주민들이 나타난 것이다.

이 첫 번째 이주민들이 머물다 사라진 이후 메사버디 조상인 아나사지가 이곳에 거주했다. 그 사실을 보여주는 가장 믿을 만한 유물들은 바스켓메이커^{Basketmaker} 문화시대인 서기 550년에서 750년 사이의 것이다.

이곳에 온 사람들은 육안으로 보기에도 아찔한, 곧 무너질 것 같은 매우 험난한 절벽에 집을 짓고 살았다. 이들은 사냥으로 먹고 살았으며 놀이로서 사냥을 하기도 했고 자연에서 나온 식물을 채집하기도 했다. 시간이 지나고 그들의 문화가 꽃피면서 곡식을 경작하기 시작했다. 옥수수, 콩 등을 가루로 만든 흔적으로 보아 화식火食을 시작했다는 것도 알 수 있다. 이곳 아나사지족은 주로 건조한 환경에서 살았으며, 계절에 따라 내리는 비를 식수로 사용했다.

절벽에 살던 아나사지족은 작은 마을과 작은 농장을 메사버디의 평탄한 땅으로 확장시켰다. 처음에는 땅을 파서 지은 움집이었는데 약 3~4피트약 1미터 깊이였다. 나무 기둥이 천장을 받쳐줬고 벽은 아주 두꺼웠다. 덮개가 있어서 문을 열었다 닫았다 할 수 있었고 사람들은 나무 사다리를 이용해 안으로 들어왔다. 그곳은 또한 요리도 할 수 있는 공간이었다. 몇몇 공간은 지하에 원형으로 축조하여 주거공간과 창고로 사용했다.

지금은 여행객들이 사다리를 타고 이 지하 공간으로 내려갈 수 있도록 개방되어 있다. 수많은 방문객들이 하루 종일 이 사다리를 오르내린

키바에 들어가서 나오려고 순서를 기다리는 사람들

다. 나도 그들을 따라 지하로 내려가니 바깥 세상에 어떤 일이 일어나도 모를 만큼 세상에서 완전히 차단된 느낌이다. 아늑하다고 할까 적요하달까. 한 사람만 통과할 수 있는 출입구에 사다리를 탄 사람들이 끊임없이 들고 난다.

아나사지족은 더 높은 지대로 이동하면서 농경을 계속 발전시켰다. 그들은 경작에 사용할 수 있는 물을 모으는 기술도 발전시켰다. 돌로 댐을 만들거나 연못을 만들어서 활용할 수 있는 물을 확보했다.

서기 1200년경, 평원 꼭대기에서 농업을 하며 살던 사람들이 알 수 없는 이유로 절벽 옆의 깊은 골짜기로 삶의 근거를 옮겼다. 맹수들을 피하고 극심한 비바람 등의 자연재해를 피하기 위해 절벽 꼭대기의 암붕^{巖棚}을 지붕으로 삼았으리라 추측된다.

협곡 안쪽, 사암 절벽의 거대한 바위면 아래를 깊게 파고 들어가서 황홀할 만큼 아름다운 절벽 집^{Cliff Palace}들을 지었다. 비를 피하고 햇빛을 충분히 받아 환경을 잘 활용할 수 있도록 만든 이 절벽의 거대한 구멍은 자연적인 동굴이 아니고, 놀랍게도 사람들이 노동을 해서 파놓은 것이다. 세계 7대 불가사의라는 이집트의 피라미드나 캄보디아의 앙코르와트가 인디언들이 지은 절벽 집보다 나은 것이라고 단언하긴 힘들다. 이들이 이 깎아지른 거대한 절벽을 원시적인 도구로 파냈다는 사실만으로도 피라미드를 비롯한 위대한 유적들에 결코 뒤지지 않는다. 거대 유적들은 한결같이 거대 권력이 수많은 인구를 동원해서 지은 유물이지만 이곳 유물은 공동체를 이룬 소수의 사람들이 만든 공간이라는 점에서 더더욱 위대하다.

이들은 먼저 절벽을 파낸 뒤 큰 건물들을 이곳에 지었다. 깎아지른

협곡 건너편에서 바라본 클리프 팰리스

절벽의 사암을 끌 등으로 파서 길을 만들고 건물이 있는 공간까지 오르 내렸을 것이다. 절벽에 커다란 구멍을 만든 뒤 큰 바구니에 가득 채운 사암 벽돌을 날랐는데 그것은 생각할 수 없을 만큼 무거운 짐이었을 것이다. 그 돌들을 퍼즐을 맞추듯 차곡차곡 쌓으면서 마른 찰흙과 물을 같이 섞어서 벽을 발라 그림처럼 아름다운 집을 완성했다. 이 집이 오늘날 우리가 고대인의 거친 숨결과 심장 박동을 느끼며 감상하는 집 이다.

　지금은 방문객을 위해 잘 닦아 놓은 길을 따라 손쉽게 이곳에 이를 수 있지만 당시에 이곳에 오르내리기는 매우 어려웠을 것이다. 절벽의 아름다운 건물까지 걸으면서 고대인의 삶의 공간으로 들어가다 보면 짜릿한 쾌감조차 느낀다. 커다란 절벽으로 처마를 삼은 건물 아래 들어서면 시원한 냇물에 부은 발을 담근 듯 온몸이 서늘해진다. 이 그림같이 아름다운 건물 앞에 마주서면 절로 감탄이 나온다.

내 앞의 모두가 아름답고
내 뒤의 모두가 아름답다
내 아래 모두가 아름답고
내 위의 모두가 아름답고
내 주위 모두가 아름답다

나바호 인디언의 노래다. 기독교에서 창조주가 세상을 만든 후 우주를 바라보면서 모든 것이 아름답다며 흡족해했다고 한다. 인디언들이 이런 노래를 불렀을 때는 창조자의 기쁨과 같은 세계가 아니었을까? 창조자가 만들어 놓은 세상의 빛과 하늘과 새소리와 푸른 풀과 발에 밟히는 돌과 흙이 모두 아름다웠다. 이들은 그 피조물들의 아름다움을 제대로 이해했고 그 아름다움을 가슴으로 받아들였음에 틀림없다. 그래서 내 주위 모든 것이 아름답다고 노래했으리라.

많은 남서부 원주민들이 자연재해로 인해 성쇠를 거듭했듯이 이곳의 원주민들도 자연에 순응할 수밖에 없었다. 슬프게도 서기 1273년부터 1285년까지 혹독한 가뭄이 찾아왔다. 이로 인해 사람들은 점점 살기 어려워졌다. 그때는 이들이 자연의 도움 없이도 상당기간 경작을 할 수 있을 만큼 기술이 발전한 때였다. 하지만 오늘날처럼 뛰어난 기술 세계에서도 궁극에는 인간이 자연에 굴복하지 않을 수 없으니, 고대인들은 어떠했겠는가? 그들도 자연의 오랜 재앙 앞에 결국 무릎을 꿇어야 했다.

수많은 문명이 그랬듯이 폭발적인 인구의 증가와 번영은 결국 자연재해 앞에선 몰락의 원인이 된다. 5천 명이라는 주민에게 많은 양의 음식이 있어야 했으므로 이 절벽의 공동체들은 시련을 견디기 어려웠다. 따라서 이들은 보다 생존 조건이 수월한 곳으로 이동해야 했다. 마침내 이들은, 조상이 힘겹게 만든 주거지를 떠났고 절벽에 있는 집들은 서기 1300년에 폐허가 되었다. 메사버디 아나사지인들은 오늘날 아코마 Acoma와 푸에블로 땅인 애리조나, 뉴멕시코 등지의 다양한 곳으로 이동했다. 수많은 여행객들이 즐겨 찾는 거의 모든 공간에 이들의 후손들이 살았다. 따라서 나를 비롯한 수많은 오늘의 사람들이 메사버디 문명의 흔적을 뒤따르고 있는 셈이다.

그 후 500년 넘도록 이 절벽에 있는 집들은 사람의 발길을 피해 세월의 깊은 바다 속에 고요히 잠들어 있었다. 1888년 우연한 기회에 두 명의 카우보이 리차드 웨더릴Richard Wetherill과 찰리 메이슨Charlie Mason이 북아메리카 유적 최고의 보석 중 하나인 메사버디를 발견해냈다.

이후 뉴멕시코가 미국 영토로 편입되면서 이곳도 미국 영토로 지정되었다. 이곳은 한동안 맨코스 협곡Mancos Canyon으로 불리다가 나중에 서부 사진작가 윌리엄 잭슨William. H. Jackson에 의해 환상적인 고대 폐가와 많은 유적이 세상에 알려지면서 메사버디라는 이름을 얻게 된다.

굽이치는 메아리의 물결

이곳을 돌다 보니 어린 시절 기억이 떠오른다. 책을 좋아했던 나는 닥치는 대로 책을 읽었는데 그중에 인디언을 그린 만화들이 제법 있었다. 이 만화나 책에서 인디언은 사람을 잡아먹기도 하고 아무 이유 없이 폭력을 행사하기도 한다. 평화를 사랑하는 선량한 백인을 공격하여 백인이 가진 것들을 약탈하고 아녀자를 납치하는 사람은 다 인디언이다. 인디언은 집단으로 몰려다니며 개인으로 존재하는 백인 가족을 괴롭히거나 홀로 가는 역마차를 습격하는 등 약자를 괴롭히는 사악한 사람들이기도 하다. 인디언은 인권 따위를 생각해 줄 일고의 가치도 없는 파렴치한들이었으며 어린 나에겐 공포의 대상이기도 했다. 본 적도 없는 책 속의 인디언들이 골목 어귀 어디에선가 튀어 나와 나를 잡아먹기라도 할 것 같았다.

이것은 침략자인 백인들에 의해 만들어진 인디언상이다. 백인 우월 사상을 강요하는 가치관에서 비롯된 선입관이었다. 하지만 인디언에 대한 정보가 전혀 없는 우리는 서구 정복자들이 만든 사상과 역사를 그대로 받아들이는 시대에 살았다. 서구 정복자들은 인디언을 철저히 왜곡시켜 우리에게 전달했고 어린 나는 전해 들은 것을 그대로 믿으며 자랐다.

뇌가 발달한 동물일수록 한 번 각인된 인상을 바꾸기는 쉽지가 않다고 한다. 포유동물 중 비교적 뇌가 발달한 코끼리의 경우 한 번 학습된 것을 죽을 때까지 절대 잊지 않는다고 한다. 인간도 마찬가지여서 어린 시절에 받은 예절이나 관습, 전통문화 등에서 쉽게 벗어날 수가 없다. 그 교육이 강하면 강할수록 벗어나기는 더 어렵다. 어린 시절 부모로부터 물려받은 종교적 계율은 피부나 근육처럼 자연스레 몸에 살아있다. 대표적인 예로 우리나라 사람들은 원초적으로 신령이나 선녀와 같은 존재를 의식하고 있는데, 이것은 우리 민족 전체의 의식 체계에 유전자처럼 자리 잡았다. 자연스레 몸에 밴 사상이나 관습은 내 피부나 혈관처럼 삶의 한 구석에 자리 잡게 마련이다. 그래서 선녀나 신령을 믿느냐 마느냐에 대해 어떤 누구도 고민하거나 토의하지 않는다.

나는 성장하면서 어린 시절에 알고 있던 것과는 전혀 다른 사실을 알게 된다. 이 모든 문제가 백인들의 침략에서 비롯되었고 모든 분쟁의 원초적인 원인이 백인들에게 있다는 사실이 진실임도 알게 된다. 하지만 그런 사실을 지식으로 알게 되더라도 어린 시절에 선입견으로 남은 인디언에 대한 부정적인 인식이 쉽게 가라앉진 않는다는 것이 놀랍다. 가령 백인이 잘못을 저지르면 '어쩌다 그런 백인이 있는 것'이 되지만 인디언이 해를 끼치면 '역시 인디언은 조심해야 하는 존재'라고 생각한다. 이것은 어디까지나 어린 시절 각인된 인디언에 대한 편견 때문이다. 이런 편견은 백인들의 정보에 속아 넘어간 수많은 사람들이 동시에 갖고 있는 일종의 집단 최면이다.

반면, 근래 나오는 책들 중에는 인디언에 대한 호의적인 생각이 지나쳐 필요 이상으로 인디언을 우상화하는 책도 있다. 또 인디언의 사상을 지나치게 높게 평가하는 사람들도 있다. 자연과 어울리는 철학에서 인디언의 사상은 매우 탁월한 건 사실이다. 하지만 백인만 우수하고 인디언은 저능한 게 아니듯이 인디언만 우수하고 백인은 저능한 것도 아니다.

손가락을 많이 움직이면 머리가 좋아지므로 서양식 포크를 사용하면 머리가 나빠지고 젓가락을 사용하면 머리가 좋아진다는 논리를 펴는 사람들이 있다. 물론 그럴 가능성이 있지만 그런 믿음이 절대적으로 작용해서 포크를 사용하면 아예 바보가 되는 것으로 생각하는 극단주의자들은 어디나 있다.

포크를 사용하건 젓가락을 사용하건 인간은 다 같은 인간이다. 백인이건 인디언이건 누가 더 탁월할 건 없다. 어느 한쪽이 반드시 비교 우위에 있어야 한다는 승부의 논리로 세상을 보는 사람들이 있긴 하지만, 인간의 종족별 능력은 결코 비교의 대상도 될 수 없거니와 비교해서도 안 된다. 특히 그것이 선입관과 편견의 산물이라면 더더욱 그렇다.

인디언은 백인들이 만들어 놓은 가치의 그물에 걸려서 오랜 세월 폄하되고 부당하게 평가되었다. 그러므로 역사적, 현실적으로 판단할 때 나는 인디언에게 우호적인 태도를 가질 수밖에 없다. 그동안 지구 반대편에 있는 어린이들조차 인디언을 부정적으로 인식하게 만든 백인 침략자들의 진정한 반성과 적절한 보상이 이뤄질 때까지는 편파적이라 할지라도 백인보다는 인디언의 삶을 응원할 수밖에 없다.

이 공원에서 절벽에 있는 유적 중 아주 핵심적인 곳을 방문하려면 가이드 투어를 해야 한다. 만일 가이드 투어를 하고 싶으면 적어도 하루쯤 전에는 비지터 센터에서 예약을 해야 한다. 혼자라면 서너 시간 전에 가도 되지만 여럿이라면 당일에는 시간을 배정받지 못할 수도 있다. 비록 기다리는 시간은 길지만 기다릴 만한 가치가 있는 가이드 투어이다.

수백 년 잠들었다 마침내 대중에게 보물로서의 가치를 인정받으며 긴 잠에서 깨어난 메사버디. 이곳의 발견이 축복이 될지 불운이 될지는 이곳을 찾는 사람들의 손길과 마음에 달렸다. 광범위한 이 지역의 유물을

길고 깊은 협곡의,
깎아 지른 절벽 어디에나 집이 있다

공원 관리자들의 힘만으로는 보존하기 힘들기에 방문자들도 이 아름다운 유적을 보호하려는 사명감을 가져야 한다.

어느 유적지나 그렇듯 이곳을 다 느끼려면 며칠을 두고 걷고 또 걸어야 한다. 그래서 미국의 국립공원은 입장권의 유효기간이 일주일일 것이다. 숲속 깊숙이, 바닥 깊은 곳까지 내려가고 절벽을 타다 보면 이들의 삶과 죽음을 몸으로 느끼게 될지도 모른다. 그리고 오늘날까지 애타게 무언가를 말하고 있는 영혼의 목소리를 들을 수 있을지도 모른다.

이 아름다운 협곡의 깎아지른 절벽 틈새 어디에나 고대의 주거지들이 숨어 있다. 이쪽 절벽에서 보면 저쪽 집이 보이고 저쪽 절벽으로 가면 이쪽 집이 보인다. 와이오밍의 어느 인디언 종족 전설에 의하면 어떤 골짜기는 메아리가 돌아오는 데 8시간이 걸린다고 한다. 그래서 자기 전에 '일어나'라고 외친 뒤 잠이 들면 8시간이 지난 아침에 돌아온 메아리가 잠을 깨운다고 한다. 이 절벽에서 8시간이 걸리는 메아리가 들리진 않았겠지만, 이편과 저편 사람들이 외치는 소리가 물결처럼 굽이치고 뒤채며 끊임없는 메아리로 되돌아왔을 성싶다.

미국이라는 거대한 나라에서 척박하게 살아가는 인디언들이 자신들의 권리를 찾으려 노력하는 것이 이 메아리와 같을까? 계곡을 돌고 돌아 8시간 후에 제자리로 온 메아리처럼, 자신들의 권리를 아무리 주장해도 들어 주는 사람 없이 메아리로 남고 마는 그들의 현실처럼.

주소: P.O. Box 8 Mesa Verde National Park, CO 81330
전화: 970-529-4465
홈페이지: https://www.nps.gov/meve/index.htm
머물 수 있는 가까운 도시: 콜로라도주 코르테즈Cortez
방문하기 좋은 시기: 5월에서 9월. 특히 5월에 방문하면 이 공원의 드라마틱한 면을 볼
수 있다.
도로상태: 포장도로
찾아가는 길: 코르테즈에서 US160을 타고 동쪽으로 9마일을 달리면 우측으로 입구가
나온다.

20

 네 막대는 어느 쪽으로 떠가느냐

호벤위프 내셔널 모뉴먼트 Hovenweep National Monument

1923년에 아즈텍 루인스를 내셔널 모뉴먼트로 지정한 워렌 하딩 대통령은 호벤위프도 같은 해에 모뉴먼트로 지정했다. 이곳을 내셔널 모뉴먼트로 지정하기까지 이 계곡에는 상당 기간 동안 주인이 없었다. 미국 남서부의 수많은 유적이 깊은 벽지에 있지만 이곳은 특히 사람의 발길이 잘 닿지 않는 곳이다. 이 공원에서 40마일 주위에는 사실상 사람이 살지 않는다고 봐야 할 만큼 오지이다. 인간의 흔적이란 없는 이런 곳에 아름다운 유적이 있다는 건 참으로 경이로운 일이다. 선주민이 이곳에 살았을 만큼 생존 조건이 좋았던 이곳에 오늘날 사람이 살지 않는 것도 의문이 가는 일이다.

호벤위프에 인접한 유타주가 오늘날 개신교의 한 분파인 모르몬 교도의 중심이 된 까닭은 서부 개척 시대에 모르몬 교도들이 유타주에 자리를 잡았기 때문이다. 이들은 종교적인 원정을 목표로 했음에도 불구하고 정복자로서 선주민들에게 비인도적인 만행을 저지르곤 했다. 수

많은 선주민을 학살했고 약탈과 강간을 일삼았다. 이런 정복 역사의 첫 장을 장식한 W. D. 헌팅턴^{W. D. Huntington}은 1854년 모르몬 교도 원정 여행의 리더로서 호벤위프 지역을 통과한 후, 이 유적에 대한 최초의 보고서를 만들었다. 그는 이 훌륭한 유적의 환경에 대해 '거친 곳'이라고 평가했다.

20년 후 메사버디를 세상에 알린 유명한 서부 사진가 윌리엄 잭슨이 이 인상 깊은 지역을 사진에 포착했다. 잭슨도 헌팅턴과 비슷한 운명으로 이 땅에 도착했다. 당시 미국의 영토가 아니던 서부 몇 개 주에 대한 서진 정책을 쓰던 미국군 원정대의 일원이었던 그는 이곳을 통과했고 이 지역에 처음으로 호벤위프라는 이름을 붙였다. 이 이름은 그가 콜로라도와 유타를 여행하는 동안 만난 파이우트족과 유트족 등 인디언에게서 배웠을 것이다. 유트족 언어에서 호벤위프란 '버려진 계곡'이라는 뜻이다.

캐슬 타워, 트윈 타워, 림 록^{Rim Rock} 하우스, 라운드 타워, 호벤위프 하우스, 스퀘어 타워, 호벤위프 캐슬, 그리고 그 외의 다른 작은 거주지들이 계곡의 사암 벽 위에 자리 잡고 있다. 원래는 서기 1100년과 1300년 사이에 여러 개의 타워가 있었고 이층보다 높은 타워들도 여러 개 만들어졌다. 이 장엄한 건축물들은 고대 아나사지의 숙련공들에 의해 디자인되고 건설되었다. 이 건물들은 버려진 땅에서도 여러 세기 동안 자연의 기후와 침식을 견디며 아직도 그 자리에 버티고 서 있다.

호벤위프 지역에 살던 고대인들은 농부들이었으므로 그들이 찾아다닌 곳은 늘 탁월한 영농환경이었다. 물은 그들의 생존에 가장 중요한 요인이어서 호벤위프 공동체의 마을은 물이 나오는 곳이나 샘에 인접해 있

트윈 타워의 잔해

었다. 스퀘어 타워 위에 있는 배수구 입구는 울창한 팽나무 숲에서 물을 공급받았다. 이 숲은 유적들이 있는 계곡에 충분한 수분을 공급했다.

　이들은 스퀘어 타워 위의 사암 봉우리에 저수지와 같은 시설을 만들어 농경문화를 더욱 발전시켰다. 저수지들은 눈보라나 비로부터 흘러온 물을 저장했다. 물을 비축했다가 물이 빠지지 않는 바위를 이용해 절벽 표면 아래로 물이 흘러가게 하는 방식으로 정원과 들판에 직접 물을 공급했다. 이 관개 방식을 만든 이들은 자연적 소재를 이용하여 물을 아끼고 사용하는 데 전문가들이었다. 비가 적은 환경에서 물을 잘 이용하는 것은 그들의 생존에 매우 중요한 열쇠였다.

전문가들은 고대 농부들이 왜 큰 건물을 지었는지 확실한 의견을 내놓지 못한 채 몇 가지 가설들을 내놓는다. 그들은 이곳의 큰 빌딩들이 방어를 위해 건축되지는 않은 것으로 보이지만, 타워 포인트는 인접한 두 배수관의 입구에 있음에도 불구하고 감시탑으로 사용되었을 것이라고 추정한다. 이 주장은 꽤 흥미롭긴 하지만 배수관에 인접해 있다는 것은 농경 생활과 밀접한 관계가 있기 때문에 논란의 여지가 남아 있다.

몇몇 전문가는 고대 농민들이 천체 관찰의 전문가여서 해와 별의 통로를 관찰했다고 믿는다. 이런 이유 때문에 한국의 한 학자는 호벤위프가 신라의 첨성대와 같은 기능을 했으며 구조도 매우 흡사하다는 주장을 하기도 했다. 그 주장의 사실 여부를 떠나 천문학적인 목적으로 건물이 지어졌다는 건 설득력이 있다. 호벤위프에서 보이는 타워의 벽에 있는 작은 구멍들은 타워 반대편 벽에 있는 특정 지점을 태양이 비추도록 만들었다. 놀랍게도 그중 하나는 하지를, 또 다른 하나는 동지를 정확하게 찍어놓은 것이다. 세 번째는 춘분날 석양의 마지막 빛을 표시한다.

태양 위치도에 따라 사람들은 일 년의 달력 같은 것을 따를 수 있었다. 태양의 위치는 그들이 계절을 읽을 수 있게 했고 매해의 가장 적절한 시기에 부족의 경작과 수확이 가능하게 했다. 어느 문화에서나 고대인들이 놀라울 만큼 수준 높은 수학과 천문학을 이용했듯이 이곳에 살았던 고대인들도 천문학을 훌륭하게 이용한 것으로 보인다. 학자들은 또한 타워들이 이곳 마을의 제의의 역할도 했으리라고 본다.

알 수 없는 일이지만, 호벤위프의 고대인들은 서기 1300년 이후 어느 시점에 이 계곡에 있는 그들의 석조가옥을 버려둔 채 어디론가 사라져 버렸다. 그들이 샌환 주민들의 행로를 따라 애리조나와 뉴멕시코로 간 것으로 추정할 뿐 실제로 어디로 갔는지 확인할 방법은 없다. 그 후 이 지역에는 더 이상 눈여겨볼 만한 발자취를 남긴 사람들이 살지 않았다. 거의 한 왕조가 흥망성쇠를 할 만큼 긴 시간인 700년 가까이 이 계곡에는 주인이 없었고, 이곳은 아직도 '호벤위프', 곧 버려진 계곡이다. 고도로 발달했던 그들의 지적 능력을 이런 식으로 남겨둔 채, 절벽을 따라 늘어선 아름다운 건축물들에 쓸쓸함만을 남겨 두고 주인이 이 협곡을 떠나버린 후 오늘까지 무주공산으로 남아 있다. 오직 비와 눈과 바람과 동물과 극히 적은 방문객만이 이 멋진 곳을 드나들고 있을 뿐이다.

무주공산의 유적들

호벤위프는 유타주와 콜로라도주에 드넓게 흩어진 유적이지만 가장 주요한 볼거리는 비지터 센터를 중심으로 흩어져 있다. 비지터 센터로부터 비교적 편안한 길을 따라 1마일을 걸으면 여행객을 유혹하며 아름다운 자태로 서 있는 아나사지 타워들과 스퀘어 타워에 있는 주민들의 집을 자세히 살펴볼 수 있다.

미국 서부의 풍경에 비하면 작고 아담한 이 계곡에 아름다운 건축물들이 즐비하게 서서 700년의 역사를 주인도 없이 견뎌왔다. 월넛 캐니언이나 메사버디가 주로 협곡의 절벽 아래 땅을 파서 만든 주거지인 데 반해 이곳은 계곡에 어도비adobe* 벽돌집을 지었으므로 고대 유적으로

---

*
미국 서남부 뉴멕시코의 준건조 지대에 분포하는 사질沙質 점토. 굽지 않고 햇볕에 말린 뒤 짚과 섞어 벽돌로 만든다.

바위 안에 절묘하게 지은 집

서의 신비한 느낌이 덜 든다. 고대 유적의 신비한 느낌이 들지 않는다는
건 그만큼 이들의 건축 기술이 세련되었다는 말이다. 700년이 넘은 집
들임에도 불구하고 마치 100년도 채 안 된 건물처럼 보인다. 불과 1마일
의 순환 도로에 이처럼 많은 유적이 있다는 건 이곳을 감상하는 사람들
에겐 행운이 아닐 수 없다.

　여행을 하다 보면 내가 대체 이곳에 왜 왔는지를 물을 때가 있다. 호
벤위프에 찾아간 날 내가 이동할 거리는 아주 길었다. 호텔을 예약하
지 않는 평소 습관과는 달리 이날따라 호텔을 예약해 두었는데 이곳에
서 출발하여 적어도 두 시간 반을 달려야 이를 수 있는 곳에 호텔을 예

약했다. 호벤위프에는 해가 저물 무렵에 겨우 도착을 했으므로 이 날은 마음이 매우 바빴다.

마음이 바쁘면 차라리 그 주변에서 머물렀다 다음 날 탐방하는 게 낫지만 이 유적지 주변은 모두 허허벌판이다. 머물 방법은 없고 해는 저무는 상황에선 그곳에 있는 것들을 음미할 여유가 없어진다. 맛있는 밥상을 마주했는데 시간이 없어서 그 맛을 음미하진 못하고 허겁지겁 배를 채우는 데 급급한 격이다. 그렇게 물린 밥상은 두고두고 아쉬움을 남긴다. 호벤위프에서 돌아온 나도 좀 더 세세히 보지 못한 점이 두고두고 아쉽다.

이처럼 경이로운 유적을 감상하는 호사를 부리면서도 내가 이곳에 왜 왔는지를 물을 수밖에 없었던 것은 찾아가는 길이 꽤나 지루했기 때문이다. 인간의 흔적이 없는 허허벌판과 결코 끝나지 않을 것 같은 비좁고 울퉁불퉁한 2차선 도로를 오랫동안 달려야 했다.

가진 것이 많은 사람들 중에 자신의 삶이 가장 힘들다고 하는 사람이 종종 있다. 이런 사람은 실제로 가난하고 힘들게 사는 사람들에 비해 훨씬 더 자신의 형편을 왜곡시킨다. 그리고 이런 종류의 사람들은 자신의 논리를 물질로 무장해서 다른 이의 충고조차 결코 귀담아 듣질 않는다. 인간은 자신이 가진 것에 만족할 줄 알아야 한다고 충고하면, 그런 말은 가난한 사람들의 자기 위로일 뿐이라고 한다. 그런 충고는 자신에 대한 가난한 자의 시기요 질투라고 생각한다. 행복은 오직 자신이 가진 물질에 있으며 물질을 추구하지 않는 사람은 어리석어서 그렇다고 한다. 그렇게 말하면서도 자신은 힘들게 산다고 한다. 많은 것을 누리면서도 감사할 줄 모르는 이런 사람들과는 대화할 방법이 거의 없다.

내가 딱 그 철딱서니 없는 부류인 격이다. 이 먼 곳까지 여행을 떠나와서 아름다운 유적을 보면서 대체 이곳에 왜 왔는지를 물어보는 어리석음. 나는 감사해야 한다. 천년이 넘는 사람들의 영혼과 이렇게 한 자리에 서 있을 수 있음을.

인디언들은 무엇을 하고 싶으냐고 묻고 싶을 때 "네 막대는 어느 쪽으로 떠가느냐?"라고 물었다고 한다. 사람이 하고 싶은 것이란 내 의지보다는 다른 어떤 의지에 의해 결정된다고 보았는지도 모른다. 그리고 그것은 마치 물이 흘러가는 것처럼 순리대로 되는 것이라고 생각했을 수도 있다. 막대가 어디로 떠가느냐는 것은 물이 어디로 흐르느냐는 말일 테니까. 그런 인디언의 지혜를 빌린다면 내가 이곳에 왜 왔는가를 물을 게 아니라 무엇이 나를 이곳으로 이끌었는지를 물어야 한다. 내가 지금 무엇을 하고 있는가를 물을 게 아니라 내가 순리에 따라가고 있는지를 물어야 하는 것이다.

깨달음을 주세요
이것이 옳은 것인지
깨달음을 주세요
지금 사는 이 삶이
옳은 것인지
모든 곳에 계시는 위대한 영이시여
깨달음을 주세요
이것이 옳은 것인지
지금 사는 이 삶이

지평선 위로 해가 지는 아름다운 저녁

포니족^{Pawnee**}의 삶에 대한 반성적인 기도문이다. 나를 실은 물이 제대로 흘러가는지, 내 막대는 제대로 떠가는지, 나도 물어야 한다. 바른 길로 가는가, 순리에 따라 사는가. 자신의 지식에 의존하는 사람에게 물을 게 아니라 자연의 질서와 우주적인 진리를 깨달은 그 누군가에게.

**
미국 텍사스주 비 카운티의 포니와 오클라호마주에 살던 평원(平原) 인디언—원래 북미 대초원(the Great Plains)에서 생활한다—들이다. 포니족은 오클라호마주의 포니국(Pawnee Nation of Oklahoma)으로서 연방에서 인정하는 부족의 자격을 갖추고 있다. 역사적으로 네브래스카주와 캔사스주에도 살았으며, 농경문화를 일구었고 주로 옥수수, 호박 등을 재배했다.

주소: McElmo Route Cortez, CO 81321
전화: 970-562-4282
홈페이지: https://www.nps.gov/hove/index.htm
머물 수 있는 가까운 도시: 콜로라도주 코르테즈Cortez, 유타주 블랜딩Blanding
방문하기 좋은 시기: 모든 계절
도로상태: 포장도로
찾아가는 길: 코르테즈의 남쪽에서 카운티로드 G를 타고 서쪽으로 약 40마일을 달리면
입구가 나온다.

에필로그

한국인들이 가장 여행하고 싶은 나라 1위가 미국이라고 한다. 그런가 하면 여행객들이 가고 싶어 하지 않는 나라 중에도 미국은 상위권에 든다. 흥미로운 사실은 여행을 가고 싶은 사람도 가기 싫은 사람도 하나같이 그 이유가 미국의 도시문명 때문이다. 가고 싶은 사람들은 미국의 발전되고 흥청망청한 도시를 보고 싶고 가기 싫은 사람들은 미국엔 현대 도시문명 외엔 볼 것이 없다고 생각하기 때문이다. 그러니 두 부류 모두 미국은 도시문명이 최고의 볼거리라고 오해를 하고 있는 셈이다.

우리가 현대사에서 가장 많은 인적 물적 교류를 한 나라이며 심리적으로 가장 가깝기도 하고 멀기도 한 애증의 나라가 미국이다. 그런 미국에 대해 우리가 아는 것은 지극히 피상적이다. 특히 수만 년이 넘는 북아메리카 대륙의 역사에서 미국이라는 나라는 최근 200여 년으로 역사를 한정해 버린다. 그것은 미국이라는 나라의 역사일 뿐 그 땅에서 살아온 인간의 역사가 아니다. 수많은 여행객이 여행지의 역사와 뿌리에 관심을 가지면서도 유독 미국 땅의 고대사에 대해선 관심이 적다.

뉴욕 자유의 여신상, 보스턴 대학가, 워싱턴 박물관, 올랜도 디즈니월드, 시애틀 스페이스니들, 뉴올리언스 재즈, 샌프란시스코 피셔먼스워프, 로스앤젤레스 유니버설 스튜디오, 라스베이거스 카지노, 그랜드캐니언, 나이아가라 폭포. 대다수 사람들이 여행지로서 미국하면 상상하는 단어들 아닐까.

이런 인식을 하는 것은 백인의 역사만이 이 나라의 역사라고 생각하는 데서 온 오해다. 외국의 여행객들만이 아니라 미국인들조차도 그러한 오해를 간직한 사람이 많다. 미국인들이 선호하는 여행지는 주로 플로리다 같은 휴양지나 라스베이거스 같은 곳이다. 서부의 광활한 유적지는 관심조차 갖지 않는다. 하지만 미국에는 백인들이 들어오기 전에 이미 장구한 세월의 역사가 존재했고 그 역사는 우리가 기대하는 것보다 훨씬 놀라운 가치들을 간직한 채 여행객의 발길을 기다리고 있다.

미국 여행의 진수는 미국의 도시와 현대 문명이 아니라 미국의 위대한 자연과 빼어난 고대문명이다. 이 책에 소개하는 스무 곳으로 미국의 위대한 자연과 빼어난 고대문명을 다 알린다는 건 어불성설이다. 하지만 미국 여행에 대한 오해를 해소하고 미국 여행의 정수를 알릴 수 있는 수원지 정도는 되리라 기대하며 여행기를 기록했다.

이 책에서 소개한 장소 중 여행객의 귀에 익은 장소는 그랜드 캐니언, 모뉴먼트 밸리 정도이다. 캐니언 드 셰이, 아치스 국립공원, 메사버디 국립공원, 차코 컬처 내셔널 히스토릭 파크, 캐니언랜즈 국립공원, 캐피털 리프 국립공원 등은 어쩌면 이름조차 처음 들었을 수 있다. 하지만 이들 국립공원들은 우리가 미처 상상하지 못했던 빼어난 아름다운 자연을 간직했다. 그동안 우리 여행객들이 다녀온 미국은 까맣게 잊어도 좋을 만큼 탁월하게 아름답다. 그 아름다운 자연 속에 위대한 고대 인디언의 역사들이 담겨 있다. 또 반델리어, 우팟키, 월넛 캐니언, 내추럴 브리지, 다이노소어, 나인마일 캐니언 등 이 책에 소개된 나머지 여행지도 여행자의 심장을 울리기에 충분한 풍경과 수천 년의 문화유산을 간직한 채 여행자를 기다린다.

미국 남서부에는 말 그대로 위대한 자연이 있고 그 자연과 어울려 살았던 인간의 흔적이 있다. 아, 아름다운 자연과 광활한 서부. 그리고 위대한 인디언 유적들.

이들 역사적이고 환상적인 여행지가 여행자에게 덜 알려진 까닭은 미국이라는 나라를 백인의 나라라고 인식한 데서 온 오해 때문일 것이다. 특히 백인들 입장에서 위대한 인디언 문화를 만방에 알리지 않았기 때문일 수도 있다. 하지만 이제 우리는 미국 여행에 대한 눈을 요란한 도시문명에서 위대한 자연과 고대 문명으로 돌릴 때가 되었다.

여행을 즐기는 사람도 늘어나고 여행의 범위도 점점 늘어간다. 여행자들이 모인 곳에서 대화를 해 보면 내가 가보지 못한 곳이 세상에는 너무나 많다. 아무리 여행을 다녀도 수많은 사람들이 다닌 여행의 합을 능가할 순 없다. 내가 가보지 않은 곳이 많다는 데서 아쉬움을 느끼고 부족함을 느낀다면 여행을 즐기기는 어렵다. 여행은 많이 다녀서 좋은 것이 아니라 그 자체로 즐거운 것이다.

틈만 나면 여행 가방을 싸들고 바람처럼 어디론가 훌쩍 떠나기 시작한 지 20년. 그런 나에게 왜 여행을 하느냐고 누군가 묻는다. 나는 그냥 웃는다. 대답할 말이 없다.

나는 그에게 묻고 싶다. 왜 살아가느냐고. 어떤 이에게는 삶의 이유가 있을 수 있다. 하지만 대다수 사람들은 그냥 산다. 살아야 할 이유를 따지기 전에 우리는 태어났고 태어났으니 살아야 했다. 왜 사느냐고 물을 틈도 없이 치열하게 살아야 하는 게 대다수 사람들의 삶이다.

여행을 왜 하는가? 여행을 하는 데도 이유가 없다. 그냥 떠나야겠기에 떠나고 돌아와야겠기에 제자리로 돌아오는 것뿐이다. 나를 스쳐 가는 바람이 이유가 있어서 나를 스쳐 가고 다시 나를 찾아오는 것은 아니다. 멈춰 있을 수 없어서 바람은 움직이고, 죽을 수는 없으니 사람은 열심히 살고, 머무를 수 없으니 여행자는 짐을 꾸리는 것 아닐까. 여행에 목적이 있어야 한다면 그건 여행이 아니다. 목적이 있는 것은 여행이 아니라 비즈니스다.

"나는 내가 살아가는 세계와 일상에서 얻지 못한 자유를 얻으려고 여행을 떠난다. 삶을 짓누르는 억압과 보이지 않는 폭력을 싫어해서 여행을 떠나는데 여행지에서도 선택의 자유를 박탈당한다면 여행을 할 이유가 없지 않은가."

모뉴먼트 밸리 장후에서 나는 이와 같이 말했다. 하지만 이 말이 여행의 궁극적 목적이라고 말할 수도 없다.

그럼에도 불구하고 여행을 하다 보면 여행의 이유가 생기기도 한다.

그것은 수단이나 목적이 아니라 단지 짐을 싸는 이유이고 내 발걸음이 그 방향으로 가는 이유다. 여행은 인간에 대한 사랑의 다른 얼굴이다. 사랑에는 즐거움만 있는 것은 아니다. 자녀를 사랑하는 부모는 자녀가 잘나서 사랑하는 것은 아니다. 부모는 자녀가 부족하고 못날수록 더 안타까워하고 더 위하고 더 사랑을 한다. 부모가 아닌 자는 알 수 없는 신비다. 그리고 이 신비가 바로 사랑이다. 사랑은 행복하고 즐거운 데서 출발하는 게 아니라 아프고 쓰린 데서 시작하며 사랑하는 대상에 대한 자기반성에서 출발한다. 부모는 자녀가 못난 부분이 늘 자기 탓이라고 생각한다. 모든 부모는 자녀를 사랑하기에 자기반성을 하는 것이다. 사랑이 그러하듯이 여행도 처절한 자기반성에서 출발한다. 먹고 마시고 즐기고 노래하고 행복한 데서 출발하는 게 아니라 아프고 쓰린 자기반성으로부터 출발하는 이 지점이 사랑과 여행만이 아니라 인생과 예술이 동시에 관통하는 지점이다.

처절한 자기반성, 이 지점이 내가 인디언 유적을 배회하는 출발점이기도 하다. 또 고백하건대 여행자로서 처음부터 미국 남서부 인디언 유적에 관심을 가졌던 것은 아니다. 어떤 면에서 인디언의 역사는 여행자의 관심에서 가장 후미진 곳에 있다. 따라서 인디언에 관한 관심이 미국 여행의 첫째 이유도 아니었다.

미국은 자유 여행자에겐 천국이다. 특히 자동차를 몰면서, 가고 싶으면 가고 쉬고 싶으면 쉬는 자유로운 영혼이 되고 싶다면 미국 서부로 가는 게 가장 좋을 것이다. 호텔비가 유럽처럼 비싸지도 않고 입장료가 비싸지도 않다. 음식 때문에 고생할 일도 별로 없다. 그런 자유로운 미국, 광활한 자연이 있는 미국이 좋아서 서부 여행을 시작했다.

한 사람이 평생 여행을 다녀봐야 한 대륙도 다 다니기 힘들다. 그래서 나는 주요 여행지로 유럽과 북아메리카를 택했다. 특히 북아메리카의 놀라운 자연에 취한 뒤로는 꽤 여러 차례 미국을 방문했다. 서부 대자연을 여행하다 보니 자연스레 인디언 유적에 접근하게 됐다. 우연히 만난 그 여행지에서 억압받은 자의 아픔을 보았고 억압받은 자의 아픔이 오늘을 사는 나의 아픔과 다르지 않다는 것도 알게 되었다. 그리고 그들을 위한 일을 하진 못하더라도 적어도 그들을 기억하고 가슴에 간직하는 일을 해야 한다는 깨달음을 얻었다. 사라진 인디언 문화를 통해서 나는 어떻게 살아야 하는가에 대한 질문과 반성을 하게 된다. 비록 현대 인디언의 삶에 깊숙이 들어가지 못할지라도 과거 인디언의 흔적을 보면서 오늘 내가 어떻게 살아야 하는지를 배웠다.

수많은 여행객들이 고대 유적에 관심을 갖는다. 많은 사람이 이집트도 가고 중동도 가고 남미도 간다. 가까운 중국도 가고 아프리카도 간다. 한데 유독 미국의 고대 유적에 대해서는 관심이 없다. 뿐만 아니라 미국의 고대 유적엔 볼 만한 게 없다고 생각하는 것 같다. 그러나 백문이 불여일견, 직접 눈으로 보고 나면 미국의 고대 유적이 얼마나 황홀하고 위대한지 느낄 수 있다. 동시에 우리가 얼마나 미국의 고대 유적에 무지하고 무관심했는지도 깨닫게 된다.

이 한 권의 책으로 미국 서부에서, 아니 미국에서 가장 아름다운 여행지를 소개한다고 감히 자부한다. 캐니언 드 셰이, 내셔널 모뉴먼트, 아치스 국립공원, 메사버디 국립공원 등 미국 최고의 풍경과 문화 유적을 직접 발로 걸어보고 이 글을 썼다. 같은 장소를 여러 차례 방문하여 걷고 보고 느낀 점을 적었다.

여행지를 선택하는 건 여행자의 몫이다. 하지만 독자들도 언젠가 이 여행지를 방문하여 위대한 대자연과 함께 견뎌온 황홀한 북아메리카 인디언의 문명을 맛보길 기대한다. 그리고 과거의 인디언과 오늘의 인디언, 또 그들의 미래에 대한 아픔을 함께 나누길 기원한다.

여행기를 쓰면서 사실만 적으려고 노력했다. 가보지 않은 곳을 가본 척하고 경험하지 않은 것을 경험한 것처럼 쓰지 않으려고 노력했다. 소설을 쓴 게 아니라 지적 체험이나 신체적 체험만을 썼다. 그럼에도 불구하고 부족한 점이나 사실과 다른 점이 있다면 독자들의 양해와 질책을 부탁드린다. 종종 등장하는 부끄러운 개인사에 대해서도 깊은 양해를 구한다.

이 책은 『우리는 모두 인디언이다』라는 제목으로 2011년에 출판되었다. 부족한 내용을 증보하고 오류가 있었던 부분을 수정하여 일조각으로 옮겼다. 원고를 받아준 일조각에 감사드린다. 따지고 보면 인류 역사에서 유태인이나 아프리카 흑인보다 더 큰 아픔을 당한 인종이 아메리카 인디언이다. 그들은 고향까지도 모두 빼앗긴 사람들이다. 이 여행기는 위대한 자연과 훌륭한 유적을 담았지만 그에 못지않게 인디언의 아픔에 동참하려고 노력했다. 이처럼 가볍지 않은 주제를 선뜻 출판해준 일조각에 감사드린다. 누군가의 아픔을 어루만지는 데 동참한 마음 때문이라 사료되어 그 마음에 더욱 깊은 감사를 드린다.

본문에 있는 인디언 추장의 말을 인용한다.

"나는 자유롭고 행복하게 평원을 거닐 수 있다면 그것으로 만족한다. 더 이상 바라는 게 없다."

내가 꼭 하고 싶은 말을 그가 했다. 자유롭고 행복하게 거닐고자 하면 살아 있어야 한다. 나는 살아 있다. 살아서 행복하게 평원을 거니는 것은 여행을 떠난다는 말과 같은 의미 아닐까. 그렇다. 살아 있다는 것은 여행을 떠난다는 말이다. 인디언 추장은 말하지 않았지만, 여행을 떠난다는 건 누군가를 또 사랑하겠다는 말이다. 내가 다시 신발 끈을 동여매고 짐가방을 꾸리는 이유이다. 나는 오늘도 내일도 자유롭고 행복하게 여행길을 떠날 것이다.

그들도 바다를 그리워했을까

미국 남서부 인디언 유적을 찾아서

1판 1쇄 펴낸날 2018년 10월 10일

지은이 | 강영길
펴낸이 | 김시연

펴낸곳 | (주)일조각
등록 | 1953년 9월 3일 제300-1953-1호(구 : 제1-298호)
주소 | 03176 서울시 종로구 경희궁길 39
전화 | 02-734-3545 / 02-733-8811(편집부)
　　　02-733-5430 / 02-733-5431(영업부)
팩스 | 02-735-9994(편집부) / 02-738-5857(영업부)
이메일 | ilchokak@hanmail.net
홈페이지 | www.ilchokak.co.kr

ISBN 978-89-337-0751-7 03940
값 25,000원

* 지은이와 협의하여 인지를 생략합니다.

* 이 도서의 국립중앙도서관 출판예정도서목록(CIP)은 서지정보유통지원시스템 홈페이지(http://seoji.nl.go.kr)와
　국가자료공동목록시스템(http://www.nl.go.kr/kolisnet)에서 이용하실 수 있습니다.
　(CIP제어번호 : CIP2018030488)